英文表現力を豊かにする
例解 和文英訳教本

文法
矯正編

Hiroshi OGURA 小倉 弘

プレイス

はじめに

　英文であれ、日本文であれ、それを母国語とする人間は意識こそはしていないが、何がしかの文法に従って喋ったり書いたりしているのである。残念ながら、外国語を学習する際には、文法を意識することは避けて通れない。巷には、「日本の英語教育は文法ばかり教えているから生徒が英語嫌いになり、英会話のひとつもできない」という批判があるが、それは「公式ばかり教えているから数学が嫌いになる」と言っているようなもので、ナンセンスとしか言いようがない。「公式を覚えない数学教育」は成果を見るのであろうか。「文法を意識しない英語教育」は、低次元の英会話だけやっている分には可能かもしれないが、英作文という名の付く学習においてはあり得ないことである。文法的なことが間違っている文はすべて誤文、すなわち、そもそも文として認められないのである。文法を意識しない英作文教育などあり得ないということだ。

　とは言え、先ほどのような世間の文法教育批判にいくばくかの理があるとすれば、英文法を「英文法という科目で教える」ことにあるのかもしれない。確かに、はなから英文法書を渡され、それを隅から隅まで読んだところで何も身に付くまい。文法力は実際に英文を読んだり書いたりしながら身に付くものであり、理論先行型の教育では習得がおぼつかない。簡潔に申さば、**英作文を勉強してはじめて文法がわかる**ことが多いのである。さらに、文法書の類に書かれている文法用語自体が学習者に誤解を与えているとも考えられる。例えば、「現在形」は「現在のことを表す」とか、「過去形」は「過去を表す」といった勘違いである。今、これを読んで「現在形は現在のことを表さないのか？」「過去形は過去のことではないのか？」と思われた方は、ひょっとしたらその辺が英作文にいまひとつ自信が持てない要因なのかもしれない。

　本書は、そうした従来の英文法教育の問題点を克服し、自然な英文が書けるようになるための新たな英文法学習法を提示したものである。**使えてこそはじめて英文法を学習する意味がある**。本書の和文英訳を通して、生きた英文法を体感し、作文力の向上につなげていただきたい。

2010年6月

　　　　　　　　　　　　　　　　　　　　　　　　　　　小倉　弘

本書の特徴

❖ 本書の対象者

　本書は、書くために欠かせない英文法の知識を体系的に学習しながら、その実践的体得と英作文力の基礎作りを目指したものである。よって、**英作文の基本を学習したい人、実践的英文法を学びたい人**にお勧めである。英文法と言っても、中学英語で教わるような「語順」や「動詞の活用」から解説を始めるわけではない。あくまでも、中学レベルの英語内容は理解している人が対象である。とは言え、「現在完了」や「冠詞」など、中学レベルにまで遡って見直したい項目については、その旨配慮している。また、**学校文法はできても英作文は苦手だという人**にもお勧めしたい。そのような人は、自分の英文法の知識を本書の解説につなげることで、飛躍的に作文術が向上することを期待できるはずである。

❖ 本書の効果

　英文法の勉強をこれまでにしたことのある方なら、自分が理解していると思い込んでいた項目にも勘違いや不十分な点があることに気付かれることであろうし、初めて本格的に英文法を学習しようと思っている方なら、この本に書かれていることを習得することで英文法の土台が築かれよう。英作文力は文法力、語彙力、表現力、文章構成力など、総合的能力が要求される。「和文英訳」の場合には、これに日本語解釈力も兼ね備えていなくてはならない。もちろん、これらを同時に磨いていくことが望ましいが、語彙や構成力は経験に比例するもので、習得に時間がかかるが、**文法は理屈でわかるものなので、短時間での習得が可能である**。1つでも自信の持てる分野があれば、残りの分野の習得も速い。まずは、英文法を習得することで、ゆるぎない英作文力の基礎を固めることは大いに意味のあることだ。本書をこなすことで、「**書くための英文法**」の知識は十分すぎるほど身につくことを保証する。

❖ 本書に収録した問題について

　本書の熟考を重ねて選び抜かれた和文英訳問題（課題文）は、大学受験で極めて出題頻度が高く、また社会人の再学習用にも実用度の高い文である。英文はすべてネイティヴスピーカーのバーナード先生にチェックをしていただいている。本書を学習することで、英作文の基礎力が完成し、実践的な英語力までもが身につくはずだ。

目　次

はじめに　3
本書の特徴　4
項目一覧　6
本書の使い方　8

第 1 章　時　制 ………………………………… 12

第 2 章　助動詞 ………………………………… 106

第 3 章　準動詞 ………………………………… 130

第 4 章　冠　詞 ………………………………… 158

第 5 章　文　体 ………………………………… 214

第 6 章　対　比 ………………………………… 252

第 7 章　比　較 ………………………………… 270

表現研究索引　302

```
　　　　　　　コラム
❶ and と but ……………………… 27
❷ 所有格 …………………………… 37
❸ 接続詞と接続副詞 ……………… 232
❹ 滑稽な大学入試問題 …………… 251
❺ much の勘違い ………………… 269
```

項目一覧

(全105項)

時　制 …… 12

- §1　現在形 …… 14
- §2　進行形 …… 18
- §3　状態動詞と動作動詞 …… 21
- §4　be動詞＋always＋*do*ing ～ …… 25
- §5　過去進行形＋when＋SV …… 28
- §6　現在完了〈継続〉 …… 30
- §7　現在完了〈結果〉と過去形 …… 34
- §8　現在完了形〈継続〉と現在完了進行形 …… 38
- §9　「～してから*x*年になる」 …… 42
- §10　「最近」 …… 46
- §11　大過去 …… 50
- §12　過去完了〈完了〉 …… 53
- §13　過去完了〈結果〉 …… 56
- §14　直説法と仮定法 …… 59
- §15　遠い形〈現実から遠い〉 …… 62
- §16　遠い形〈人間関係が遠い〉 …… 65
- §17　「～していただけませんか」 …… 68
- §18　It is time S ＋遠い形 …… 70
- §19　仮定法過去完了 …… 72
- §20　仮定法過去と仮定法過去完了の合成形 …… 75
- §21　現在形と現在進行形〈予定〉 …… 77
- §22　現在進行形〈予定〉と be going to …… 80
- §23　I'll と I'm going to …… 82
- §24　2、3人称＋will と 2、3人称＋be going to …… 84
- §25　if＋S＋現在形 ～, S＋will … …… 87
- §26　will〈遠い未来〉 …… 91
- §27　現在形と will …… 94
- §28　時制の一致の would …… 97
- §29　未来進行形 …… 101
- §30　未来完了（will have ＋ p.p.） …… 104

助動詞 …… 106

- §31　could …… 108
- §32　must と have to …… 111
- §33　must「～に違いない」 …… 114
- §34　may …… 116
- §35　might …… 118
- §36　助動詞＋have＋p.p. …… 120
- §37　should と had better …… 122
- §38　used to …… 124
- §39　代動詞？の do …… 126

準動詞 …… 130

- §40　to不定詞と動名詞〈主語〉 …… 132
- §41　to不定詞と動名詞〈目的語①〉 …… 134
- §42　to不定詞と動名詞〈目的語②〉 …… 137
- §43　to不定詞と動名詞〈補語〉 …… 141
- §44　「～するために」「～しないように」 …… 143
- §45　be to不定詞 …… 147
- §46　タフ移動 …… 150
- §47　現在分詞と過去分詞 …… 153
- §48　分詞構文 …… 155

冠　詞 …… 158

- §49　同語反復の無冠詞 …… 160
- §50　不可算名詞の可算化？ …… 162
- §51　全体集合はイメージできない …… 164
- §52　by＋無冠詞名詞 …… 166
- §53　aは「いくつかあるうちの1つ」 …… 168
- §54　相手を興味津々にさせるa …… 170
- §55　aは「1」を表す？ …… 172
- §56　「ちょっと」を表すa …… 174
- §57　初登場でもthe？ …… 176
- §58　関係詞と冠詞〈単数〉 …… 179
- §59　同格と冠詞 …… 181
- §60　環境のthe …… 184
- §61　対比のthe …… 186
- §62　the 複数名詞〈集団〉 …… 188
- §63　関係詞と冠詞〈複数〉 …… 190
- §64　「ほとんどの～」 …… 192
- §65　総称の複数形 …… 194
- §66　総称のa …… 196
- §67　総称のthe …… 198
- §68　theと固有名詞 …… 201
- §69　schoolは無冠詞 …… 204
- §70　some＋可像名詞 …… 206
- §71　some＋不可像名詞 …… 208
- §72　someとany …… 210
- §73　所有していない所有格 …… 212

文　体 …… 214

- §74　倒置構文 …… 216
- §75　there is 構文 …… 218
- §76　there is ～ *doing* / p.p. …… 220
- §77　代名詞を文末にしないように …… 222
- §78　句動詞の語順 …… 224
- §79　第4文型か第3文型か …… 226
- §80　節の語順 …… 228
- §81　受動態 …… 233
- §82　無生物主語構文 …… 236
- §83　抽象名詞 …… 238
- §84　仮主語（形式主語） …… 240
- §85　連鎖関係代名詞 …… 242
- §86　見せかけのhave to …… 245
- §87　notの射程 …… 248
- §88　二重否定 …… 250

対　比 …… 252

- §89　関係詞の制限用法と非制限用法 …… 254
- §90　文末の副詞句 …… 256
- §91　限定用法の形容詞 …… 258
- §92　形容詞の語順 …… 260
- §93　It is ～ that … の対比構文 …… 262
- §94　「一般に人」 …… 264
- §95　itとthisとthat …… 266

比　較 …… 270

- §96　比較構文の基本の盲点 …… 272
- §97　比較対象の統一 …… 276
- §98　比較級の強調語 …… 278
- §99　最上級 …… 280
- §100　「～ほど…なものはない」 …… 284
- §101　最上級相当表現 …… 287
- §102　「χ年ぶり」 …… 291
- §103　「増える」 …… 294
- §104　「減る」 …… 296
- §105　the＋比較級～, the＋比較級 … …… 298

本書の使い方

❖ **自分の能力に応じて学習法を決めよう！**

　本書の進め方についてだが、読者の中にはすでにひと通り英文法を学習した方と、英文法の勉強などまともにやったことがない方もいよう。そこで、後者のようなほぼ初めて英文法を本格的に学習しようとする方には、**本書を一度通して読んでみることをお勧めする**。つまり、通常の読書と同じ方法である。本書は英文法に関係する和文英訳の問題ばかりを集めている。何の知識もなしに闇雲に挑戦されてもあまり意味をなさないだろうから、英文法力がないと自覚されている方には、まずは読んで理解してもらうことが先決である。それから改めて、問題の英文がある程度自分でも書けるかどうか、いちからじっくり取り組み直してもらうとよいだろう。

　一方、**ある程度英文法は理解しているという方**と、**英文法はわかっているが英作文には苦手意識があるという方**は、**本書の和文英訳の問題（課題文）を、解説や英訳例を読む前に自分で英文に直してみることをお勧めする**。というのも、そうしてもらうことで、不十分に理解していた項目や、完全に間違って覚えていた項目がはっきりしてくるからである。そして、その際に改めて英文法の知識を修正→更新してもらうことで、1つ1つ確実な知識へと積み上げていくことが可能である。

❖ **大学受験やTOEFL®の自由英作文対策にもおすすめ**

　近年は大学受験でも、与えられた日本文を英文に直す「和文英訳」とは違って、自由に自分の意見を書ける「自由英作文」と呼ばれているものが増加している。ところが、**この自由英作文においてこそ、文章構成力や語彙力もさることながら、英文法力が重要となってくる**。当たり前の話ではあるが、いくら内容的に素晴らしいことを書いていても、英文自体が非文法的な支離滅裂の文章であったら、すべてが水の泡である。自由英作文の勉強をしようとする学習者の中には、基礎力も無視していきなり英文に取り組もうとする人がいるが、それは無謀極まりない。時制や構文が間違った英文では、そもそも主張が相手に正確に伝わらない。私は教室で普段からよく言っていることであるが、**自由英作文の学習をする人も、まずは和文英訳の練習をするべきなのである**。そうした練習を通じて、本書が目指す英文法力の習得はもちろんのこと、「**英語的センス**」のようなものが身につくのである。

❖ 英訳例や表現研究を見ながら自己添削しよう！
　自分の答案を作った人は、まずは各セクション最後の〈英訳例〉と〈表現研究〉を見ながら自己採点してみよう。〈表現研究〉には、筆者のこれまでの教壇経験で培った、読書の皆さんが書く恐れが多いと予想する単語や表現を載せており、その是非までを簡潔に解説してある。その際に、間違って覚えていたことは修正し、新たに知ったことは貪欲に吸収していくように努力していただきたい。語彙や表現力に関しては学習の進度に応じて個人差もあり、知らなかったことは覚えていくことで克服できるので、間違えてもあまり気落ちする必要はないと思うが、**文法項目で間違ったことがあれば、本文の解説を読みながらじっくり反省していただきたい**。そして、本書を終えて別の本や問題に取り組む際にも、常に本書を座右において、理解が不十分だと思った項目は何度でも読み返してモノにしていっていただきたい。

❖「和文英訳」の基本を学びたい方へ
　本書は「書くための英文法」を習得するための本ではあるが、そのための解説に選んだ**和文英訳問題（課題文）は、大学受験等でよく出題される文ばかり**であるから、この本の〈表現研究〉までを完璧にこなすことで、実は〈和文英訳〉の基礎は完成したことになる。大学受験で、**比較的短めの単発の和文英訳問題を出題するような大学（主に私立大学）を志望される方なら、本書を1冊こなすだけで十分だと言っても過言ではない**。むしろ、そういう人はこれ1冊だけに絞って完璧になるまで英文を暗記してほしい。

❖ 大学生や社会人の方へ
　大学生や一般社会人の方で、もう一度英語をブラッシュアップしたくて本書を手にとっていただいた方もおられよう。まずはその勉強意欲に脱帽である！そんな学習意欲旺盛な皆さんには、いよいよ本書で書かれたことを1つ1つ吟味していただきたい。**中学・高校時代に教わったこととはかなり違った角度から英文法を眺めることになる**であろう。英語教師志望の方や、すでに教壇で英語を教えておられる方にも是非本書をすべて読んでいただきたい。そして、今後のわが国の英語教育はどうあるべきか、一緒に考えていただけたらと思う。私はかねがね「**英語は科目ではなくて道具にすぎないから、使えなくては意味がない**」と思ってこれまで教えてきた。一人でも多くの方に賛同をいただいて、日本の英語教育の向上につながればと願ってやまない。

❖ 本書で用いた主な記号・略号

《口》	口語体、話し言葉
《文》	文章体、書き言葉
《古》	古い用法、今ではあまり使われない用法
《米》	アメリカ英語
《英》	イギリス英語
C	可算名詞 (本書では「可像名詞」と称している)
U	不可算名詞 (本書では「不可像名詞」と称している)
ex.	例、例文
to *do*	to 不定詞 (*do* には動詞の原形がくる)
doing	動詞の -ing 形 (現在分詞 / 動名詞)
p.p.	過去分詞
sb	somebody の略：人 (誰か) を表す語がくることを示す
sth	something の略：物・事 (何か) を表す語がくることを示す
	(例：give *sth* to *sb*「〈人〉に〈物〉を与える」)

句動詞の / /

例えば、look /～/ up は、目的語がふつうの名詞 (例：word) のときは、look up a word でも look a word up の語順でもよいが、代名詞 (例：it) のときは、look it up の語順のみ可能 (look *up it* は不可) という意味。

❶ 英訳例に対する補足事項。解答例の違いについての解説や注目すべき点などを示してある。

英文表現力を豊かにする
例解 和文英訳教本《文法矯正編》

第1章

時　制

　文を作る上でまず考えるべきことは、**時制を決める**ことである。英訳する際、時制についてしっかりと考えていないと、日本人は往々にして現在形を用いてしまう。ところが、現在形はすべての時制の中の中立的な存在ではなく、**現在形にもそれなりの意味がある**ということを忘れてはならない。
　では、現在形は文字通り「現在のことを意味する」のであろうか。もちろん、そういう場合もあるが、「**現在形が現在を表す用法は頻度的には低い**」のである。そうなると、現在形で頻度の高い用法とは何であろうか。
　一方、過去形は「過去のことを表す」とお思いだろうか。言うまでもなく、過去を表す場合もあるが、厳密には「**過去形は必ずしも過去を表すわけではない**」ということを認識していただきたい。英文法を勉強したことがある人なら、〈仮定法過去〉という用語をご存知だろう。仮定法過去は過去のことを表すわけではなかったはずである。では、なぜ「過去」などという用語がついているのだろうか。
　このように考えてみると、〈現在形〉や〈過去形〉という文法用語自体が問題である。〈現在形〉などと命名してしまったら、「現在のことを表す」と思われても仕方あるまい。〈仮定法過去〉と言っておきながら、「過去のことではない」とはこれ如何に！　文法用語のせいで本質が見えなくなっている。
　ましてや、〈現在完了〉や〈過去完了〉という時制を正しく理解しているだろうか。いわゆる〈現在完了〉と〈現在完了進行形〉の区別はできるであろうか。未来時制と言えば、willだけだと思っていないだろうか。willとbe going toは使い分けることができるだろうか。
　聞かれてみれば中学英語の範囲であるはずなのに、あやふやなことが多いのではないか。そこで、この章では、まず時制について、1つ1つじっくりと検証してみることにしよう。

● 文法運用力チェック ●

- 1. 「現在形」は「現在のこと」を表すと思っていないだろうか？ ☞ §1

- 2. 「～している」という日本語を見て進行形と判断してはいないか？ ☞ §2

- 3. 状態動詞も進行形が作れる場合があることを知っているか？ ☞ §3

- 4. 現在完了の4つの意味（継続・経験・完了・結果）を使い分けられるか？ ☞ §6

- 5. 「～した」という日本語を何でも過去形にしてはいないか？ ☞ §7

- 6. 現在完了と現在完了進行形を使い分けられるか？ ☞ §8

- 7. 「最近」に相当する these days と recently を使い分けられるか？ ☞ §10

- 8. 大過去と過去完了の違いがわかっているか？ ☞ §11, 12, 13

- 9. 過去形はすべて過去を表すと思っていないか？ ☞ §14, 15, 16, 17

- 10. 未来＝will と思っていないか？ ☞ §21～30

- 11. will＝be going to と思っていないか？ ☞ §23, 24, 26

- 12. will の訳を「～だろう」と思っていないか？ ☞ §24, 25

§1　現在形

> **課題文**
> 春になると、わが家の庭にたくさんのバラが咲きます。

文法研究

🖉「バラが咲きます」の時制は？

序論でも述べたように、日本人の多くは英訳する際に、何も考えていないとすぐに現在形を使う癖がある。だから、この問題の「バラが咲きます」の部分も、何も抵抗なく現在形で書く人が多いだろうが、それはマグレ当たりにすぎない。なぜ、現在形で書くのが正しいのか説明できなければ、違う文を英訳する際にきっと間違った現在形を使うことになるであろう。そこで、まずは**現在形の意味するもの**から学習しよう。

🖉〈現在形〉は現在のことを表すのか？

現在形と聞くと、読んで字の如く「現在のことを表す」と思っている学習者がほとんどであろうが、究極的にはこれは間違いで、「**現在形は原則的には半永久的なことを表す**」のである。よって、私見では現在形という文法用語を廃止して、「**半永久形**」と改名したいくらいである。これから英作文を学習していくうちに気づかされることになるが、皮肉なことに、**文法用語のせいでその内容を勘違いしている**ことが多いのだ。

🖉 **My father writes novels.** をどう訳す？

現在形についてだが、次の文はどう訳せばよいか考えていただきたい。
　　My father writes novels.
次のような訳が最初に思いついた人が多いと思う。
　　「父は小説を書く」
もちろん間違いではないが、日常生活での日本語会話としては、この日本語は不自然ではないか。

writeに3人称単数現在を表す-sが付いているので、この文は現在形で書かれているとわかる。**現在形は半永久的なことを表す**ので、この文を直訳すれば、
　　「父は半永久的に小説を書く」
である。「半永久的に小説を書く」とは、すなわち「父の職業が小説を書くこと」

14

ということであるから、きれいな日本語は次のようになるであろう。
　「**父は小説家（*or* 物書き）である**」
　人間が半永久的にやることと言えば、ふつうは**職業**と考えられる。

✍ What do you do? の意味は？

　英語学習の初期に次の文を教わった人は多いはずだ。
　What do you do?
　この質問に対する答えは、**I'm a student.** とか **I'm a teacher.** というように職業を答えるのだが、これについて疑問に思った人はいないだろうか。What do you do? がどうして職業を聞くことになるのか、という点である。それはこの文が現在形（＝半永久形）だからである。直訳は「**あなたは半永久的に何をする人ですか**」ということであり、「半永久的にすること＝職業」と解釈できるから、「**ご職業は何ですか**」となる。ちなみに I'm a student. と答えた場合、永久に学生をやっているわけでもないのでは、と思った方もいるだろうが、学生と言えども1日や1週間でやめるものではなく、しばらく続けているものだから、一種の職業と言ってよい。「永久形」と言わず「**半永久形**」と説明したのは、究極的にはこの例のように、「永久」と命名すると言いすぎる面もあるからである。と同時に、現在形で表される事柄は「**安定的なこと**」とも言える。職業はそうすぐに変更するものではない。「学生」という身分も同じで、簡単に退学するわけでもあるまい。

✍ 現在形は〈安定〉している

　次の例文はどうだろうか。
　Sally goes to church on Sundays.
　この文も文字通り訳せば
　「サリーは毎週日曜日に教会へ行く」
となるだろうが、現在形で書かれているので、直訳は
　「**サリーは半永久的に日曜日には教会へ行く**」
となる。「半永久的に教会へ行く」とは、サリーがキリスト教徒であることを意味する。よって、この文は思い切って次のように意訳してもいい。
　「**サリーはクリスチャンである**」
　ところで、キリスト教徒が仏教徒に改宗することは普通はあまり考えられないだろう。仏教徒の中でも、浄土宗の人が日蓮宗に改宗することもまずあり得ない。キリスト教徒として育てば、一生キリスト教徒であるのが通常である。

これぞまさに「**半永久的**」なことであり、同時に宗教的には「キリスト教徒」ということで「**安定している**」のである。

✍ 「不変の真理」「習慣」＝ 半永久的なこと

このように考えれば、文法書によく載っている「**不変の真理や習慣的なことは現在形で表す**」という解説も本質的に理解できよう。「**不変の真理**」や「**習慣的なこと**」はいわば半永久的に続くのである。

 ex. The earth **revolves** around the sun.　　　　〈不変の真理〉
   「地球は太陽の周りを回る」
   My grandparents **get** up at three in the morning.　〈習慣的なこと〉
   「うちの祖父母は毎朝3時に起きる」

✍ やはり〈現在形〉は「現在のこと」を表すのでは？

とは言え、現在形が「現在を表す」ことはないのだろうか。次の文を考えてみよう。

  I'm hungry.　　　　　「おなかがすいた」
  I have a stomachache.「おなかが痛い」

もちろん、両者とも「**今**おなかがすいている」「**今**おなかが痛い」のであって、半永久的におなかがすいていたり、おなかが痛いわけではない。そういう意味では確かに、現在のことを表していると言える。

実はこの例は **be**動詞と **have**動詞を用いているが、この **be**動詞と **have**動詞が英語の動詞の中でいちばん頻度が高い動詞であり、頻度が高いということはそれだけ使い方も様々で、例外事項が生じやすい。

✍ 〈現在形〉（＝半永久形）のまとめ

そこで、次のように整理しよう。現在形は「**原則的には半永久的なことを表す**」が、**be**動詞や **have**動詞を中心とする、いわゆる**状態動詞**と用いる際には例外的に「**現在のことを表す**」こともある。（もちろん、「半永久的」なこともある）

●　現在形とは　●

① 原則的には半永久的なことを表す
② 状態動詞（主に **be**動詞と **have**動詞）☛ 半永久的なこと *or* 現在のこと

✍️「バラが咲く」は毎年繰り返される半永久的なこと

　そこで、本問に戻るが、「バラが咲きます」というのは、春が来るたびに毎年起きることであり、いわば地球が滅びるまで半永久的に続くと想定されることであるから、**現在形**（＝半永久形）で書くのが適切であると判断できる。

英訳例

(A) In (the) spring a lot of roses come out in our garden.
(B) When spring comes (around), a lot of roses bloom in our garden.

表現研究

● 春になると

　「春には」は **in (the) spring** だけで十分。**when spring comes (around)** でもよい。**come around** は「(毎年) 巡ってくる」。**come** だけだと「(待ち遠しかった春が) やって来る」感じ。come の基本意味は「待っている方に近づく」だからである。例えば、家でお母さんが娘に「ご飯よ！」と声をかけたとする。娘が「今行く！」と答える場合、娘は「待っているお母さんの方へ近づく」ことになるから、I'm coming. となる。

　　Mother:　 Dinner's ready. 「ご飯よ！」
　　Daughter: I'm **coming**.　「今行く！」

● 庭

　garden は「草木が生えている庭」なのでこの文には最適。**yard** は《英》では「コンクリートで舗装された庭」、《米》では「敷地内の空き地」を意味する。**court** は「建物に囲まれた中庭」をイメージするので植物は育ちにくい。

● 咲く

　bloom が「咲く」を表す一般的な語。**flower** を動詞で使ってもよい。**come out** も可。come out の基本的意味は「隠れていたものが表に現れる」。隠されていた雄しべや雌しべが花びらが開いて出てきた感じ。

§2　進行形

> **課題文**
> この夏は海外旅行に出かけようと考えています。

文法研究

✎ 「考えています」の時制は？

「考えています」の時制は I think ～ と現在形にするのか、それとも、I'm thinking ～ と現在進行形にするのか。「～している」という日本語だけで現在進行形だと判断するのは軽率である。時制は日本語の訳語で判断するのではなく、しっかりとその意味をとらえてから判断しなくてはならない。とりあえず、基本に戻って、進行形という時制の使い方を見直してみよう。

✎ 現在形と現在進行形の違い

次の文の違いがわかるだろうか。
　(a) I **go** to school every day.　　〈現在形〉
　　　「私は毎日通学している」
　(b) I'm **going** to a driving school now. 〈現在進行形〉
　　　「私は今、自動車学校に通っている」

(a)(b)ともに学校へ通っているという内容は同じだが、(a)は正規の学校（小中学校・高校・大学など）に対して用いる。(a)の正規の学校と(b)の自動車学校の本質的違いは、(a)は**長い期間通学する**ことになるが、(b)は**短期間通うだけ**だという点にある。長期間通うということは、学生という身分が保証されるということなので、**安定したニュアンス**を表す**現在形**がふさわしい（⇒§1）。一方、自動車学校は、免許を取ったらすぐに卒業するのである。人生の中で、自動車学校に通ったという事実は履歴書にも残らぬほどの一瞬の出来事に過ぎない。このように、「**一時的な出来事**」を表すのには、次で述べるが、「**不安定さ**」を内包する**進行形**（ここでは**現在進行形**）がふさわしい。（なお、school と a driving school の a の有無については§69を参照のこと）

✎ 進行形〈be動詞＋-ing〉の特徴

一般に進行形とは〈**be動詞＋-ing**〉で表される形であり、この **-ing**〈現在分詞〉には「**動く**」というニュアンスがある。「動く」とはいろんな意味で解釈で

きる。一つには、「動き回る」ということから〈活動中〉、「すぐに動く」ということから〈不安定・一時的〉、「動いている最中」ということから〈未完了〉、「心の中がそわそわ動いている」ということから〈感情的〉といったような特徴があげられる。次のペアの文をそれぞれ比べてみよう。

(1) (c) My father **writes** novels. 〈永続的〉
「父は物書きである」

(d) My father **is writing** a novel. 〈活動中〉
「父は小説を執筆中だ」

(2) (e) You **are** very kind. 〈永続的〉
「君は(いつも)とても親切な人だ」

(f) You **are being** kind today. 〈一時的〉
「今日はいつになく親切だね」

(3) (g) The patient **is** dead. 〈永続的〉
「その患者はもう亡くなっている」

(h) The patient **is dying**. 〈未完了〉
「その患者は死にかけている」

(4) (i) Tom usually **complains**. 〈客観的〉
「トムは普段から愚痴が多い」

(j) Tom **is** always **complaining**. 〈感情的〉
「トムは文句ばかり言っている」

(1)の(c)は現在形で〈半永久的なこと〉を表すので、「職業」を述べている(⇒§1)。(d)は「現在、小説を書くという活動に携わっている」ということで、これこそ**現在進行形**(現在進行中のこと)と命名された所以であろう。(2)の(e)は現在形なので「半永久的に親切だ」ということ。(f)はbe動詞の進行形(be動詞＋being 〜)で〈**一時的**〉なことを表すので「いつになく親切だ」という意味だ。つまり、(e)は「いつでも親切」、(f)は「今日だけ珍しく親切」ということである。(3)の(g)は現在形なので、「今後ずっと半永久的にdeadの状態である」ということ。(h)は現在進行形なのでまだ死んではいない。多少変な言い方に聞こえるかもしれないが、「死ぬ」という行為はまだ〈**未完了**〉だということである。(4)は(i)も(j)もどちらも「トムは文句が多い」ということを言っているのだが、(j)の現在進行形で書いた方が〈**感情的**〉な発言に聞こえる。この詳細はあとで学習しよう(⇒§4)。

✍ thinkの現在形と現在進行形の違い

本問に戻るが、thinkという動詞を使った場合も、現在形と現在進行形とではニュアンスが異なる。

(k) I **think that** traveling abroad helps broaden your mind.
「海外旅行は視野を広げてくれると考えている」

(l) I'm **thinking about** going to the park tomorrow.
「明日は公園へ行こうと考えている」

thinkの目的語がthat節のときは現在形しかあり得ない。think about 〜 や think of 〜 の語法では現在形も現在進行形も両方可能だ。(k)は**現在形**なので〈半永久的な思考〉すなわち〈日頃からの自分の意見〉を述べている。これに対して (l) は**現在進行形**なので〈一時的思考〉について述べている。「普段から公園へ行く」ことばかり考えているわけではない。よって本題の場合も、「海外旅行へ出かけようと考えている」のは〈一時的思考〉なので**現在進行形**が適切だ。

英訳例

(A) I'm thinking about going abroad this summer.
(B) I'm planning to travel overseas this summer.

表現研究

● この夏は

this summerのように、時を表す語（week / month / yearなど）を this / that / next / last / each / every と用いるときは前置詞を付けてはいけない（⇒ p.86）。よって in this summer は不可。

● 海外旅行に出かける

go [travel] abroad または **go [travel] overseas** が適切。abroadも overseasも副詞なので、前置詞のtoを付けてはいけない。ちなみに、abroadのab-という接頭辞がto「〜へ」の意味であり、overseasの接尾辞の-sは副詞であることを表す。古英語では副詞には-sを付けていた。always / nowadays / upstairs / downstairs などもその名残。

● 考えています

be thinking about [of] 〜 か **be planning to** *do* 〜 が適切。**be going to** *do* 〜 は旅行に行くことが確定している場合（→§23）。

§3　状態動詞 と 動作動詞

> **課題文**
> スーザンは普段は舞台で赤い服を着るが、今日は白い服を着ている。

文法研究

🖊 「着る」と「着ている」の時制は？

日本語で考えて「着る」が現在形、「着ている」が現在進行形と判断してはいけない。日本語の「〜している」が必ずしも進行形になるとは限らないので、日本語で判断するのではなく、しっかりと内容を考えよう。

🖊 状態動詞と動作動詞

時制の話に入る前に、動詞には大きく分けて2種類あるのをご存知だろうか。1つは状態・心理・無意識な知覚などを表す**状態動詞**。もう1つは動作・意識的な知覚などを表す**動作動詞**である。状態動詞の主なものは次の通り。

●──────── ● **状態動詞** ● ────────●

- 状態：**be / have / belong / consist / contain / differ / exist / own / possess / resemble**
- 好嫌：**like / love / prefer / hate / hope / want / wish**
- 思考：**believe / consider / doubt / fear / find / imagine / suppose / think**
- 認識：**forget / know / recognize / remember / trust / understand**
- 知覚：**see**「(自然に)〜が目に映る」/ **hear**「(自然に)〜を耳にする」

🖊 状態動詞は原則的に進行形にできない

そして、**状態動詞は原則的に進行形にできない**という文法上の約束を認識してもらいたい。すなわち、上であげた動詞はすべて、原則は -ing を付けて進行形にすることはできないのである。

(a) I am belonging to the baseball club.　（×）
(b) I **belong to** the baseball club.　　　（○）
　「僕は野球部に所属している」

「野球部に所属している」を (a) のように進行形で書くと、明日にはもうやめるみたいである。進行形は〈**一時的な状態**〉を表すからだ。所属とは〈**長期にわたること**〉なので、〈半永久的〉なイメージの現在形が正しい (⇒§1)。

✎ 状態動詞でも進行形が作れる場合がある

ところが、話はそう単純ではない。**状態動詞でも進行形が作れる場合がある**のだ。それは、進行形の特徴である〈一時的な状態〉を強調する場合だ。§2 で見た次の例文がそれに相当する。

(1) (c) You **are** very kind.
　　　「君は（いつも）とても親切な人だ」

　　(d) You **are being** kind today.
　　　「今日はいつになく親切だね」

(2) (e) I **think that** traveling abroad helps broaden your mind.
　　　「海外旅行は視野を広げてくれると考えている」

　　(f) I'm **thinking about** going to the park tomorrow.
　　　「明日は公園へ行こうと考えている」

(1) の (d) は **be** 動詞の進行形だ。be 動詞こそ**状態動詞**の典型であるから、原則的には進行形にはできないのだが、(d) の例文のように〈一時的なこと〉を強調したいときだけは進行形が可能である。(2) の **think** も**状態動詞**なので、進行形は考えられないのだが、(f) のように〈一時的な思考〉のときだけは進行形にできる。ただし、その場合の語法は that 節ではなく、about か of でつなげるのであった (⇒§2)。

✎ wear は状態動詞

本問に戻るとしよう。「着ている」を表す **wear** は**状態動詞**である。よって訳語も「着る」ではなく、「**着ている**」と正しく覚えてほしい。ということは、この語も原則は進行形にできないわけだが、例外的に〈一時的な状態〉を表すときだけは進行形が可能である。「普段は舞台で赤い服を着るが、今日は白い服を着ている」ということは、**平常状態と一時的状態を対比している**ので、前半は規則通り現在形で書くとしても、後半は進行形にするべきである。

　　Susan usually **wears** red on the stage, but she **is wearing** white today.
　　後半を進行形で書くことで、「普段は白い服は着てはいないんだけれど」ということを暗示できる。

状態動詞と動作動詞で意味が異なる場合

ついでながら、状態動詞でも進行形にできるケースは他にもある。それは**同じ動詞でも意味が異なる場合**である。一部の動詞は状態動詞と動作動詞の両方を含んでおり、意味に応じてどちらかの範疇に分類されるものがある。主な例をあげておこう。

(1) (g) Catherine **has** blue eyes. 〈状態動詞〉
「キャサリンは青い目をしている」

(h) Catherine **is having** sandwiches. 〈動作動詞〉
「キャサリンはサンドイッチを**食べている**」

(2) (i) Biff **looks** exactly like his father. 〈状態動詞〉
「ビフは父親にそっくりだ」

(j) Biff **is looking** at Sally. 〈動作動詞〉
「ビフはサリーの顔を**見ている**」

(3) (k) I can **see** Sirius. 〈状態動詞〉
「シリウスが見える」

(l) I **am seeing** her parents on Sunday. 〈動作動詞〉
「彼女の両親と日曜日に**会う予定だ**」

(1) の **have** は、ふつうは (g) のように「～を持っている、～がある」の意味で状態動詞である。しかし、(h) のように「～を食べる」(= eat) のときは、eat と同じく動作動詞となる。よって、進行形も可能だ。(2) の **look** は (i) の **look like ～** や **look ＋形容詞**の語法では「～のように見える、～のようだ」という状態動詞だが、(j) のように **look at ～**「～を見る、～に視線を向ける」で使うときは動作動詞だ。(3) の **see** も (k)「(自然に) ～が目に映る、見える」の場合は状態動詞、(l)「〈人〉に会う」の意味では動作動詞だ。なお、(3) の (l) の現在進行形は予定を表す (⇒§21)。

状態動詞と動作動詞が別のもの

状態動詞と動作動詞が最初から別々の表現になっているものもある。例えば、see ～と look at ～、hear と listen to ～などがこれに相当する。**see ～**は「(自然に) ～が目に映る、見える」という状態動詞、**look at ～**は「(意識的に) ～を見る、～に視線を向ける」という動作動詞、**hear** は「(自然に) ～が聞こえる、～を耳にする」という状態動詞、**listen to ～**は「(意識的に) ～を聞く、～に耳を傾ける」という動作動詞となる。一般には状態動詞は〈無意識に認識すること〉、動作動詞は〈意識的に行うこと〉と言える。

(1) (k) I can **see** Sirius. 〈状態動詞〉
「シリウスが見える」
　(j) Biff **is looking at** Sally. 〈動作動詞〉
「ビフはサリーの顔を見ている」
(2) (m) I can **hear** the train. 〈状態動詞〉
「列車の音が聞こえる」
　(n) **I was** soon **listening** eagerly **to** Mr. Watanabe. 〈動作動詞〉
「いつの間にか渡部先生の講義に聞き入っていた」

✎ wear 〜 と put /〜/ on

wear 〜 と put /〜/ on の違いも、**状態動詞（wear 〜）**と動作動詞（**put /〜/ on**）の違いである。よって訳語も正確に、**wear 〜** は「〜を着ている」、**put /〜/ on** は「〜を着る」と几帳面に覚えておきたい。とは言え、訳語だけで判断できない場合もある。

　Professor Higgins says that women shouldn't **wear** jeans.
「ヒギンズ教授は女性はジーンパンを履くべきではないと主張している」
この例文の場合、日本語では「女性はジーンパンを履いているべきではない」とは言わないだろう。でも、意味を考えれば状態について言及しているから、英語ではput /〜/ on ではなく、wear 〜を用いなければならない。

英 訳 例

Susan usually wears red on the stage, but she is wearing white today.

表現研究

● 舞台で
on the stage が適切。**at** the stage はふつう「その段階で」の意味になる。
● 赤い服を着ている
wear red と書けば自ずと「赤い服を着ている」の意味になる。あえて「服」まで訳したければ、**wear red clothes** である。wear a red dress とすると、**dress** は可算名詞ではふつう「（女性の）ワンピース」を意味するので話が狭くなる。

§4　be動詞 + always + *do*ing 〜

> **課題文**
> あの二人の兄弟は、つまらぬことでいつも互いに喧嘩ばかりしている。

文法研究

「〜ばかりしている」の時制は？

「喧嘩ばかりしている」の時制はどうするべきか。現在形がよいか現在進行形がよいか。

 (a) Those brothers **always quarrel** with each other.　　〈客観的〉
 (b) Those brothers **are always quarreling** with each other. 〈感情的〉

現在形と現在進行形の違い

§2で現在形と現在進行形の違いを考えた。次の2文だけもう一度検証してみよう。

 (c) Tom usually **complains**.　〈客観的〉「トムは普段から愚痴が多い」
 (d) Tom **is** always **complaining**.〈感情的〉「トムは文句ばかり言っている」

 (c)の現在形はトムという人物の不変の性格を〈**客観的**〉に述べているのに対して、(d)は -ing の「**動く**」というニュアンスから〈**感情的**〉な表現になる。そして、**always** とともに使うことで、往々にして〈**批判的**〉な意味になることが多い。そこで、これは公式的に次のようにおさえておきたい。

● **進行形による批判的表現** ●

● be動詞 + always + *do*ing 〜　☛「四六時中〜ばかりしている」

「あの兄弟」に批判的なら現在進行形

本問に戻るが、「あの兄弟」に対して客観的に判断しているなら (a) の現在形で、批判的に言っているなら (b) の現在進行形の方が適切である。あるいは、**do nothing but** *do* 〜「〜ばかりしている」という熟語を使うという手もある。

英訳例

(A) Those two brothers are always quarreling with each other about small things.
(B) Those two brothers do nothing but quarrel with each other over silly things.

表現研究

● あの二人の兄弟

「あの」という日本語につられて、ついthat brothersとしないように。two brothersは明らかに複数なので、thatではなく**those brothers**が正しい。この類例としてよく出題されるのが、「あの靴」の英訳である。これも、that shoesではなくて、**those shoes**が正しい。shoesは左右でワンセットなので、最初から-sが付く単語である。socks「靴下」、pants「ズボン」、trousers「ズボン」、glasses「眼鏡」、scissors「はさみ」など、最初から複数形で使う単語は要注意である。

● つまらぬこと

「つまらぬこと」とは**small things**や**little things**のように「小さなこと」、**unimportant things**「どうでもいいこと」、**silly things**「愚かなこと」、**nothing**「何でもないこと」、**nonsense**「馬鹿げたこと」、**trivial things**「些細なこと」などと訳せる。**trifles**「些事」(複数形)でもよいが、やや堅い語。

● けんかする

fightは「格闘する」ときに使うと考えがちだが、単なる「口論」にも用いる。**quarrel**が「口論する」を表す一般的な語。**argue**も「言い合う」という意味でよく使われる。**squabble**は少し頻度が落ちるが可。**row**「ひどく言い争う」はイギリス英語。rowの発音は2つある。「列」や「(ボート)を漕ぐ」の意味では [rou] と発音するが、「喧嘩(する)」の意味では [rau] と発音する。なお、語法はすべて〈**動詞**(例えばquarrel) **with** *sb* **about** [**over**] *sth*〉である。

● 互いに喧嘩する

日本語の「互いに」は副詞的に使うので、英語のeach otherも副詞だと勘違

いして、quarrel each otherと書く人が多いがこれは間違い。**each other**は代名詞であるから、**quarrel with each other**のようにwithが必要。こうしたことはすべてeach otherの前の動詞の語法で決まる。

ex. They *love* each other.
　「二人は互いに愛し合っている」☞ loveは他動詞なので前置詞は不要
　They were *looking into* each other.
　「二人は互いに見つめ合っていた」☞ lookは自動詞なのでintoが必要

● コラム **1**

[and と but]

　学生の英文答案を見ていると、andやbutの先頭を大文字にして、AndやButと書いている例をよく見かける。アカデミックな書き方では、**and**や**but**などの等位接続詞（これ以外にor / so / for / yet / nor）の先頭を大文字にすることは敬遠される。つまり、And / But / Or / So / For / Yet / Norは原則としてすべて不可である。確かに、学生たちが普段読まされている教材の中には、AndやButなどを大文字にした例も出てくるだろう。素人の書く文ではそのようなことはあるかもしれないが、少なくとも正式な論文では許されない。

　仮に、**And**や**But**（先頭を大文字にする用法）を使った場合、andやbut（小文字）の場合とは趣が異なる。Butに関して言うならば、**But**（大文字）の次に余程強い主張を述べるときである。とは言え、そのようなときでさえも、**But**（大文字）ではなく、**However**を用いるのが正式な書き方である。一方、but（小文字）の場合は、次に筆者の主張が来ることもあるが、日本語の「〜だが…」と同じく、軽く「が」でつなぐ用法もある。Excuse me, but 〜「すいませんが〜」などの用法がその一例である。この場合のbutには〈逆接〉の意味はない。**And**（大文字）の場合は、「そして」という〈順接〉ではなく、「しかも、さらに」という〈追加〉の意味で使っている場合が多い。しかし、〈追加〉の意味で使うのならば、**And**（大文字）よりも、**Besides / In Addition / Further / Moreover**などを使うのが正式な作文術である。これらはすべて堅い文語体だが、**On top of that**は口語体でも使える。

§5　過去進行形＋when＋SV

> **課題文**
> 暗がりを歩いていたら、急に誰かに肩をたたかれた。

文法研究

✎ whenの位置

「歩いていた」の時制は過去進行形、「肩をたたかれた」は過去形で書けばよいというところまでは見当がつくと思うが、この2つの文をwhenでつなぐ際、どちらの文をwhen節に入れるべきなのか、そして、when節は文頭にするべきかどうか。ふつうに考えれば、問題文の日本語は「**暗がりを歩いていたとき、急に誰かに肩をたたかれた**」と解釈できるから、「暗がりを歩いていた」の部分をwhenの中に入れると思うだろう。

(a) **When** I was walking in the dark, someone tapped me on the shoulder.

これでも間違いではないが、この文を読んでいる人を引き込みたいのなら、この語順では面白くない。英米人の先生に模範解答を書いてもらうと、往々にして次のような文を書く。

(b) I was walking in the dark(,) **when** someone tapped me on the shoulder.

ついでながら、この (b) の文を日本語に訳す場合、後ろのwhen節の部分から訳し始めて、「誰かに肩をたたかれたとき、私は暗がりを歩いていた」とするのは誤訳である。正しい訳は、「暗がりを歩いていたら、誰かに肩をたたかれた」である。

✎ Whenからスタートすると先にオチが見えてしまう！

では、この (a) と (b) の文は何が違うのか。結論から言ってしまえば、(b) の方が、後半で〈**突発的に何かが起きた**〉という感じが出る。英米人の読者なら、(a) はWhen＋SV〜（従節）を見た時点で、主節のSV…の存在が予想できるから、先にオチがわかってしまう。ところが、(b) の文はふつうにSV〜からスタートしているので、whenが出てくるまでは、もう1つ文が続くことなど予想できない。whenが出てきた途端に、〈異変発生！〉とばかりにその後の内容に集中するのである。つまり、(b) の語順にした方が、〈突発的〉なニュアンスが出るのである。

過去進行形＋when＋SV

ただし、どんな文でもwhen節を後半にすれば、突発性が出るわけではない。これには条件があって、それは、前半の文の時制が**過去進行形**か**was (just) about to** *do* 〜でなければならないということである。そこで、我々日本人学習者として、この構文は公式的に次のように覚えておきたい。

●　過去進行形＋when＋SV　●

① S_1 ＋ **was** *doing* 〜 (,) **when** S_2 ＋ (**suddenly**) ＋ V (過去形) ...
「S_1が〜していたら、(突如) S_2が...した」

② S_1 ＋ **was (just) about to** *do* 〜 (,) **when** S_2 ＋ (**suddenly**) ＋ V (過去形) ...
「S_1が〜しようとしたら、(突如) S_2が...した」

---

②のパターンの例文は次の通り。

ex. We **were just about to** leave (,) **when** he called on me.
「出かけようとしたら、彼が訪ねて来た」

英訳例

I was walking alone in the dark, when someone suddenly tapped me on the shoulder.

表現研究

● 暗がりを
in the darkが適切。in the darknessは文章体。

● 人の肩をたたく
「たたく」は**tap**が適切。**pat**は「愛情を込めてなでる」、**hit**は「ねらい打つ」、**strike**は「強殴する」。語法は**tap *sb* on the shoulder**がふつう。英語ではtap *sb*'s shoulderとは言わない。

● 肩をたたかれた
I was tapped on the shoulder.でも可だが、突発的なニュアンスを出したいので、状態動詞 (was) より動作動詞 (tapped) の方がふさわしい。

§6　現在完了〈継続〉

> **課題文**
>
> 　才能があったかどうかわからないけれど、幼い頃から絵を描くのは好きだった。

文法研究

🖉「幼い頃から絵を描くのは好きだった」の時制は？

　「幼い頃から絵を描くのは好きだった」の「だった」という日本語を見て過去形だと思っている人はいないだろうか。ついでに、「幼い頃から」の「から」をfromで訳そうとしていないだろうか。いずれも間違いである。しかしながら、過去形とfromの組み合わせ自体は間違いではない。問題は、過去形で書くと、日本文で伝えたい事柄と変わってしまうことにある。

🖉　過去形は〈「今」を含まない〉

　「～だった」や「～した」という日本語を見ると、日本人学習者は無条件で過去形を使って書いてしまいがちであるが、英語の**過去形は**〈**「今」を含まない**〉ということを認識しているだろうか。I went to the park yesterday.「昨日公園に行った」と言えば、これを喋っている時点では「もう公園にはいない」のである。当たり前の話だが、このことを英作文のときには忘れがちである。よって、「幼い頃から絵を描くのは好きだった」の部分を、
　　I liked painting from my childhood.（×）
と書くと、「今はもう絵を描くことは好きではない」ということを意味することになる。この文は前半の「才能があったかどうかわからないけれど」という部分との関連から考えれば、筆者は「今も絵を描くのが好きだ」とわかる。このように、〈**過去のある時点から現在に至るまで続く状態**〉を表す時制が**現在完了（have + p.p.）**である。**have + p.p.**の基本的意味は「**現在から過去を振り返る**」である。要するに、**現在完了は**〈**「今」を含む**〉のである。よって、この文はhave likedと書かなければならない。

🖉　from ～ と since ～

　次に、「幼い頃から」の「～から」の訳だが、現在完了とともに用いられるのはsinceである。sinceとfromの違いは、**since**は〈**時間の起点から現在まで**〉

を表すが、**from** は〈時間の起点〉を示すだけで、この場合はふつう〈時間の終点〉を表す **to** を伴う。数学的に説明すれば、**since** は線分で、**from** は点である。（ちなみに、from は〈場所の起点〉も表す）

(a) I **have been** busy *since* this morning.
「私は今朝からずっと忙しい」☞ 今も忙しい

(b) I **was** in Paris *from* April 29th *to* May 5th.
「私は4月29日から5月5日までパリにいた」☞ 今はもうパリにいない

(a) は現在完了なので、この文を喋っている「今も忙しい」状態が続いている。(b) は過去形なので、「今はもうパリにいない」ことがわかる。

現在完了の4つの意味

ところで、現在完了には4つの意味があることを覚えているだろうか ──〈継続〉〈経験〉〈完了〉〈結果〉の4つである。ところが、よく考えると、これは矛盾しているのではないか。特に〈継続〉と〈完了〉である。継続するものは完了していないはずだし、完了したなら継続するはずがない。そこで、この相矛盾する意味を抱えている現在完了形を用いる際の注意として、現在完了の意味が4つのどれなのかを明示するために、**何か副詞や前置詞句などを加えなければならない**ということがあげられる。

(1) 継続 (a) I **have lived** here *for* ten years.
「私は10年間ずっとここに住んでいる」

(b) I **have been** busy *since* this morning.
「私は今朝からずっと忙しい」

(2) 経験 (c) **Have** you *ever* **been to** Europe?
「ヨーロッパに行ったことがありますか」

(d) I **have** *never* **read** his book.
「あの人の本は読んだことがない」

(3) 完了 (e) I **have** *just* **finished** my work.
「私はちょうど仕事を終えたところです」

(f) I **haven't cooked** lunch *yet*.
「まだ昼食をつくっていません」

〈継続〉の現在完了形なら、(a) 期間を表す **for** 〜「〜の間」、(b) 起点を表す **since** 〜「〜以来」と使うことが多い。その他の副詞や〈経験〉〈完了〉の意味の際によく使われる副詞 (句) 等を次にまとめてみる。

> ● 現在完了の意味の判別になる副詞（句）等 ●
> ① 継続：for 〜「〜間」/ since 〜「〜以来」（前置詞 or 接続詞）
>   　　　How long 〜?「どれくらい〜?」/ always「昔から」
> ② 経験：ever「これまで」（疑問文のみ）/ never「一度も〜ない」
>   　　　before「以前」/ often「たびたび」/ once「一度、かつて」
>   　　　〜 times「〜回」
> ③ 完了：just「たった今」/ yet「まだ（〜ない）」（ふつう否定文で）
>   　　　already「すでに」/ now「もう」

　実は〈結果〉を表す現在完了だけはこのような副詞を伴わない場合が多いが、この詳細については次項で検討しよう。

✍ 〈継続〉の現在完了

　というわけで、〈継続〉の現在完了を使用する際には、〈継続〉であることを一発で相手にわかってもらうために、**for 〜**か **since 〜**か **How long 〜?**か **always** のどれかが必要である。本問の場合、「幼い頃から」という〈時間の起点〉を表すので、since が思い浮かぶだろう。for は〈期間〉を表す場合で、前ページの (a) の例の「10年間」のように数字を伴うのがふつうである。よって、本問の後半部は次のようになる。

　　(g) I **have liked** painting *since* my childhood.　〈since は前置詞〉
　　(h) I **have liked** painting *since* I was a child.　〈since は接続詞〉

　(g) と (h) はどちらでもよいが、一般には、(g) の childhood のような**抽象名詞**を使う方が堅い**文章体**、(h) のように**接続詞＋SV**の構造を用いた方がやわらかい**口語体**である。since はこのように、「〜以来」の意味では**前置詞**の場合と**接続詞**の場合がある。ちなみに、since が「〜なので」の意味のときは接続詞のみである。

✍ have always ＋ p.p.

　実は「幼い頃から」の訳は have always ＋ p.p. だけでもよい。

　　(i) I **have** *always* **liked** painting.

　なぜなら、**have always ＋ p.p.** は「昔から〜してきた、かねがね〜してきた」という意味になるからである。英文和訳のときにも、現在完了に挟まれた

alwaysは「いつも」と訳すのではなく「昔から」と訳す癖をつけておきたい。
次の日本文の英訳はどうなるだろうか。
「父は昔から頑固でした」
答えは

My father **has *always* been** stubborn.

である。「昔から」の部分を何も考えずにただ機械的に since ancient times などと訳されては、父親は縄文時代から生きていることになってしまう。

英訳例

(A) I don't know whether I have any particular gift for it, but I've always liked painting.
(B) I don't know if I have a particular genius for art, but I've liked painting since I was a child.

表現研究

● 才能

genius や **gift** は「生まれつきの才能」を意味する。**ability** も可だが、この語は「後天的才能」を表す場合があるので、genius や gift を用いる方がよい。**capacity** は「先天的能力」を指すので可。訳例に particular を入れたのは、「取り立てて言うほどの、格別な（才能がある）」というニュアンスを入れるため。

● 絵を描く

paint は「絵の具で描く」のでふつうカラー。**draw** は「鉛筆などで線を引く」のでふつう白黒。道案内のための略地図などを書いてあげるときが draw。**write** は「文字や文を書く」ことなので不可。

§7 現在完了〈結果〉と 過去形

> **課題文**
> 太郎は大学に進学することに決めた。目下、試験に向けて勉強中である。

文法研究

「決めた」の時制は？

　この問題も「決めた」という日本語から直ちに過去形を選んではいけない。「た」＝過去形とは限らないことをもう一度改めて認識してほしい。「〜した」を現在完了形で表すことも多いことを学習しよう。

〈結果〉の現在完了とは？

　現在完了形の意味は、〈継続〉〈経験〉〈完了〉〈結果〉の4つがあることは、前項でも触れたし、この区別はふつう現在完了の文といっしょに使う副詞（句）等で明示することも述べた。ところが、〈結果〉を表す現在完了だけは、そういった副詞句を伴わない。そのせいか、ある程度まで現在完了という時制がわかっている人でも、〈結果〉の現在完了までは使いこなせていないことが多い。そもそも、〈結果〉という文法用語自体がわかりにくいとも言える。〈結果〉を表す現在完了の用例は次のようなものだ。

　　(a) Emi **has gone to** Europe.
　　　「エミはヨーロッパに行ってしまった」
　　(b) Spring **has come**.
　　　「春が来た」

　この例文ならおなじみであろう。(a) の have gone to 〜は熟語として覚えている人が多いと思う。**have gone to 〜**「〜へ行ってしまった」と **have been to 〜**「〜へ行ったことがある」をちゃんと区別するようにと教わってきたはずだ。(b) の文も丸暗記している人が多いだろうから、この文なら難なく現在完了で書けるかもしれない。

「春が来た」は Spring came. ではダメか？

　でも、よくよく考えてみれば、なぜ「春が来た」の「来た」は現在完了で表すのだろうか。これを Spring came. と過去形で表現したら間違いであろうか。

過去形と〈結果〉の現在完了

　そこで、過去形と〈結果〉を表す現在完了の違いについて考えてみよう。
　現在完了はその名の通り、〈現在〉に意味の重点が置かれる。**have＋p.p.** の基本的意味は「**現在から過去を振り返る**」だからだ。つまり、この時制で表される事柄は〈**現在もその状態が持続している**〉ということだ。Spring has come. と発言した以上、これを喋っている時点でも「まだ春だ」ということになる。常識的に考えれば、冬の最中に「春が来た！」などと言う人はいないであろう。(もしいるとすれば、それはその発言者の頭の中が「春」なのかもしれない！) 「春が来た！」という以上、発言している時点も「春」であることは当たり前の話だ。
　ところが、Spring came. という英語は、発言時では「もう春でない」ことを含意することになる。つまり、英語の**過去形**は〈「**今**」**という時点を含まない**〉のである。「今」でなければ「いつだ？」ということになるだろうから、過去形の文には、文脈で明らかにわかるとき以外は、〈「**いつ？**」**に相当する語句**〉を伴う。これが現在完了との区別において重要になる。Spring came. という以上、それは「いつ」のことなのかを明示しなければならない。

(c) Spring **came** later than usual ***this year***.
　　「今年は春の到来が例年より遅かった」

　(c) の文のように過去形を用いる以上、this year のような〈「**いつ？**」**に相当する語句**〉を添えることが不可欠となる。これを過去形を使う際の鉄則にしよう。

●―――――――――●「～した」の時制●―――――――――●

● 「～した」 ｛① 現在完了：「今」を含む
　　　　　　 ② 過去形：「今」を含まない ☞ 「いつ？」に相当する語句を伴う

過去形は〈「いつ？」に相当する語句〉を伴う

　文法書によく次のような説明が載っているのを目にした人は多いだろう。
　「**yesterday／～ago／last～／just now／when＋S＋過去形～**といった語句は現在完了とともに用いることができず、**過去形と用いる**」
　もちろん、この通りであるが、私見としては、この理屈は逆のような気がする。「**過去形にするから、yesterday や～ago などの〈「いつ？」に相当する語句〉が必要**」なのである。実は、この話は後で説明する、〈仮定法過去〉とふつうの〈過去形〉を区別する意味でも大切になってくる (⇒§15)。

✏️ 「た」の英訳は文脈を考えろ！

　そこで、本題に戻ろう。「大学に進学することに決めた」の「た」は過去形で書くべきか、現在完了で書くべきか。ヒントは第2文の「目下、試験に向けて勉強中である」にある。つまり、今も勉強中ということは、大学に行く決心は「今も続いている」ことになる。よって現在完了が正しい。過去形を用いるなら、「いつ決心したのか」を書く必要がある。

　　　Taro **has decided** to go on to college.　（○）☞ 今も決意は続いている
　　　Taro **decided** to go on to college.　　　（×）☞「いつ」決めたの？

英訳例

(A) Taro has decided to go on to college. He is now preparing for the (entrance) exams.
(B) Taro has made up his mind to try to get into university, and (he) is now studying for his (entrance) examinations.

表現研究

● **大学に進学する**

　(A) の **go on to college** はonを省略して go to college でもよいが、このonは「先へ」という意味（副詞）なので、onがあった方が「(高校から)**引き続き大学へ進学する**」というニュアンスになる。(B) は「大学に入学しようとする」という意訳だが、「**入学する**」はふつう enter ～ ではなく、**get into** ～ である。enter ～はどちらかというと「物理的に入る」場合に用いる。get into ～はintoという前置詞が「狭い物の中へ入り込む」イメージを醸し出すので、「狭き門をくぐり抜ける」という感じが出る。

● **～することに決める**

　decide が一般的によく使われる語。**make up *one*'s mind** は「決心する」の感じ。**resolve** は堅い。いずれも、目的語はto不定詞になる。**determine** は主語が行政や運命の場合であり、個人の決意にはふつう用いない。

　　ex. The government tried to **determine** the level of pollution.
　　　　「政府は公害のレベルを決めようとした」

　ただし、**be determined to *do*** ～なら、主語が個人の場合でも用いるが、「～を決心する」ではなくて「**～すると決心が固まっている**」という状態動詞。

ex. Mike **is determined to** discover the truth this time.
「マイクは今度こそ真実を突き止める決意である」
● 試験に向けて勉強する
prepare for 〜は「〜に備えて準備をする」という意味だが、**prepare** 〜（他動詞）は「（報告書・料理）を作る」という意味なので不可。
ex. I have to **prepare** the report about his mental condition.
「彼の精神状態に関する報告書を作成しなければならない」
exam / examination は、1校しか受験しないのであれば単数でもよい。

● コラム 2

[所 有 格]

「歴史の試験」を英訳させると、history's test と書く学生がいる。こうした間違いを防ぐためには、「**所有格にできるのは原則として人間を表す名詞だけ**」と釘を刺しておく必要がある。John's hat「ジョンの帽子」、his students' answers「彼の学生たちの答案」、someone's cell phone「誰かの携帯電話」などはすべて人間を表す名詞なので所有格にできるが、「歴史」は人間ではないので所有格にはできない。「歴史の試験」は the history test [exam] か a test in [on] history である。前者のように名詞を並べる方がふつうだが、だからと言って何でも名詞を並べればよいというものではない。「大学入学試験」は a university entrance examination でよいが、「外国語の文法」は foreign language grammar とは言わない。the grammar of a foreign language である。この境目は難しいが、1つの判断基準として、「大学入試」のように、**日本語でも1つの名詞のように感じられるものは、往々にして英語でも名詞を並べるだけでよい**。

話を所有格に戻すが、例外として、人間以外でも所有格にできるものもある。主なものとしては、today's / yesterday's / ten minutes' walk などの〈**時を表す名詞**〉と Japan's land「日本の国土」/ the city's population「その都市の人口」/ the earth's surface「地球の表面」のような〈**地名・天体を表す名詞**〉と、within a stone's throw「目と鼻の先で」のような**慣用表現**である。

§8 現在完了形〈継続〉と 現在完了進行形

> **課題文**
> 一日中、その家のペンキ塗りをしていたので、今夜は外出したくない。

🖊 「ペンキ塗りをしていた」の時制は？

「ペンキ塗りをしていた」の時制が見事に決まるであろうか。またもや「〜していた」という日本語だけにとらわれて過去進行形だと思ってはいないだろうか。あるいは、「一日中〜していた」という日本語から〈継続〉の現在完了だと考えるだろうか。結論を言えば、そのどちらも不正解。正解は現在完了進行形である。**現在完了進行形？** この文法用語は知っていても、この時制を実際どのようなときに使うのかきちんと把握している学習者は少ない。漠然と理解している人は、読んで字の如く、現在まで進行中である事柄が現在完了進行形で表されると思っているだろうが、それはいわゆる〈継続〉を表す現在完了とどう違うのであろうか。そのあたりを整理してみよう。

🖊 状態動詞・動作動詞 と 現在完了・現在完了進行形

〈継続〉を表す現在完了形と現在完了進行形の違いは2つある。

1つ目として、ふつうの**現在完了形は状態動詞も動作動詞も両方用いられる**が、**現在完了進行形は動作動詞しか用いられない**。なぜなら、**状態動詞は進行形にできないのが原則だからである**（⇒§3）。

(a) We **have known** each other since we were in primary school. (○)
(b) We **have been knowing** each other since we were in primary school. (×)
　　「僕たちは小学校以来の知り合いである」

knowは「〜を知っている」という**状態動詞**なので、(a) の現在完了形で用いることができても、(b) の現在完了進行形では用いることはできない。すなわち、**現在完了進行形で用いる動詞は原則的には動作動詞だけなのである**。

🖊 動作動詞の場合の違いは？

では、動作動詞を用いた場合の現在完了と現在完了進行形はどう違うのだろうか。それが2つ目の違いである。

動作動詞を現在完了で使った場合、原則は〈完了〉か〈結果〉の意味になる。

そして、〈完了したこと〉や〈結果〉に重点が置かれる。これに対して、**現在完了進行形**は〈行為そのもの〉〈プロセス〉に重点が置かれる。つまり、〈それまで何をしていたのか〉〈それまではどういう状態だったのか〉ということを強調するのである。

(c) I've **done** my homework. Now I can go out.
　「宿題が終わった。これで遊びに行ける」
(d) I've **been doing** my homework, so I'm really tired.
　「ずっと宿題をしていたのです。だからヘトヘトなのです」

これらの例文において、まず確認したいことは、do my homeworkは「宿題をする」という**動作動詞**である。よって、(c)のように現在完了で表現した場合は完了したこと、すなわち**宿題は終わった**ことに重点が置かれる。宿題が終わったから、第2文で「遊びに出かけられる」と言っているのだ。一方、(d)の文の後半には「だから大変疲れている」とある。なぜ疲れているのだろうか。それは、それまでずっと宿題をやっていたからである。すなわち、この文では**宿題をやっていた**という〈行為そのもの〉または〈それまでのプロセス〉に重点が置かれているのである。

✏️ 文脈から判断

(c)と(d)の例文でわかるように、ふつうの現在完了にするか現在完了進行形にするかの判断は、第2文以降の文脈に依存することが多い。あとの文との兼ね合いを考えて、〈完了したこと〉を言いたいのか、〈それまで何をしていたか〉を言いたいのか判断するのである。

✏️ *A HARD DAY'S NIGHT*

ザ・ビートルズの曲に*A HARD DAY'S NIGHT*というのがある。その歌いだしの歌詞は次の通りだ。

　It's been a hard day's night
　And I've **been working** like a dog
　It's been a hard day's night
　I should be sleeping like a log

2行目のI've **been working** like a dogは現在完了進行形である。「犬のようにひたすら働いた」といった意味だが、この部分をI've worked like a dogとすると意味がおかしくなる。workは動作動詞なので、I've workedでは「仕事が終わった」という完了に重点が置かれてしまう。すると、like a dogとい

う比喩と合わなくなる。「犬のように仕事を完了した」は変であろう。犬は必ず仕事を完了する動物なのか。「犬」を一所懸命働く動物の比喩として用いるなら意味が成立する。I've been working like a dog. は「あくせく働いた」という行為そのものに重点が置かれるのである。文脈で考えると、前後に「つらい一日だった」「(丸太のように)ぐっすり眠りたい」とある。なぜ「つらい一日」だったのか。なぜ「ぐっすり眠りたい」のか。それは「必死に働いた」からである。「働いた」ということ自体に意味の重点が置かれるのである。

✐ 「ペンキ塗りをしていた」の時制を文脈で判断

すると、本問はどうだろう。
(e) I've **painted** the house all day.　　(×) ☞ 完了に重点
(f) I've **been painting** the house all day. (○) ☞ 行為に重点

paintは**動作動詞**であるから、(e)のようなふつうの現在完了では「ペンキを塗り終わった」という意味になりかねない。この問題も後続の「今夜は外出したくない」に着目して、なぜ外出したくないと思ったのかを考える。それは、「一日中、ペンキ塗りをしていて疲れた」からであろう。ということは、ここでは「ペンキ塗りをしていた」という行為そのものに重点が置かれることになる。よって(f)の現在完了進行形が正しい。

✐ 過去進行形の注意点

ところで、「ペンキ塗りをしていた」を次のように、過去進行形だと思った人はいないだろうか。

　I was painting the house all day. (×)

これはダメである。**過去進行形は〈期間を表す語句〉(all day) と使えない**からである。これは**現在進行形の場合も同様**である。このことは、通常の文法学習ではあまり強調されて説明されていないことが多いので、ここではっきりと意識していただきたい。

(g) Prices **have been rising** for the last year. (○)
(h) Prices **are rising** for the last year.　　　(×)
　　「物価はこの1年間上昇している」

(g)(h)の文末の for the last year は「この1年間」という〈期間を表す句〉である。よって(h)の現在進行形とは使えない。

以上のことをもう一度整理してみよう。

▶第1章　時　制

```
●━━━━━━ 完了形と進行形の注意点 ━━━━━●
① have done              ☛ done は状態動詞 or 動作動詞
   have been doing       ☛ do は原則、動作動詞のみ

② have done（動作動詞のとき）☛〈完了したこと〉〈結果〉に重点
   have been doing（動作動詞のみ）☛〈行為そのもの〉〈プロセス〉に重点

③〈現在進行形〉or〈過去進行形〉☛〈期間を表す語句〉とは使えない
  （am / is / are / was / were + doing）
```

英訳例

(A) I've been painting the house all day, so I don't feel like going out tonight.
(B) I've been painting the house all day long, so I don't want to go out this evening.

表現研究

● 一日中
　all day / all day long が最適。**the whole day (through)** も可。
● 今夜は
　tonight / this evening が適切。
● 外出する
　go out でよいが、この成句はふつう「遊びに出かける」の意味（⇒ p.136）。
● ～したくない
　not feel like *doing* ～ / **not want to** *do* ～ が適切。

41

§9 「～してから x 年になる」

> **課題文**
> アルバイトを始めてから1週間にしかならないが、もうすっかり仕事に慣れた。

文法研究

🖉「父が亡くなってから10年になる」を英語で書けるか？

「～してから1週間にしかならない」という表現は定番である。たいていの学習者は次の基本文を見たことがあるにちがいない。

「父が亡くなってから10年になります」
① My father **has been** dead *for* ten years.
② It **has been** ten years *since* my father died.
③ It **is** ten years *since* my father died. 《英》
④ Ten years **have passed** *since* my father died.
⑤ My father **died** ten years *ago*.

このうち、①②④の主節は〈継続〉の現在完了を用いている。①は〈期間〉を表す **for** を、②④は〈起点〉を表す **since** を用いているが、これらの語を伴うのが〈継続〉の現在完了の特徴であった（⇒§6）。③はイギリス英語では可能であるが、アメリカ英語では②のように、since を使う以上、原則通り現在完了を用いる。⑤だけは**過去形**だが、〈「いつ？」に相当する語句〉として、**ten years ago** が添えてある（⇒§7）。確かにこれは作文では頻出構文なので、全パターン暗記しておきたい。

🖉「アルバイトを始めてから1週間にしかならない」の英訳

「アルバイトを始めてから1週間にしかならない」の英訳は、上の「父が亡くなってから10年になる」のパターンとほぼ同じであるから、これを基本に作ってみよう。番号は上の文の番号と対応している。

① I **have** only **been working** part-time for a week.
② It **has been** only a week since I started working part-time.
③ It **is** only a week since I started working part-time. 《英》
④ Only a week **has passed** since I started working part-time.
⑤ I **started** working part-time only a week ago.

▶第1章　時　制

✍ onlyの位置

ただし、これらの文と「父が亡くなってから10年になる」の文とでは微妙な違いがある。1つはonlyが入った点である。onlyの位置をどこにするかはよく作文で悩むことだが、onlyの位置に関しては2つの考え方がある。1つはonlyが**修飾する語句の直前**に置くという考え方（前ページの②③④⑤）。もう1つは、onlyは「〜しかない」とも訳せるように、否定語の一種であるから**not**と同じ位置に入れる（前ページの①）という考え方である。

```
━━━━━━━━━━● onlyの位置 ●━━━━━━━━━━
● 修飾する語句の直前
● notと同じ位置 ☞ be動詞や助動詞の後、have［had］とp.p.の間
```

例えば、本問の①のパターンを使うなら、次の2つが考えられる。
(a) I have been working part-time **only** for a week.
(b) I have **only** been working part-time for a week.

✍ have worked と have been working

次に、①の文をふつうの現在完了で書いてはダメだろうか。
(c) I **have worked** part-time only for a week.（×）

workは**動作動詞**であるから、(c)のようにふつうの**現在完了**を用いた場合、原則は〈完了したことに重点が置かれる〉ことになる（⇒§8）から「仕事は終わった」という意味になりかねない。第2文に「もうすっかり仕事に慣れた」とあり、ふつうに考えれば、仕事に慣れるためには少なくとも1ヶ月くらいを要するはずだが、筆者は「たったの1週間で慣れた」と言っているのだ。ということは、第1文は「まだ1週間しか仕事をしていない」という〈**行為そのものに重点が置かれる**〉ので (a) や (b) の**現在完了進行形**が正しい。（詳しくは§8のA HARD DAY'S NIGHTを元にした解説を参照して欲しい）

✍ since節の中にstartedが必要

さらにもう1つ、先ほどの②③④の文のsince節の中を、ただI workedとしたらどうだろうか。例えば②で実験してみよう。
(d) It has been only a week since I **worked** part-time.（×）
sinceは〈起点〉を表す語であり、since節内の動詞も〈起点〉を表す動詞で

43

なくてはならないのだが、workだけでは〈起点〉を表すことができない。よって (d) は不可。そこで、**started**が必要になる。もちろん、**began**でもよい。
　以上が、「アルバイトを始めてから1週間にしかならない」と「父が亡くなってから10年になる」という文の微妙な違いである。

✍️ 「もうすっかり仕事に慣れた」の時制は？
　get used to 〜で「〜に慣れる」という意味だが、本問はまたしても「た」の登場だ。もうわかったであろうか。もしこの「た」を過去形 (got used to 〜) で書いてしまうと、「今はもう仕事に慣れていない」ことになってしまう。**過去形は〈「今」を含まない〉**(⇒§7) からだ。この文の筆者はもう仕事に慣れていないのであろうか。第1文で「アルバイトを始めてから1週間」と言っている以上、今もバイトは続いているわけだから、これでは矛盾する。「慣れている」という日本語は、ふつう話している時点も慣れている場合に使うので、**〈「今」も含む〉現在完了** (have got(ten) used to 〜) が正しい。よって、次の (e) は不可で (f) が正しい。

　(e) I already **got** used to it.　　　　(×)
　(f) I have already **got**(**ten**) used to it. (○)

✍️ have been 〜 はふつう〈継続〉の意味
　ただし、これは「〜に慣れる」に **get used to 〜**（動作動詞）を用いる場合の話であって、**be used to 〜**「〜に慣れている」（状態動詞）を用いるなら事情は違ってくる。

　(g) I **am** used to it.　　　(○)
　(h) I **have been** used to it. (×)

　今度は (g) の現在形が正しくて、(h) の現在完了が不可となる。(g) はbe動詞の現在形であり、〈**状態動詞の現在形**〉は現在の状態を表すこともあった (⇒§1)。よって、この場合の現在形は〈**現在の状態**〉を表す、すなわち、「今仕事に慣れている」と解釈できる。(h) のように、**be動詞の現在完了 (have been)** の形はふつう〈継続〉の意味になることが多く、〈結果〉の意味になることはない。しかも、〈継続〉の現在完了であることをはっきりさせるために、**for** 〜や **since** 〜や **always** を伴うのがふつうである (⇒§6)。

　　ex. Lucy **has been** sick in bed *for* the past two months.
　　　　「ルーシーはこの2ヶ月間ずっと病気で伏せている」

英訳例

(A) It's only been a week since I started working part-time, but I've already gotten used to it.
(B) I've only been working on a part-time basis for a week, but I'm quite used to it.

表現研究

● アルバイトをする

　work part-time がいちばんよく用いられる表現。この場合のpart-timeは副詞である。**work on a part-time basis** も可。basisに付く前置詞はonになることにも注意。「アルバイトを始める」にstart a part-time jobは不可。start doing a part-time jobなら可。この場合のpart-timeは形容詞。ハイフン(-) の付く語は一般に形容詞になることが多いこともお忘れなく。

● ～にすっかり慣れた

　「～に慣れる」は**get accustomed to ～**でもよいが堅い。**adapt to ～**や**adjust to ～**は「（努力して）～に順応する」の意味だから不適切。「すっかり」は**already**「すでに」で十分だが、be used to ～は**quite**で強調する場合が多い。be quite used to ～の語順になる。

§10 「最近」

> **課題文**
> (1) 最近は、健康への配慮から多くの場所が禁煙である。
> (2) ストレスの量は生活様式と関係があるという記事を最近読んだ。

文法研究

✍ 「最近」の訳は？

「最近、この頃、近頃」を表す英単語は大きく分けて2通りある。these days / nowadays と recently / lately であるが、これらの語句を用いる際には時制が問題となる。**these days** と **nowadays** は現在形（状態動詞の場合）か現在進行形（動作動詞の場合）、**recently** は現在完了（進行形）か過去形、**lately** は現在完了（進行形）とともに用いるというルールがあり、これを守らなければならない。

```
●「最近、この頃、近頃」●
```

- **these days** ┐
- **nowadays**   ┘ 現在形（状態動詞の場合） *or* 現在進行形（動作動詞の場合）

- **recently** ☛ 現在完了（進行形） *or* 過去形
- **lately**   ☛ 現在完了（進行形）

✍ these days は長い期間、recently は短い期間

とは言え、これをただ丸暗記しているだけではイメージがつかめないだろう。現在形は〈半永久的なこと〉を表すのであった（⇒§1）から、**these days** や **nowadays** を用いると、その時間的守備範囲は悠久の時間とも取れる、かなり長い期間ということになる。一方、recently や lately は時間的守備範囲は短い。具体的には1、2週間前から3年前くらいまでである。この具体的年数は人によっても、あるいは文脈によって変わってくるが、少なくとも these days や nowadays よりは短い期間をイメージする。recently にいたっては、1、2時間前という場合もある。

(a) The road ***has*** still not ***dried*** because of the **recent** rain.
「さっき降った雨のせいで道路はまだ乾いていない」

これは **recently**（副詞）ではなく **recent**（形容詞）を用いているが、理屈は同じである。the recent rain を「最近降った雨」と訳すとやや日本語として不自然に聞こえないか。「最近降った雨」とは具体的にどれくらい前に降った雨であろうか。1週間前であろうか。1ヶ月前であろうか。「道路がまだ乾いていない」のだから、それほど前ではあるまい。よほどぬかるんでいる道でもない限り、せいぜい「1、2時間前に降った雨」であろう。このようなときも **recent** を用いる。つまり、**recently** や **lately** は〈現在〉という時間に近いのである。だから、**現在完了**と用いることが多いと言える。このように、**recently** の訳語は「最近」よりも「ついさっき」や「先日、この間」という日本語に近い場合もある。

🖊 these days は「昔と違って最近は」、recently は「さっき、この間」

　一方、次の (b) の例文における「最近」とは具体的にどれくらいの期間であろうか。

　(b) **These days** the weather *is* changeable.
　　　「この頃は天候が変りやすい」

いつから天候が変ったのか、気象庁でもない限りはっきり把握はしていないだろうが、少なくとも「この1ヶ月」とか「この1年」といったレベルではないだろう。つまり、〈**かなり長い期間**〉があてはまる。言い方を変えれば、these days や nowadays は、歴史を「昔」と「今」に二区分したときの「今」を指すとも言える。そこで、**these days / nowadays** の訳語は「昔と違って最近は」と覚えたらどうだろう。そうすれば〈半永久的〉な現在形と使う意味もわかってくるし、recently との使い分けもできるだろう。

● **these days と recently の使い分け** ●

- **these days / nowadays**　　「昔と違って最近は」☞ 昔との対比
- **recently / lately**　　　　　「(狭い意味で) 最近、ついさっき、この間」

🖊 現在形 と 現在進行形

　以上見てきたように、**these days** や **nowadays** は〈半永久的〉とも言える**長期間**について言及しているから**現在形**と使うのが原則だが、**動作動詞の場合は現在進行形**にした方がよい。その方が、**-ing** の〈**動く**〉という定義 (⇒ §2) から、活動的なニュアンス、つまり事態は変りつつあるという感じを出せるから

である。次の英訳を考えてみよう。
「最近はガーデニングを始める主婦が増えている」
(c) These days more and more housewives **are taking up** gardening.
(○)
(d) These days more and more housewives **take up** gardening. (△)

(d) も間違いではないが、**take /〜/ up** は「(趣味として)〜を始める」という熟語で動作動詞であるから、現在形よりは現在進行形の方が望ましい。

✎ 本問の「最近」の訳

そこで、本問の「最近」の訳について考えてみよう。(1) の「最近」は内容から、「ついさっき」とか「この間」といった短い期間ではあるまい。「昔と違って最近は禁煙所が増えた」のである。よって、**these days** か **nowadays** が適切だとわかる。一方、(2) の「最近」は「記事を読んだ」を修飾するから、「新聞記事を読んだ」のはせいぜい1、2日前かここ数ヶ月以内の話だろう。よって、**recently** が適切である。

英訳例

(1-A) These days there are quite a few non-smoking areas because many people want to stay healthy.

(1-B) These days, people are really worried about (the effect of) smoking and you (can) see non-smoking areas everywhere (you go).

(2-A) Recently I read in the newspaper that how much stress (that) you feel depends a lot on how you live your life.

(2-B) According to an article I read in the newspaper recently, the amount of stress (that) you feel has a lot to do with your way of life.

表現研究

● 健康への配慮から

because of health concerns over smoking と直訳してもよいが、

concerns「心配事」という抽象名詞を使うのは堅い文章体。**many people want to stay healthy**「健康を維持したい」や**many people are worried about smoking**「喫煙を不安に思っている」のようにSV構造を用いた方がやわらかい口語体。なお、**stay healthy**は「健康を維持する」という決まり文句。

● 多くの場所が禁煙である

　non-smoking area「禁煙所」という言い回しはよく使われるので覚えておきたい。これを使って there are quite a few non-smoking areas「多くの禁煙コーナーがある」(**quite a few**は「多くの」という熟語) や you (can) see non-smoking areas everywhere (you go)「どこへ行っても禁煙コーナーを見かける」と訳せば楽だ。

● ストレスの量

　the amount of stress (that) you feel は amount が抽象名詞であるのでやや堅い表現。how much stress people feel「どのくらいストレスを感じるか」はSV構造なのでやわらかい表現。

● 生活様式

　your way of life や your lifestyle でもよいが、**how you live your life** がやわらかい表現。また、「ストレスの量」を how で訳すなら、「生活様式」も how で訳すというように、対比事項は文法的な形をそろえた方がきれいな文章になる。

● 〜と関係がある

　「関係する」という表現は **have (a lot) to do with** 〜がよく使われる。a lot を入れれば「〜と大いに関係している」という意味。**be related to** 〜や **be connected with** 〜や **there is a close relation between** 〜 **and** ...はいささか堅い。意訳して **depend on** 〜「〜次第だ」でもよい。

● 〜という記事を最近読んだ

　Recently I read in the newspaper that SV 〜はよく使う決まり文句。記事は newspaper だけで十分。article でも可。the article of the newspaper はくどい。newspaper は paper でもかまわないが、「新聞で読む」といった場合、前置詞はともに in である。意訳して、According to an article I read in the newspaper recently, SV 〜「最近新聞で読んだ記事によれば」とか、The recent newspaper has said that SV 〜「最近の新聞に〜と書かれていた」でもよい。「書かれていた」には **say** をよく用いる。なお、paper は「紙」の意味では不可算名詞だが、「新聞」の意味では可算名詞。

§11 大過去

> **課題文**
> 昨日の数学の問題は思ったよりもやさしかった。

文法研究

✎ 「思った」の時制は？

「思った」の時制はどうなるだろう。またもや「た」の字があるので過去形だと単純に考えただろうか。結論から言えば、過去形でもよいが、少し英文法を勉強したことがある人なら、had thought だと答えるかもしれない。ところで、この had thought という形は文法用語で何と呼ばれるだろうか。過去完了？広義においては過去完了でもよいが、正確にはこれは「**大過去**」である。そこで、本書では **had + p.p.** が示す時制は2つあると考え、1つが**大過去**、もう1つが（狭義における）**過去完了**という立場で説明することにする。なぜならば、大過去と過去完了を混同しているために、過去完了を正確に使いこなせないという事態が日本人の英語学習者には起きているからだ。

✎ 大過去とは？

説明に入る前に、読者に質問しておきたいのだが、過去完了という時制はどのようなときに用いるのか説明できるだろうか。けっこう勉強している人なら「過去よりも前の過去だよ」という答えが返ってくるだろうか。でも、残念ながら、それはいわゆる過去完了の説明ではない。それこそが大過去の説明なのだ。すなわち、**大過去**とは〈過去形で示される時点よりも前に起きたこと〉を表すのに使われる。次の例文を見てみよう。

(a) Mary lost the ring I **had given** her. (○)
　　「メアリーは私があげた指輪をなくした」

この例文において、had given の部分が大過去だが、文の主節の動詞が lost と過去形で書かれているので、「指輪をなくした」のがすでに過去の出来事なら、「指輪をあげた」のはそれよりも前のことだとわかり、大過去を用いるわけだ。

```
大過去            過去            現在
  |               |               |
──┼───────────────┼───────────────┼──►
had given        lost
```

大過去は単なる過去形でもよい

ところが、この文は次のようにしてもよい。いやむしろ、ネイティヴスピーカーなら次のようにする方が自然であろう。

(b) Mary **lost** the ring I **gave** her. (○)

gave の部分が過去形でもよいのである。それは、「指輪をあげた」ことの方が「指輪をなくした」ことよりも時間的に前だということぐらい常識でわかるからである。あげてもいない指輪をなくしようがないではないか。このように、人間には常識というものがあるから、それほど厳密にどちらが先かなどということを気にする必要はない。**大過去は単なる過去形で表してもよい**のである。下手にどちらが時間的に先かということを意識しすぎると、次のような間違えを犯すことがある。

(c) I ***had* given** her a ring and Mary **lost** it. (×)

前半の had given は間違いである。ここは次のように gave にするのが正しい。

(d) I **gave** her a ring and Mary **lost** it. (○)

事が起きた順に書くなら、すべて過去形

つまり、事が起きた順番どおり述べるのであれば、すべて過去形でよいのだ。大過去を用いるのは、先に来た文 (ふつう主節) の時間の方が後で、後の文 (ふつう従節) の方が時間的に前という場合だけである。その場合でさえ、先ほど述べたように、従節の時制もふつうの過去形のままでよいのだから、結論を言えば、大過去という時制は英文を書く場合あまり意識しなくてもよい。使わなくてもよいということだ。

「思った」の時制は？

本問に戻るが、「思った」の時制は「問題が簡単だった」と判断した時点よりも前のことであり、先に「問題が簡単だった」を書き (主節)、後から「思った」を書く (従節) となると、実際に行われた順番とは逆になるので、確かに大過去を使って had thought にしてもよいが、**大過去は単なるの過去形でも十分**なので、単に過去形で thought だけでもよい。むしろ、この方がふつうである。

The questions were easier than I ***had* thought**. (△)

The questions were easier than I **thought**. (○)

英訳例

(A) The questions in math yesterday were easier than I (had) thought.

(B) I found the questions in math yesterday easier than I (had) expected.

表現研究

● 数学

正式には **mathematics** だが、口語体では《米》では **math**、《英》では **maths** と略される。

● (数学の) 問題

試験問題の「問題、設問」は **question** である。**problem** は「個人の悩み」か「社会問題」(環境問題・政治問題・経済問題など)、**issue** は「社会問題」のみ、**matter** は「件、こと」という軽い感じなので、この場合はいずれもよくない。なお、「〜(学科)の問題」という場合の前置詞はofではなくinになることにも注意。

● 思う

thinkの他にexpectでもよい。**expect** は「〜を予想する、予期する」という意味なので、thinkよりもはっきり考える場合である。

● 〜は簡単だった

〜 was simpleでもよいが、I found 〜 simpleでも可。このように **find** を第5文型 (**find＋O＋C**) で使うと、「**体験から〜とわかる**」という意味になる。

ex. I **found** the book easy.

　　「読んでみたら、その本は簡単だった」

この例文の訳語の「読んでみたら」の部分はfind＋O＋Cという語法の中に内包される。なぜなら、find＋O＋Cは「体験から(この場合は実際に読んでみてから)〜がある」という意味だからである。

▶ 第1章 時　制

§12　過去完了〈完了〉

> **課題文**
> 駅に着いたときには、私たちの乗る列車はすでに出発していた。

文法研究

✎ 「すでに出発していた」の時制は？

「すでに出発していた」の時制はhad + p.p.が適切であるが、その理由を説明できるだろうか。「駅に着いた」時間よりも「列車が出発した」時間の方が前だからか？　それも一理あるが、前項で述べたように、2点の時間のずれを示すだけなら、それは大過去の用法ということになり、**大過去なら単なる過去形にしてもよい**のであった。ならば、この場合も「出発していた」をleftと単なる過去形でもよいのか──答えは否である。

✎ 過去形とhad + p.p.の違い

次の2つの文は意味が違うことに気づくだろうか。
(a) When we **arrived** at the station, our train **left**.
(b) When we **arrived** at the station, our train **had** already **left**.

(a) だと、「駅に着いた」時間と「列車が出発した」時間は同じということになる。つまり、「駅に着いた**と同時に列車が出発した**」ことになる。一方、(b) ではhad already leftという時制から「列車が出発した」方が「駅に着いた」よりも前に行われたことがわかる。すると、やはりhad + p.p.は〈過去よりも前のことを表す〉のだということになるが、それだけでは必要条件にすぎず、十分条件までは満たしていない。

✎ （狭義の）過去完了とは

前項で、**had + p.p.**には2つあって、1つが**大過去**でもう1つが**過去完了**だと述べたが、過去完了とはどのようなときに用いるのであろうか。**大過去の場合は単なる過去形で代用してもよかったが、（狭義における）過去完了は過去形では代用できない**。なぜなら、過去形にすると意味が変わってしまうからである。それは上の (a) と (b) の例文の違いで見た通りである。では、（狭義における）過去完了とは、正確にはどういう役割を果たしているのか考えていこう。

53

過去完了とは過去のある時点までの〈継続〉〈経験〉〈結果〉〈完了〉

過去完了とは何か。話は簡単で、現在完了形の過去バージョンである。これを厳密に定義すると「**過去のある時点までの〈継続〉〈経験〉〈結果〉〈完了〉を表す**」となる。

(c) They **had been** married for ten years when they *had* their first baby.
「第一子が産まれたとき、二人は結婚10年目であった」　〈継続〉

(d) John **had** never **seen** a mirage till *that time*.
「ジョンはそれまで蜃気楼を見たことがなかった」　〈経験〉

(e) I **had** just **finished** my homework when he *came* in.
「彼が入って来たとき、僕は宿題をやり終えたところだった」〈完了〉

(f) Tomomi *said* he **had spilt** some coffee on the tablecloth.
「知美はテーブルクロスにコーヒーをこぼしたと言った」　〈結果〉

基本的には現在完了と同じであるが、上例の斜字体で示されている部分が示すように、すでに**過去の時点が示されている**ところが現在完了とは違う。

意味の観点では、それぞれ (c) 継続「〜し続けていた」、(d) 経験「〜したことがあった」、(e) 完了「〜し終わっていた」、(f) 結果「〜してしまっていた」というニュアンスが加わる。それが単なる**大過去**や**過去形**とは違うところである。逆に説明するならば、大過去や過去形だけでは〈継続〉〈経験〉〈結果〉〈完了〉の意味は出せない。

● **had + p.p は2つある** ●

① 大過去　☛ 過去よりも前の過去を表す（単なる過去形でもよい）
② 過去完了 ☛ 過去のある時点までの〈継続〉〈経験〉〈結果〉〈完了〉を表す

---

had left は〈完了〉したことを表現

本問に戻って、「列車がすでに出発していた」の部分を had left で書くのは、「列車が出発した」方が「駅に着いた」時間よりも前だということのみならず、「列車はすでに出発し終えていた」という〈完了〉の意味を出したいからである。ここに、単なる大過去とは違う過去完了独特の醍醐味がある。**過去完了でいちばん大事なことは、この〈完了〉（場合によっては〈継続〉〈経験〉〈結果〉）の意味を前面に押し出すことにあるのだ。**

英訳例

(A) When we arrived at the station, our train had already left.
(B) Our train had already left when we got to the station.

❓ (A)のようにWhen節を文頭にすると、our train had already leftの部分が新情報（重点情報）になり、(B)のようにwhen節を文末にすると、このwhen節の方が新情報になる。詳しくは§80を参照。

表現研究

● ～に着く

get to ～がいちばん口語的。**arrive at** ～もよく使われるが、前置詞が変わることに注意。**reach** ～は**他動詞**なので前置詞は不要であることと、「苦労の末～にたどり着く」という意味を醸し出すことに注意。ちなみに、「そこに着く」はget thereと訳す。arriveを用いるなら、arrive thereではなく、単にarriveだけで十分。arriveはat ～がないときは「目的地に着く」の意味。

ex. You will be tired by the time you **get there**.
≒ You will be tired by the time you **arrive**.
　「そこに着くまでには疲れているはずである」

● 私たちの乗る列車

our trainで十分。厳密にはこの所有格は所有していない。単に「私たちが関わった列車」ということ（⇒§73）。the train we are going to takeという訳はくどい。

● 出発する

leaveが最適。**start**は不可。特に受験参考書に誤解が多いが、startだけでは「出発する」という意味にはできない。**start out**なら可だが、**set out**と同様、「大冒険に出かける」といった大げさな意味になってしまう（⇒p.189）。

§13 過去完了〈結果〉

> **課題文**
> 彼はあまりにも変わっていたので、友人の結婚式で会ったとき彼だとわからなかった。

文法研究

🖉 「あまりにも変わっていた」の時制は？

「あまりにも変わっていた」の時制を考えよう。またもや「た」の字につられて過去形にしてはいけない。結論から言うと、過去完了が正しい。それを聞いて、「結婚式で会った」時点よりも「変わっていた」方が時間的に前だから、過去完了になるわけだと思った人はまだまだ甘い！　何度も言うようだが、それは大過去の説明である。それにプラスαの説明が必要である。

🖉 過去形と過去完了の違い

くどいが、もう一度次の文の違いを考えてみよう。
(a)　He **changed** so much that I didn't recognize him.
(b)　He **had changed** so much that I didn't recognize him.
　(a)は「彼が変わった」のと「私が彼を認識できなかった」のは同時点ということになる。「彼は瞬間的に何かに変身したから私は認識できなかった」ことになる。(b)は「彼はとっくの前からもうすでに変わっていた」ことになる。

🖉 〈結果〉を表す過去完了

本問の場合は「彼はすっかり変わってしまっていた」という〈結果〉のニュアンスを出すことに意義があるのであって、単に時制をずらすためだけにhad＋p.p.という時制を用いているのではない。〈結果〉という文法用語がわかりにくければ、日本語で言う「～してしまっていた」という意味を出したいときにhad＋p.p.を使うのだと理解してもよい。

🖉 過去完了は現在完了を平行移動させたもの

あるいは、「**過去完了とは現在完了を過去の方へ平行移動させたもの**」と考えてもよい。まず、次の文だけを英訳してみよう。

「彼はすっかり変わってしまった」
(c)　He **changed** a lot.　　（×）
(d)　He **has changed** a lot.（○）

　なぜ (c) はダメで、(d) が正しいかはちゃんと把握できているか。(c) のように**過去形**を使うのは〈**「いつ？」に相当する語句**〉を伴う場合であった。変わってから今もその状態のままであるなら、「**今**」**を含む現在完了**である（⇒§7）。
　次に、本問のように、「彼はあまりにも変わっていたので彼だとわからなかった」を訳してみる。

(e)　He **had changed** a lot, so I **didn't** recognize him.

　後半が過去形になるので、それに合わせて前半も現在完了から過去完了に平行移動するわけである。

✍「彼だとわからなかった」の時制は？
　それでは、「彼だとわからなかった」の時制はなぜ過去形になるのだろうか。

(f)　I **didn't** recognize him **when I saw him at a friend's wedding**.

　それは、「友人の結婚式で会ったとき」という〈**「いつ？」に相当する語句**〉を伴うからである。

英訳例

(A)　He had changed so much that I didn't recognize him when I saw him at a friend's wedding.
(B)　He had really changed, so I didn't know who he was when I saw him at a friend's wedding.

💡 (A) は so ～ that ...構文「あまりにも～なので...」を、(B) は接続詞の so「だから」を用いて表現している。

表現研究

● **友人**
　my friend だと「私の唯一の友人」という意味になり、友人が少ない悲しい人生をイメージする。「何人かいるうちの一人の友人」というイメージにしたければ **a friend** の方が適切である（⇒§53）。

● 〈人〉と会う

　meetは原則は「**約束して会う**」場合に用いる。この文では約束は明らかにしていないだろうから不適切。ただし、happen to meet 〜（≒ run into 〜 / bump into 〜）のように、happen toと用いるのであれば「**偶然出会う**」ときに用いることも可能である（⇒ p.169）。**see**は「**顔を合わせる**」という感じなので、こちらの方が適切だ。

● 彼だとわかる

　recognizeの re- は「**再び**」という意味の接頭辞であるから、recognizeの基本的意味は「**再認識する**」ということである。「再認識」ということは、一度どこかで漠然と認識したことがあり、再度同じ項目に当たったときに「**それとわかる**」ことである。よって、「**人の顔を見て誰だかわかる**」という文脈における「わかる」はrecognizeが最適である。

　knowは「**最初から知っている**」が基本的意味であり、knowの目的語に人が来た場合は「**〈人〉と知り合いである**」という意味になるので、know himはおかしい。「知り合いである」ことまでわからなかったわけではないから。しかし、knowも know who he is なら可能である（全体で「彼が誰だかわかる」という決まり文句）。**identify**は「**〈人〉の身元確認をする**」という意味で、ふつう警察などがやることなので不可。

　なお、couldn't recognizeだと「思い出そうと努力したが思い出せなかった」というようなニュアンス。単に「自然に思い出せなかった」ならdidn't recognizeで十分である。

§14 直説法 と 仮定法

課題文
(1) 英作文がうまくなりたいなら、難しい単語を用いないようにすることが大切だ。
(2) 季節の移り変わりがなければ、私たちの生活は単調になるだろう。

文法研究

仮定法過去 と 仮定法過去完了

仮定法でまず大切なのは、**仮定法過去**と**仮定法過去完了**の違いをおさえることであり、そのためにも両者の公式をしっかりと覚えなければならない。

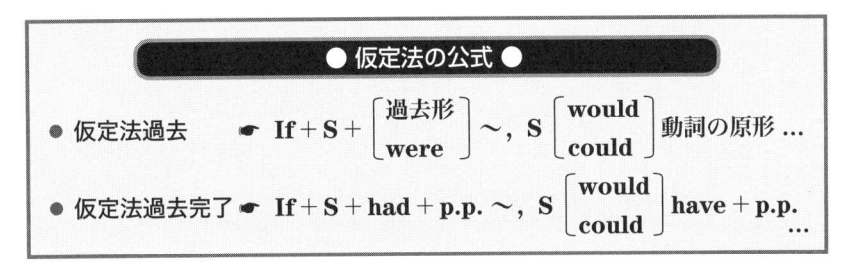

●　**仮定法の公式**　●

- 仮定法過去　☞　If + S + [過去形 / were] ～, S [would / could] 動詞の原形 …
- 仮定法過去完了　☞　If + S + had + p.p. ～, S [would / could] have + p.p. …

　もちろん、このことは基本であり大切な話であるが、これを勉強すると、ifを使う文をすべて仮定法で書いてしまう人がいる。逆に、せっかくこのような公式を暗記していながら、作文になると仮定法が全然使えない人もいる。

近い形と遠い形

　仮定法の反対は**直説法**と呼んでいるが、まずは英文を直説法で書くべきなのか仮定法で書くべきなのかということから考えてみよう。とは言え、そもそも直説法という文法用語がわかりにくい。仮定法にしても、一見「仮定するから仮定法と言う」のだと納得してしまいそうだが、よく考えれば直説法だって仮定しているわけである。例えば、次の例文は直説法であるが、「急げば間に合う」というのも仮定の話である。

　　ex. If you **hurry**, you **can** catch the 8:00 express.
　　　「急げば8時の急行に間に合いますよ」

　さらに、「仮定法過去は現在の逆、仮定法過去完了は過去の逆」といったよ

うな説明をよく聞くと思う。もちろん、この説明は正しいが、よく考えると変な話ではないか。名前が紛らわしくないか——仮定法過去。「現在のことなのに過去とはこれ如何！」というわけである。

そこで、本書では直説法のことを〈近い形〉、仮定法のことを〈遠い形〉と呼ぶことにする。正確には〈遠い形〉は仮定法のことだけではなく、ふつうの過去形も含むのであるが、その説明は順にやる（⇒§15、16）として、なぜこんな用語を用いるかと言えば、〈近い形〉は近いこと、すなわち**身近なこと**、**現実に近い**（＝現実にあり得る）ことについて述べるときに用いるのに対し、〈遠い形〉は遠い話、例えば**現実から遠い**（＝現実にはあり得ない、**起きにくい**）ことに触れるときに用いるからである。

近い形で書くのか遠い形で書くのか

そこで本問だが、(1)の内容は現実的な話である。そもそも「英作文がうまくなりたいなら」などと言っているのは、現実に英作文がうまくなりたい人が存在するからである。そういう人たちはこの助言を聞いて実際に試みようとするだろう。このような場合に〈近い形〉を用いるのである。

● 近い形 ●

● 近い形 ☞ If＋S＋現在形 〜, S＋will＋動詞の原形 ...

一方、(2)の文は「季節の移り変わりがなくなる」ことなど現実にはあり得ないとわかる。これは極めて現実から遠い話である。よって、こちらは〈遠い形〉を用いるのである。

英訳例

(1-A) If you want to write good English, it will be important for you to try not to use difficult words.

(1-B) If you want to write English well, you should avoid using a lot of big words.

(2-A) If it were not for seasonal changes, our life would be monotonous.

(2-B) If there were no seasons, our lives would be boring.

表現研究

● **英作文がうまくなる**

write good English / write English well / be good at writing English がよい。write an English compositionというコロケーション（語と語の組み合わせ）はおかしい。be good at English compositionなら可だが、**composition** は堅い。これこそ本文の言う「難しい単語」である。ちなみに、be bad [poor] at 〜「〜が苦手だ」の目的語は「努力して磨きをかけていくこと」であり、ふつうはスポーツや学科などである。よって「私は早起きが苦手だ」と言う場合にはbe bad [poor] at 〜はややおかしい。この場合は次のようにする。

 ex. **I have a hard time** get**ting** up early.

  ≒ **I find it difficult to** get up early.

● **難しい単語を用いないようにする**

try not to use difficult words や **avoid using a lot of big words** が適切。**try not to** *do* 〜で「〜しないようにする」、**avoid** *doing* 〜は「〜することを避ける」。「難しい単語」はbig words「大げさな単語」でもよい。

● **季節の移り変わり**

the changing of the seasons でも可だが、この文では**seasons**だけで十分。seasonal changesとしてもよい。なお、「春夏秋冬のワンセット」としての「季節」は集団を指すからthe seasonsとなることに注意（⇒§62）。

● **〜がなければ**

without 〜 / if it were not for 〜 が条件としてよく使われる。but for 〜 を用いるのはもう古い。この文では**if there were no seasons**も可。

● **単調な**

monotonous / boring が適切。monotonousの語源は、mono（単）＋ ton（調）＋ ous（〜な）。boredはダメ。boringとboredの区別については§47を参照のこと。

● **私たちの生活**

ourは複数概念なので、これに合わせて「生活」も複数形でlivesとする。our lifeでもよいが、こちらは「自分を中心にした身内や仲間うちの生活」を指すというネイティブスピーカーもいる。

§15 遠い形〈現実から遠い〉

> **課題文**
> 趣味と実益が両立すればどんなにいいだろう。

文法研究

✎ この文を喋っている人の「気分」は？

　この文を喋っているのはどんな人だろうか。たぶん「趣味と実益が両立できていない人」か「就職する前の学生」であろう。いずれにしても、話者はまだ趣味と実益が両立していない人だと想像がつく。このような人には、趣味と実益が両立する生活などは所詮、絵空事にすぎない。このようなときに用いるのが**仮定法〈遠い形〉**という時制である。厳密には仮定法は「法（mood）」の一種であって、時制とは次元が違う事柄であるが、そうした英語学上の話は抜きにして、この本では仮定法も時制の一種ということで説明することにする。その方が実践的だと思うからである。

　ちなみに、このmoodという文法用語の訳語も「法」ではなく、文字通り「気分」でよいのではないか。要するに、近い気分か遠い気分かというわけで、現実に近い気分だったら〈近い形〉、現実から遠い気分だったら〈**遠い形**〉を用いるわけである（⇒§14）。

✎ 遠い形

　そこで、仮定法に限らず、世間で過去形と呼んでいるものをすべて〈**遠い形**〉と改称したい。この時制を使ったら、文字通り〈遠いこと〉になるからである。〈遠い〉という文法用語（？）ですべて説明できるからである。遠いとはどういうことか。一つは〈**時間的に遠い**〉という場合。これが世間で言う、いわゆる過去形である。〈**過去のことを表す**〉わけである。それなら過去形という用語のままでもいいと思われるだろうが、敢えて改名したのは、**過去形は過去を表すとは限らない**からである。それがいわゆる仮定法過去だ。仮定法過去と呼ばれている時制は先ほども説明したように、〈**現在の逆**〉を表す。厳密には〈**現実の逆**〉と言った方がよい。つまり〈**現実から遠い話**〉について言及しているわけだ。有名な次の文を考えてみよう。

(a) I wish I **were** a bird.
　「鳥になれたらなあ」

この文でwish節の中がwereという〈遠い形〉になるのは、「現実には鳥にはなれない」ことを知っているからである。wishが〈近い形〉（現在形）であるのは、「願っている」自分が存在するのは現実の話だからである。

近い形と遠い形

次の文の英訳を考えてみてほしい。
「もし大地震が起きたらまず何をしますか」
(b) What is the first thing you **will** do if there **is** a big earthquake?
(c) What is the first thing you **would** do if there **were** a big earthquake?

(c) が〈**遠い形**〉、世間で言う仮定法である。一方、(b) が〈**近い形**〉である。現実に近ければ〈**近い形**〉で、現実から遠ければ〈**遠い形**〉なのである。

上の文は (b) も (c) も両方可能だと考えられる。問題は、この文を話している人が、地震というものを現実に近いととらえているか否かにかかっている。日本での話であるならば (b) の〈**近い形**〉がよいだろう。地震は日本人にとって切っても切り離せないくらいの身近な出来事だからである。実は、英語圏で地震が来る地域は少ない。かれらが自国のことについて語っているなら (c) の〈**遠い形**〉を使うことも予想される。それは「地震なんてまず来ないだろうが」という気持ちが込められるからである。

「趣味と実益が両立する」のは現実に近いか遠いか

本問も、話者にとっては「趣味と実益が両立する生活」など実際には考えられず、いわば〈現実から遠い話〉をしているわけである。このようなときに〈**遠い形**〉を使うのである。

英 訳 例

(A) How nice it would be if business and pleasure went hand in hand!
(B) I wish I could make a living doing something I like.

---

❷ 〈**遠い形**〉を用いるので、(A) のwentや (B) のcouldにすることを忘れないように。(A) は直訳、(B) は「自分の好きなことをやって生計を立てていけたらなあ」という意訳である。**make a living**は「生計を立てる」の意味の熟語。

表現研究

● ～ならどんなにいいだろう

How nice it would be if S could *do* ～! は決まり文句。感嘆文にせずに、**It would be great to be able to *do* ～**でもよい。**I wish I could *do* ～**「～できたらいいのになあ」も可。**wish** はふつう「まず現実には無理であることを願う」ときに用いる単語なので、目的節内は〈遠い形〉を用いる。なお、wish を「現実には無理なことを願う」と説明すると、クリスマスソングで有名な We wish you a Merry Christmas. はどうなるのかという質問をよく受けるが、一節によると、昔は大半の庶民は貧しかったので、クリスマスプレゼントを本当にもらえるかわからない状態であったが、せめてクリスマスの日くらい幸福が訪れるように願ったそうで、そういう意味ではやはり「実現の可能性が低いことを承知で願う」wish がぴったりだとわかる。

● 趣味と実益

business and pleasure はよく使う決まり文句。この句は悪い意味で使われることもある。

　ex. Don't mix **business and [with] pleasure**.
　　「仕事と遊びを混同してはいけない」

「趣味」に hobby はよくない。**hobby** という語は「趣味」と言っても、プラモデルや盆栽のように物をつくることか、切手集めなどのように物を集めるようなことに意味が限定されるからである。最近の言葉で言えば「**オタク**」に近い。

● 両立する

go hand in hand は「手と手を取り合う」という日本語に近い。「両立する」の比喩的な言い方だ。**go together** も地味だが決まり文句として覚えておこう。ただし、together という単語を使う以上、対象は複数なければならない (⇒ p.83)。

なお、(B) の doing something I like の部分は「～しながら」を表す分詞構文 (⇒§48) を用いている。

▶第1章　時　制

§16　遠い形〈人間関係が遠い〉

> **課題文**
> すみません、近くの郵便局を教えていただけませんか。

文法研究

人間関係が近いか、遠いか

　前問で〈遠い形〉について説明したが、実は〈遠い形〉には細かく分けると全部で3つの用法がある。1つは〈**時間的に遠い**〉(世間で言う過去形)、2つ目は〈**現実から遠い**〉(世間で言う仮定法過去)、そして3つ目が〈**人間関係が遠い**〉(これも世間では仮定法過去の範疇に入れている場合が多い) である。例えば、次の文の違いがわかるだろうか。

(a) **Can you** tell me how to get to Central Park?
　「セントラルパークへの道を教えてよ」
(b) **Could you** (possibly) tell me how to get to Central Park ?
　「セントラルパークへの行き方を教えていただけませんか」

どちらも他人にものを頼んでいることは同じだが、頼む際の丁寧さが若干違う。(a) の **Can you 〜?** は〈近い形〉だから、聞いている相手と〈**人間関係が近い**〉つまり、相手はふつう友達なのだ。(b) の **Could you 〜?** は〈遠い形〉を使っているので、〈**人間関係が遠い**〉、つまり、頼んでいる相手は見知らぬ人か、それほど仲良くない人だと考えられる。ネイティヴスピーカーはこの人間関係の度合いを一瞬で判断してcanにするかcouldにするか決めているようである。確かに、その程度の判断だったら一瞬でできよう。ここに、canとcouldの違いの本質、すなわち〈近い〉か〈遠い〉かという違いが感じ取れる。こういったことは、〈現在形〉と〈過去形〉とか〈直説法〉と〈仮定法〉という文法用語を振り回してもうまく説明できない。Could you 〜?のcouldが仮定法だと言われても、何をどう仮定しているのかよくわからない。

　世間で言う**過去形**とは、〈過去のこと〉もさることながら、いろんな意味での〈遠さ〉を言及したい場合に使うのだということがわかる。そこで、まとめて〈遠い形〉と名づけたわけだ。最初からこう呼んでおけば、仮定法過去は「名前は過去なのに、意味は現在の逆」とかいう複雑な説明をしなくてもすむ。

65

✎ 〈遠い形〉の3つの意味

最後に、〈遠い形〉をもう一度まとめてみよう。

```
●〈遠い形〉の3つの意味●
● 遠い形 ┌ ① 時間的に遠い：いわゆる過去形 ☞〈時を表す副詞〉と使う
        │ ② 現実から遠い：仮定法
        └ ③ 人間関係が遠い：丁寧表現
```

ex. ① I **could** swim when I was a child.
「子供の頃は泳げた」

② I haven't swum for nearly twenty years, but I **could** swim if I had to.
「20年近く泳いでいないが、切羽詰まったら泳げるだろう」

③ **Could** you pass me the salt?
「お塩を回していただけませんか」

✎ 3つの〈遠い形〉の区別

さて、この3つ自体の区別だが、③は Could you *do* ～?か Would you *do* ～?という形で現れるのですぐに判断できる。問題は①と②の区別である。英文解釈ならば、例えば **could** の意味は①「（過去において）〜できた」なのか、②「(...すれば) 〜できるだろう」なのかはっきりさせなければならない事柄だ。

①の〈時間的に遠い〉場合には、〈時を表す副詞〉を伴うことが多い。例文における when I was a child の部分である。実は、この〈時を表す副詞（句・節）〉という言い方と、§7で述べた〈「いつ？」に相当する語句〉という説明は同じことである。こうした語句を添えるのは、いわゆる過去形と現在完了形の区別のみならず、過去を表す過去形と仮定法の区別という意味でも有効なのである。

一方、②の〈現実から遠いこと〉を表す場合は、if節を伴うのがふつうである。もちろん、if節の中も〈遠い形〉である。しかしながら、②の例文と異なり、if節が表面上書かれていないケースも多々ある。こういう場合は、文脈依存度が高いことは言うまでもないが、次のような判別方法もある。「〈遠い形〉**以外の前後の動詞は、ふつう〈遠い形〉以外の時制を使っている場合が多い**」ということが統計的に言える。例えば、例文②の第1文の動詞 (haven't swum) は現在完了形であって〈遠い形〉ではない。①の〈時間的に遠いこと〉を表す場合は、

前後の動詞もすべて〈遠い形〉で統一するのが原則である。これも、①と②を区別するときのもう一つの判断目安になり得る。ちなみに、②でif節が書かれていない場合、couldの訳語として「その気になったら～できよう」とか「～することもあり得るだろう」がよく使われる。

✍️ 「教えていただけませんか」という日本語は丁寧

本問を考えてみよう。「教えていただけませんか」という日本語は丁寧だから、〈遠い形〉が適切だと判断できる。よって、Could you do ～? か Would you do ～? が適切である。Could you do ～? の方が「**できることなら～していただけますか**」という含みが入る。

英訳例

(A) Excuse me. Could you tell me where a nearby post office is?
(B) Excuse me. I was wondering if you could tell me how to get to the nearest post office.

表現研究

● ～していただけませんか

Please do ～はあまり丁寧ではない。pleaseは「頼むから」や「どうか」という日本語に近い。Could you please do ～? の形なら丁寧になるが、これはpleaseが丁寧に響くのではなく、Could youが〈遠い形〉だから丁寧になるのである。I was wondering if you could do ～は決まり文句（⇒§17）。

● 近くの郵便局

a near post officeは不可。nearは形容詞ではなく前置詞だから。**nearby**は形容詞なのでa nearby post officeは可。nearが形容詞として使える例外は、the nearest post officeのように最上級の場合とin the near futureという決まり文句のときだけ。

● 教える

tellは「その場で教える」から可だが、**teach**は「（教科など）を教える」ことになるので不可（⇒p.207）。**show**だと「目的地まで連れていく」を意味するので頼みすぎ。

§17 「〜していただけませんか」

> **課題文**
> あなたにこんなことを頼むのは心苦しいのですが、できれば200ポンド貸していただけないでしょうか。

文法研究

✎ 「〜していただけませんか」は丁寧表現

「〜していただけませんか」という日本語は丁寧表現であるから、**Could you** *do* **〜?** が **Can you** *do* **〜?** よりも適切である（⇒§16）。そこで、前半の「…心苦しいのですが」の部分まで含めて、次のように訳せばよい。

(a) I'm sorry to ask you (this), but could you lend me £200?

✎ I was wondering if you could (possibly) *do* 〜

もちろん、(a)の文で十分だが、ネイティヴスピーカーは次のような表現もよく用いる。

(b) I was wondering if you could possibly lend me two hundred pounds.

この文の **I was wondering if you could (possibly)** *do* **〜** は「〜していただけませんか」という決まり文句として覚えてしまおう。暗記してしまえばそれでよいのだが、よくよく考えてみると、この表現にはいくつかの疑問が残らないだろうか。

・過去のことでもないのに、wasやcouldとなぜ過去形なのか
・英語は肯定文なのに、意味は疑問文と同じになるのはなぜか
・I was wonderingの進行形は何のためか

といった点である。

✎ 過去形は過去のことか？

まず、**I was wondering if you could** *do* **〜** という文のwasとcouldという時制についてだが、もちろんこの過去形は過去という意味ではない。そこで、過去形という文法用語には限界があるのである。**過去形は必ずしも過去を表すわけではない**。そこで〈遠い形〉と改名した（⇒§14）。この表現の〈遠い形〉も〈人間関係が遠い〉ことを意味しているのだ。人間関係を遠くすることによって丁寧な感じが出るのである（⇒§16）。

✏️ wonderと進行形

次に、wonderという単語についてだが、基本的にはこの語は「〜だろうかと思う」とか「〜をいぶかしく思う」という意味なので、単刀直入ではない、どちらかと言えば自信がない感じで使う語である。ここから**遠慮がちにものを頼んでいる**ニュアンスになる。それが、肯定文でありながら、疑問文的な意味を持つ所以だ。さらに、I was wonderingのように**進行形**にすることによって、より丁寧さが表現できる。というのは、**-ing**は〈動く〉というニュアンスがあり、その一つの場合として〈**心の中が動く**〉というものがあった（⇒§2）。よって、I was wonderingと進行形にすることで、心の動き、すなわち、「こんなことを頼んでよいのかどうか」といった迷いの気持ちが表されて、より丁寧な表現になる。次のように、wonderを進行形にしないパターンもある。

(c) I **wonder** if you could possibly lend me two hundred pounds.

これでも可だが、進行形にした (b) の方が、-ingによって〈心の動き〉が表現でき、日本語の「あなたにこんなことを頼むのは心苦しい」という部分まで訳出したことになるのである。

✏️ possiblyが入るとさらに丁寧

なお、前問のCould you *do* 〜?にしろ、本問のI was wondering if you could *do* 〜にしろ、possiblyという語を入れると、より丁寧になる。**Could you possibly *do* 〜?** または **I was wondering if you could possibly *do* 〜**の形である。

英 訳 例

(A) I was wondering if you could possibly lend me two hundred pounds.
(B) I'm sorry to ask you (this), but could you possibly lend me £ 200?

表現研究

● 貸す

lend「貸す」であって、**borrow**「借りる」ではない。**rent**は「（物）を賃貸しする」ことなので不可。

69

§18　It is time S＋遠い形

> **課題文**
> 今や地球温暖化に対して世界的規模で対策を取るべき時だ。

文法研究

It is time S＋遠い形

「～するべき時だ」には **It is time SV ～** という決まり文句があるが、この文の **It is time** の後ろの **SV ～** の動詞は**仮定法過去**にしなければならないという規則がある。

(a) **It is time you *were* married.**
　　「もう結婚していてよい時期ですよ」

(a) の文の **were** の部分が仮定法過去になっている。規則と言ってしまえばそれまでだが、この過去形にはどういう意味があるのだろうか。過去形はすべて〈遠い形〉と改名した。〈遠い形〉とは文字通り〈遠いこと〉を指すのであった。一方、主節の **It is time** は **is** であるから〈近い形〉である。この文は〈近い形〉と〈遠い形〉が混合している。〈近い形〉は〈現実に近いこと〉すなわち〈現実的なこと〉を表す。

(a) の文を喋っている人には「付き合い始めてから結婚するまでの適当な時期」というものが漠然と頭にあって、相手の **you** という人はまさにその時期に当たっている。現実の時間は「もう結婚していてよい時期」(**It is time**) なのに、相手はまだその状態から遠い (**you were married**)。この**現実とのギャップ**がこの〈遠い形〉の意味するものであろう。やはり、この場合も〈現実から遠い〉のである。

なお、**It is time** に続く節の過去形を仮定法過去ではなく直説法過去と説明しているものもあるが、本書では仮定法過去も直説法過去もともに〈遠い形〉という立場で説明しているのでその詳細はこだわらない。ただし、節内の主語が **I** の場合に、**I were** ではなく **I was** になることは注意しておきたい。

It is about time S＋遠い形 ～ と It is high time S＋遠い形 ～

It is time SV ～ の構文には2つバリエーションがあって、It is about time SV ～ という場合と It is high time SV ～ という場合である。**It is about time SV ～ は「もうそろそろ～する頃だ」、It is high time SV ～ は「もうとっくに**

〜する頃だ、〜する潮時だ」というニュアンスになる。

● **It is about / high time ...** ●

- **It is about time S＋遠い形 〜**「もうそろそろ〜する頃だ」
- **It is high time S＋遠い形 〜** 「もうとっくに〜する頃だ」

英訳例

(A) It is high time we started taking measures against global warming on a global scale.

(B) The whole world must do something about global warming immediately.

表現研究

● 今や〜すべき時だ

上で述べたとおり It is time we started *doing* 〜でよいが、must *do* 〜 immediately「直ちに〜せねばならない」でもよい。Now is the time we should *do* 〜も可。

● 地球温暖化

global warming は今や定着した言い回し。the は付かない (⇒ p.211 英訳例)。ちなみに、**the greenhouse effect**「温室効果」には the が付く。

● 世界的規模で

直訳なら **on a global scale** か **on a worldwide scale** である。意訳で **The whole world must *do* 〜**「全世界が〜しなければならない」でもよい。

● 〜に対して対策を取る

take measures against 〜 / do something about 〜 がよく使われる表現。take steps という表現もあるが、これは「数歩踏み出す」という意味もあり、紛らわしいときもあるので第1文では避けたい。また、take action も可だが、「実力行使に出る」というニュアンスがあるので注意。なお、measures と steps は複数形にするが、action は「措置」の意味では不可算名詞なので -s を付けてはならない。

§19　仮定法過去完了

> **［課題文］**
> 僕のひざの傷は、もう少し早く病院で診てもらっていたら、1週間くらいで治っていたのに。

文法研究

✍ 「もう少し早く病院で診てもらっていたら、治っていたのに」の訳

「もう少し早く病院で診てもらっていたら、治っていたのに」というのは過去の話なので、次のように訳してしまう人たちがいる。

(a) My injured knee ***would*** heal in about a week if I ***went*** to the hospital a little sooner. (×)

このように書く人たちはwouldとwentが過去形なので、これで過去のことを表すと思ってしまうのだろう。ところが、「**過去の実際に起きたことと逆の仮定**」をするときは、〈仮定法過去完了〉という時制を用いなければならない。(a)の文は〈仮定法過去〉になってしまい、これは「**現在の逆の仮定**」を表すことになってしまう。仮定法の場合には文法用語と意味がずれる。つまり、「仮定法過去は現在の逆を、仮定法過去完了は過去の逆を表す」と言うわけだが、この文法用語と意味のずれが学習者に仮定法をわかりにくくさせているように思える。ともあれ、§14から再掲するが、仮定法過去と仮定法過去完了の公式は次の通りだ。

```
●────────── 仮定法の公式 ──────────●

● 仮定法過去    ☞ If + S + [過去形/were] ～, S [would/could] 動詞の原形 …

● 仮定法過去完了 ☞ If + S + had + p.p. ～, S [would/could] have + p.p. …
```

✍ 仮定法過去完了

文法用語と意味のずれの根源はやはり〈過去形〉という用語にあるように思う。そこで〈**遠い形**〉と何度も言っているわけだ。(a)の文は「過去」を表すのではなく「**現実から遠いこと**」を表しているにすぎない。では、「**過去におい**

て現実から遠いこと」を表すにはどうすればよいのだろう。それが従来の文法用語で言う〈仮定法過去完了〉なのだが、文法用語を覚えるよりも、〈**If + S + had + p.p.** ～, **S would have + p.p.** ...〉という形をしっかりおさえよう。if 節中に **had + p.p.** という時制を用いた場合は、**had** が〈現実から遠い〉ことを、完了形が〈完了〉〈結果〉を表すので、あわせて〈すでに結果が出ている現実から遠い話〉→〈現実にすでに結果が出てしまっていることの逆〉を表すことになる。主節の〈助動詞の遠い形〉(**would / could /might**) + **have + p.p.** の方は、〈助動詞の遠い形〉から「現実から遠いこと」、**have + p.p.** はふつうの現在完了と同様「現在から過去を振り返る」という意味なので、あわせて〈過去に起きたことの逆〉を意味する。

$$\text{If + S + had + p.p. } \sim, \quad \text{S} \begin{bmatrix} \text{would} \\ \text{could} \end{bmatrix} \quad \text{have + p.p.}$$

⇩　　　　　　　　　⇩　　　　　　　　⇩

すでに結果が出て　　　現実から遠い　　　現在から過去をふり返る

いることの逆　　　　☞ 現実とは逆　　　☞ 過去のこと

よって本問も、実際には過去において「医者にひざの傷を診てもらわなかった」のであり「1週間くらいで治らなかった」わけだから、過去の事実の逆を言うことになる。そこで次の時制が正しい。

My injured knee **would have healed** in about a week **if I had gone** to the hospital a little sooner.

直説法過去

ただ、ここで一つ注意したいのは、if 節中が〈遠い形〉でも〈時間的に遠い〉ことを示すこともあり、これを世間では**直説法過去**と呼んでいる。

(b) **If** there ***was*** a happy person at that time, it was John.
　「あの時も幸福な人間がいたとすればそれはジョンだった」

(b) の文は if 節中が was という〈遠い形〉を使っているが、at that time という〈「いつ？」に相当する語句〉を使っていることから、この〈遠い形〉は〈時間的に遠い〉こと、すなわち、〈過去の事実〉とわかる。よって、(b) の例文で、「幸せだった人間」は実際に存在したのであり、決して架空のことではない。

英訳例

(A) My injured knee would have healed in about a week if I had gone to the hospital a little sooner.

(B) My knee would have healed in about a week if I had had it looked at a little sooner.

表現研究

● **僕のひざの傷**

my knee injury / my injured knee / the injury to [in] my knee は可。ここでは「治っていた」が述語動詞に来るので、(B) のように my knee だけでもよい。「傷ついていたこと」は了解済みになるからだ。「傷」の訳だが、wound は「戦争や凶器による怪我」なので不可。hurt を名詞で使うと「心の痛み」の意味なのでこれも不可。

● **もう少し早く**

a little earlier も可だが、**a little sooner** の方が適切。**early** は「(一定期間の中の) 早い方」という意味なので、期日や終了時刻が設けられていることに使う。例えば、early in the morning「朝早く」と言えば、「朝」という一定の時間帯の中での「早い方」ということになる。**sooner** にはそうした時間の制約は感じない。

● **病院で診てもらう**

see a doctor だけでは「医者に個人的に会いに行く」とも解せるのでベストではない。go to the hospital「病院に行く」か go to the doctor「医者に行く」、あるいは have ～ looked at「～を診てもらう」が適切 (have ～ *done*「～を...してもらう」の形)。

● **1週間くらいで**

in about a week が適切。**in** は「～(間)で」を表し、結果に重点を置く。for about a week は不可。**for** は「～間」を表しプロセスに重点を置く。日本語で考えて、「で」が付いた方が自然なら in と判定できる (⇒p.96)。

● **治る**

heal (自動詞) が適切だが、be healed (他動詞) だと宗教的な響きがするので不適切。be treated「治療を受ける」は大げさ。be cured の主語は人か病名なら可だが、「傷」は不可。

§20　仮定法過去と仮定法過去完了の合成形

> **課題文**
> 　福祉制度が廃止されていたら、現在、貧富の差がもっと広がっていることだろう。

文法研究

✐「福祉制度が廃止されていたら」の時制は？

　「福祉制度が廃止されていたら」ということは、実際には「福祉制度は廃止されなかった」ことになるから〈現実から遠い話〉をしていることがわかる。そこで〈遠い形〉の出番だが、次の時制ではない。

　(a)　**If** the welfare system ***were*** abolished, 〜（×）

　If＋S＋were 〜は過去のことではなく〈現在とは逆のこと〉を表すので、(a) は過去のことについての言及ではなくなってしまう。この問題文では、たぶん「福祉制度」を廃止にするかどうかの議論が議会等で話し合われ、その結果「福祉制度廃止案」は否決されたということだろうから、「福祉制度が廃止されなかった」という〈すでに結果が出てしまっていること〉について言及していることになる。よって、〈仮定法過去完了〉にするのが正しい。

　(b)　**If** the welfare system ***had been*** abolished, 〜（○）

✐「現在、貧富の差がもっと広がっていることだろう」の時制は？

　今度は主節の時制だが、前半が〈仮定法過去完了〉とわかったのだから、公式通り主節も〈**助動詞の遠い形**〉＋**have**＋**p.p.** と考えるのだろうか。

　(c)　〜, the gap between rich and poor **would have been** larger.（×）

　(c) だと〈過去に起きたことの逆〉を表すことになる（⇒§19）ので、日本語の「現在」と矛盾する。「現在」の逆のことを表すのには〈**助動詞の遠い形**〉＋**動詞の原形**（仮定法過去）を用いる。よって、次の文が正しい。

　(d)　〜, the gap between rich and poor **would be** larger (now).（○）

✐ **If＋S＋had＋p.p.〜, S＋would be (doing) ... now**

　これはパターンと言える公式で、if 節中が had＋p.p. で仮定法過去完了でも、主節が〈現在の逆の話〉だったら、仮定法過去になるのである。しかも、その動詞は圧倒的に **be 動詞**が多く、**would be (doing)** 〜のパターンになる。

If + S + had + p.p. ~ , S + would + be (*do*ing) ... (now)
　　　　　⇩　　　　　　　　　　　　⇩
　すでに結果が出ていることの逆　　現在の状態の逆

　このパターンはだいたい主節にnowという副詞が現れるので気がつきやすい。ただ、このnowは省略可能であり、これだけを目印にするわけにもいかないので、意味を考えて、〈現在の状態の逆〉について触れているなら、〈**would be (*do*ing) ~**〉だと反応したい。
　ex. If I **had taken** that bus, I **wouldn't be** alive ***now***.
　　「あのバスに乗っていたら、今頃は生きていないだろう」
　なお、仮定法過去は厳密には〈現在の逆〉というより〈現在形の逆〉である。すなわち、**動作動詞**の場合には〈半永久的なことの逆〉であり、**状態動詞**の場合には〈半永久的なことの逆〉または〈現在の逆〉となる。be動詞は状態動詞だから〈現在の逆〉を表すことがあり（⇒§1）、この型でよく使われる。

英訳例

(A) If the welfare system had been abolished, the gap between rich and poor would be even larger.
(B) If the welfare system had been abolished, there would be a wider gap between the rich and the poor.

表現研究

● ~を廃止する
　abolish ~ / do away with ~ / scrap ~はすべて可。
● 貧富の差
　the gap between rich and poor / the gap between the rich and the poorは決まり文句。「差」を表すのに、differenceは「違い」という中立的な語だが、gapは「格差」でマイナスイメージなので、この場合にはgapの方がよい。(B)のgapの冠詞がaになるのはthere is構文との関係（⇒§75）。
● (貧富の差が) 広がって
　larger / bigger / widerが適切。主節全体をthe rich would be much richer and the poor would be much poorer「金持ちはより金持ちに、貧民はより貧しくなるだろう」と訳してもよい。

§21　現在形 と 現在進行形〈予定〉

課題文
(1) のぞみ1号は午前6時に東京駅を発ちます。
(2) 今度の日曜日におばさんに会う予定です。動物園に連れて行ってもらいます。

文法研究

英語に未来形はない

「東京駅を発ちます」や「会う予定です」の時制を考えたいが、両者ともに未来の話なので、未来形ということになる。ところが、未来形というとすぐに will だと思うのは間違いである。それよりもまず、正確に言って英語には未来形と呼ばれるものはない。「形(けい)」と言う以上、動詞が活用しなければいけないのだが、英語の動詞の活用は、不幸なことにと言うべきか幸いなことにと言うべきか、原形・過去形・過去分詞・現在分詞としか活用しない。未来形というものは存在しないのである。そこで、ご存知の will や be going to などで未来を表すわけだが、これらをまとめて〈未来を表す表現〉と呼ぶことにする。

未来 ≠ will

話を戻すが、「未来のことイコール will」という考え方は間違いである。will は未来を表す表現の1つにすぎない。未来を表す表現はこれ以外にもあり、それぞれ役割分担をしているのである。もし本問の時制を will で書いた場合、何がおかしいのであろう。

(a) Nozomi No.1 **will** leave Tokyo Station at 6 a.m.
(b) I **will** meet my aunt next Sunday. She **will** take me to the zoo.

(a) や (b) の第2文のように、**3人称が主語の will** はふつうは〈**あまり根拠はないが自信満々の推量**〉を表す。〈推量〉という文法用語は〈予想〉や〈予言〉と言ってもかまわないが、所詮は想像して言っているにすぎない。本問の (1) も (2) も〈予定〉について言及している。〈**予定**〉と〈**予想**〉は違う。〈**予定**〉とは確実に決まっていることであり、〈**予想**〉は確実なことがわかっていないときにすることである。(a) は「たぶんのぞみ1号は午前6時に東京駅を立つはずだ」と言っているに過ぎない。一方、(b) の第1文のような**一人称が主語のときの will** は〈**その場でとっさに決まったこと**〉について言及する場合である。

77

いわば、〈思いつきの願望〉を言っているに過ぎない。(b) の第1文は「そうだ！今度の日曜日におばさんに会おう」と言っているだけになってしまう。

✍ 予定を表す現在形

本問の (1) も (2) も〈予定〉を表しているわけである。〈予定〉を表すには、ふつうはwillではなく、**現在形か現在進行形**で代用する。一般の文法書ではまさに「代用する」と書いてあるが、**現在形**は〈半永久形〉である (⇒§1) から、最初から〈半永久形〉と呼んでおけば、別に代用でもなんでもなく、〈半永久形〉本来の用法であることに気がつくはずである。すなわち、「のぞみ1号は**半永久的に**午前6時に東京駅を立つ」のである。この現象はダイヤ改正が行われるまで毎日繰り返される。〈半永久的に続くこと〉と言える。したがって、(1) は次のようになる。

(c)′ Nozomi No.1 **leaves** Tokyo Station at six a.m.

この「のぞみ1号」のような毎日運行する〈公の乗り物〉や毎年行われるような〈公の行事〉についての〈予定〉には**現在形**を用いる。

✍ 予定を表す現在進行形

一方、(2) も予定であるが、(1) との違いは、こちらは公ではなく〈個人的な予定〉に過ぎないということである。「今度の日曜日におばさんと会う」のも「おばさんが動物園に連れて行ってくれる」のも、この話者と彼のおばさんとだけの〈個人の予定〉である。このような〈個人の予定〉は**現在進行形**で表す。次の文である。

(d)′ **I'm meeting** my aunt next Sunday. She **is taking** me to the zoo.

✍ 安定と不安定

〈公の予定〉は現在形で、〈個人の予定〉は現在進行形を用いるわけだが、それはなぜであろうか。現在形は〈半永久的に続くこと〉であるから〈安定〉していると§1で説明した。一方、現在進行形はbe動詞＋-ingであるが、-ingは〈動く〉というのが定義であった。〈動く〉ということは〈不安定〉だとも言える (⇒§2)。よく考えれば、〈**公の予定**〉は**安定**しているが、〈**個人の予定**〉は**不安定**と言えないか。〈**公の予定**〉はそう簡単に変更されては困る。(1) の新幹線「のぞみ」にしても、乗客は指定された時刻を信用して予定を組むのである。時刻表は安定していなければならない。この〈**安定**〉という特徴が**現在形**すなわち〈**半永久形**〉に符合する。

ところが、〈個人の予定〉は究極的には変更してもよいのではないか。(2)のおばさんとの予定にしても、おばさんの都合で延期になるかもしれないし、話者の都合で中止になるかもしれない。たとえそうであっても、この二人が了解すればよい話であって、大勢に影響はない。言ってみれば、〈個人の予定〉は**話者のさじ加減一つでいくらでも変えられる**のである。そういう意味では〈**不安定**〉と言える。よって、**現在進行形**が似つかわしい。

● 現在形 と 現在進行形による〈予定〉●
- 現在形　☞ 公の予定　☞ 安定
- 現在進行形　☞ 個人の予定　☞ 不安定

英訳例

(1) Nozomi No.1 leaves Tokyo Station at 6 a.m.

(2-A) I'm meeting my aunt next Sunday. She is taking me to the zoo.

(2-B) I'm going to meet my aunt on Sunday. She is taking me to the zoo.

💡 (2) は (B) のように be going to を使ってもよい (⇒ §22)。

表現研究

● **午前6時**

6 a.m. の語順であって a.m. 6 ではない。日本語とは逆になる。**six in the morning** や単に **six** だけでもよい。

● **東京駅**

駅の固有名詞には the は付かない (⇒ §68)。さらに固有名詞の場合は station の s も大文字にする。

● **今度の日曜日に**

next Sunday か **this Sunday** がよい。この場合、前置詞は不要 (⇒ p.86)。

「今度の日曜日に」は **on Sunday** でもよい。単に on Sunday と言えばふつう「次の日曜日」を指すからである。

§22 現在進行形〈予定〉と be going to

> **課題文**
> (1) 3月15日からパリに行く予定です。
> (2) 今夜この教科書の復習をするつもりです。

文法研究

✍ 現在進行形 と be going to

(1) も (2) もともに〈個人の予定〉を表すので、willや現在形は不可であることはわかる。〈個人の予定〉は現在進行形で示すのであった (⇒§21)。とは言え、(1) と (2) には1つ違いがある。(1) の予定はスケジュール帳やカレンダーなどに記録しそうだが、(2) の方はわざわざスケジュール帳に書くほどのことではないという点である。これが、現在進行形と be going toを使い分ける境目である。**現在進行形は〈個人の予定〉を示すわけだが、この時制を使う以上は〈スケジュール帳に書くような確定的なこと〉でないといけない。**一方、**be going toは〈頭の中で決まっていること〉なら何でもよい。**それが〈スケジュール帳に書くようなこと〉であろうが〈スケジュール帳にまでは書かないこと〉でもどちらでもよい。そういう意味では、be going toの方が現在進行形よりも使える範囲が広いと言える。

● **〈予定〉を表す現在進行形と be going to の違い** ●

- 現在進行形 ☞ スケジュール帳に書くような個人の予定
- be going to ☞ スケジュール帳に書かないようなことも含めて、あらかじめ頭の中で決まっていること

✍ 「パリに行く予定」と「復習をするつもり」の違い

そこで本問だが、(1) の「3月15日からパリに行く予定です」という文は「3月15日」とはっきり日付まで明記しているように、ふつう〈スケジュール帳などに書くこと〉と言えるだろう。よって、こちらは現在進行形が使えるが、be going toでもよい。be going toは〈スケジュール帳に書くようなこと〉にも使えるからである。

(a) I'm **leaving** for Paris on March 15 (th).　　　(○)
(b) I'm **going to** leave for Paris on March 15 (th). (○)

(2)の「教科書の復習をするつもりです」の文は、「復習する」ことは頭の中で決まっていても、スケジュール帳に書くほどのことではあるまい。こんなことまでいちいちスケジュール帳に書いていたら、帳面はたちどころにいっぱいに埋め尽くされてしまう。こういう場合は現在進行形は使わず、be going to が適切である。

(c) I'm **reviewing** this textbook tonight.　　　(×)
(d) I'm **going to** review this textbook tonight. (○)

✎ I will はどうか

(1)も(2)もはっきり〈予定〉であるから、will は使えない。I が主語のときの will は〈とっさに決まったこと〉を表すからである(⇒ §23)。

(e) I'll review this textbook tonight.

(e)は「そうだ！今夜はこの教科書の復習をしよう」という日本語に近い。突然の思いつきの言葉としてなら使えるが、もっと前から教科書の復習をすることを決めていたのなら不適切である。

英訳例

(1-A) I'm leaving for Paris on March 15(th).
(1-B) I'm going to leave for Paris on March 15(th).
(2) I'm going to review this textbook tonight.

表現研究

● パリに行く
　leave for Paris は「パリに向けて出発する」の意味。leave Paris は「パリを去る」という意味になってしまうので不可。

● 3月15日
　on the fifteenth of March でもよい。

§23　I'll と I'm going to

> **課題文**
> そんなに歯医者に行くのがこわいの？　どうしてもと言うんなら、ついて行ってあげてもいいよ。

文法研究

✍ 「ついて行ってあげてもいいよ」の時制

「ついて行ってあげてもいいよ」の時制を考えてみよう。まず、時制に対する認識がないと、ふつうは次のように現在形にしてしまうだろう。

(a)　**I go** with you. (×)

現在形は半永久形であった（⇒§1）から、これだと「私は半永久的にあなたについて行く」→「私は一生あなたにつきまとう」という意味になってしまい、おかしい。

「ついて行く」のはこれからの話なので、未来のことと考えて次のように書く人もいるだろう。

(b)　**I'll go** with you. (○)

これは正しいが、この英文に行き着くまでの思考過程は正しくない。未来だからwillなのではなく、〈その場でとっさに決まったこと〉について述べているからI'llなのである。

✍ I'llは〈その場でとっさに決まったこと〉

もう一度復習するが、一人称が主語のときのwillは〈その場でとっさに決まったこと〉を述べるときに使う。例えば、どこか部屋にいるとして、突然電話が鳴ったとする。その電話に「僕が出る」と家族の人に聞こえるように言う場合が、I'llの出番である。

(c)　**I'll get** it. (it は the telephone)

あるいはレストランに入って、ウェイターから「ご注文は？」と聞かれて、「ステーキをお願いします」という場合もI'llである。

(d)　**I'll have** a steak, please.

ふつうはメニューを見てから何を食べるのか決めるからであり、これも〈とっさの判断〉と言える。

✍ I'll と I'm going to の違い

　このような場合においては、I'm going to はふさわしくない。一人称が主語の **be going to** は〈スケジュール帳に書かないようなことも含めてあらかじめ頭の中で決まっていること〉を表す (⇒ §22) のであり、あらかじめ頭の中で決まっていたということは、その場で突然決めたわけではないからだ。これが、I'll と I'm going to の違いである。

```
━━━━━━━●  I'll と I'm going to の違い  ●━━━━━━━
● I'll do ～          ☞ その場でとっさに決まったこと
● I'm going to do ～  ☞ あらかじめ頭の中で決まっていること
```

解答例

(A) Are you really so scared of going to the dentist? If you really want me to, I'll go (along) with you.
(B) Are you that scared of going to the dentist? I'll go with you, if you want me to.

❷　(B) that scared の that は「そんなに、それほど」の意味の副詞用法。口語体で、疑問文・否定文で用いられる。if you want me to の to については §40 を参照のこと。

表現研究

● 歯医者に行く
　go to the dentist's も可。the dentist's (office) の略。dentist 自体は「歯科医」という意味だが、「歯医者に行く」の「歯医者」は場所でも人でも可だから、**go to the dentist** でもよい。
● ～がこわい
　be scared of ～ が口語体 (⇒ p.257)。**be afraid of ～** も可。**fear ～** は文章体。
● いっしょに行く
　I'll go (along) with you は可だが、I'll go together は不可。**together** の主体は複数概念のものでなければならないから、I が主語のときには使えない。**I'll accompany you** は堅い。「付随する」という日本語に近い。

§24　2、3人称＋will と 2、3人称＋be going to

> **課題文**
> (1) 君は来年は入学試験に受かるはずだ。
> (2) 風の音を聞いてごらん。海は荒れるよ。

文法研究

2、3人称＋will と 2、3人称＋be going to

　一人称が主語の場合のwillとbe going toの違いについては前項で考えた。今度は、2人称や3人称が主語の場合のwillとbe going toの違いについて考えたい。2人称・3人称が主語のwillは〈あまり根拠はないが自信満々な推量〉に用いるのに対して、2人称・3人称が主語のbe going toは〈状況から判断して起こる見込みが高いこと〉に用いる。状況から判断するということは、〈**根拠がある**〉ということだ。端的に言ってしまえば、**will**はあまり根拠がなく、**be going to**は根拠がある、ということになる。

　willは根拠がない割には、**自信満々の強い推量**である。ただし、これには主節で使った場合の話である（⇒§26）。この自信満々のニュアンスを訳出するには、「〜だろう」や「〜でしょう」では足りない。willはこれらの日本語よりも強い意味を表しているからだ。そこで、willの訳語は「**必ずや〜するはずだ**」「**きっと〜するはずだ**」「**〜するに違いない**」などが望ましい。「〜はずだ」や「〜に違いない」という訳語を見ると、mustが浮かぶ人もいると思うがそれについては後述する（⇒§33）。

●　**2、3人称 ＋ will / be going to の違い**　●

- 2、3人称＋will　　　　➡　あまり根拠はないが自信満々な推量
- 2、3人称＋be going to　➡　状況から判断して起こる見込みが高いこと

「受かるはずだ」の時制

　(1)の「君は来年は入学試験に受かるはずだ」の時制については文脈がもう少しほしいところだが、ただイメージだけで発言しているなら、**You will 〜**がふさわしい。これは**2人称＋will**なので〈あまり根拠はないが自信満々な推量〉になる。学校の先生がよく口にするかもしれない。生徒が成績に悩ん

で相談に来たとき、その生徒を元気づけてやる気にさせようとするのが教師の仕事であるとするなら、たとえ嘘だと思っても、「君なら受かる」と言うだろう。あるいは、相手の成績もよく知らぬまま、早くその生徒を返そうと思ってそう言う場合もあるかもしれない。いずれにせよ、こういった発言は往々にして**根拠がない**発言であり、相手の生徒には「必ず受かる」とか「受かるに違いない」という言い方をしないと効果がないであろうから、**You will 〜**がぴったりとなる。

　(a) **You will** pass the entrance examination next year. (○)

　ちなみに、You will probably 〜とprobablyを入れると、受かる確立が若干落ちることになる。敢えて数字で言うなら、**You will 〜は100％推量**だが、**You will probably 〜は80〜90％推量**である。よって、**You will probably 〜**の訳語は「おそらく〜だろう」でもよいと思うが、この場合にこれを用いると、言われた生徒は落ちる可能性もあることを指摘されたことになり、やる気が出るかどうかは疑問である。

　(b) **You will probably** pass the entrance examination next year. (△)

　本問 (1) も普段からの成績を総合的に判断して言っている (つまり、根拠がある発言) なら **You are going to 〜**がふさわしい。

　(c) **You are going to** pass the entrance examination next year. (○)

　(a) にするか (c) にするかは文脈依存度が高くなる。

✍️ 「海が荒れる」の時制

　本問 (2) の「海が荒れる」の時制はbe going toが適切である。なぜなら、第1文で「風の音を聞いてごらん」と述べているからである。いわば、この部分が〈**状況判断**〉ということになる。「風の音」を根拠に「海が荒れる」と言っているわけなので、be going toがふさわしい。

　(d) The sea **is going to** be rough. (○)

根拠がない推量ではないのでwillはよくない。

　(e) The sea **will** be rough. (△)

ましてや、〈半永久的な内容〉ではないので現在形はダメである。

　(f) The sea **is** rough. (×)

　(f) だと、「海はいつでも荒れている」ということを言っていることになる。

　ex. The Japan Sea **is** often rough.

　　　「日本海はしばしば荒れる」

英訳例

(1-A) You will pass the entrance examination next year.
(1-B) You are going to pass the entrance examination next year.

(2) Listen to the wind. The sea is going to be rough.

表現研究

● 入学試験に受かる

pass the entrance exam(ination) は決まり文句。succeed in the entrance examは大げさ。英米では「入試合格」程度でsucceedとはふつう言わない。

● 風の音を聞く

listen to the sound of the windも可だがくどい。windにはふつう〈環境のthe〉が付く（⇒§60）。

● (海が) 荒れる

roughと**sea**はよく用いるコロケーション（語と語の組み合わせ）。seaにもふつう〈環境のthe〉が付く。We're going to have stormy weather.「荒天になるだろう」も可。ちなみに、weatherは常に不可算名詞なのでaは不要。a stormy weatherは間違い。

● 来年は

next yearは副詞なので前置詞を付けてはいけない。in next yearは不可。next / last / this / that / every / eachを〈時を表す語〉と使う場合は、2語で副詞となるので前置詞は不要である。

● 前置詞不要の〈時を表す表現〉●

	+	
next		Sundayなどの曜日
last		week
this		month
that		summerなどの季節
every		year
each		morning ☞ the next morningはtheが必要。last morningは（×）

§25　if＋S＋現在形 〜, S＋will ...

> **課題文**
> (1) 明日雨なら、試合は中止されるだろう。
> (2) 兄が着いたら、旅行の話をしてくれるでしょう。

文法研究

✍ 「明日雨なら」「兄が着いたら」の時制

「明日雨なら」も「兄が着いたら」も未来の話なので、will が必要だと思っている人は、まだ〈未来＝ will〉という先入観が抜け切れていない。

(a) **If** it ***will*** rain, 〜　　　　　（×）
(b) **When** my brother ***will*** arrive, 〜（×）

確かに、〈if 節（条件）や when 節（時）などの副詞節中で未来のことを表すときは will は使わず現在形で代用する〉という文法規則があるが、これは後から作った理屈のように思える。「もしも〜なら」の if と「〜したとき」の when の節中で will が使われないのは、will に対する正しい認識があれば当たり前のことであろう。

✍ 時・条件を表す副詞節中で will を使わない理由

2、3人称が主語の will は〈あまり根拠はないが自信満々の推量〉である（⇒ §24）。〈自信満々〉ということは「〜でしょう」といったイメージではなく、「必ずや〜するはずだ」とか「〜するに違いない」という日本語に近い。ということは、次の文はそれぞれ〈確信のある推量〉を表すことになる。

(c) It ***will*** rain tomorrow.　「明日は確実に雨が降るはずだ」
(d) My brother ***will*** arrive.　「兄は必ず到着するに違いない」

一方、if の意味を「もしも〜」と覚えるのも不正確で、正しくは「〜するかもしれないし、しないかもしれないが、もしも〜したら」である。大切なのは〈〜しない可能性も半分ある〉ということであり、筆者は〈〜するかどうか〉わからない。それならば、(c) のように、「確実に雨が降る」とは言い切れないはずだ。つまり、(a) の文は if と will が矛盾するのである。日本語でも「もしも明日確実に雨が降るならば」とはふつう言わないだろう。

when の「〜したとき」という意味も、「〜した暁には」という日本語に近く、〈〜は必ずする〉ことが前提となる。〈必ず〜する〉と決まっているのであれば、

そもそも (d) のように推量する必要はない。willの意味は「必ず〜するはずだ」という意味であるが、「〜するはずだ」という日本語が示す通り、所詮は〈推量〉なのだ。「必ず〜する」のではなく「必ず〜する**はずだ**」である。〈時を表す副詞節〉はwhenをはじめ、次のようなものがあるが、どれも節内のことが〈必ず行われる〉ことが前提である。

● **時を表す主な副詞節** ●

- when SV 〜「〜したとき」/ before SV 〜「〜する前に」/ after SV 〜「〜した後に」
- until SV 〜 / till SV 〜「〜するまで」
- by the time SV 〜「〜する頃までには」
- as soon as SV 〜 / the moment SV 〜 / the minute SV 〜「〜するとすぐに」
  - ☛ 節内のこと (SV 〜) が〈必ず行われる〉ことが前提

✍ ifが「〜かどうか」とwhenが「いつ〜」の場合

ifも名詞節(「〜するかどうか」と訳す場合)、whenも名詞節(「いつ〜するか」と訳す場合)と形容詞節(関係副詞の場合)の場合は未来を表すときにwillが使える。ただし、この場合も未来のことだからwillと単純に考えるのではなく、〈推量〉だからwillになるのである。

(e) I don't know **if** it ***will*** keep on raining.
　「雨が降り続くかどうかわからない」

(f) I don't know **when** my brother ***will*** arrive
　「兄がいつ到着するのかわからない」

(g) The day will come **when** you ***will*** regret having made a promise like that.
　「そんな約束をしたことを後悔する日がきっと来るぞ」

✍ if ＋ S ＋ will 〜

実は、副詞節のifでも稀に節内でwillを使う場合がある。それは主に次の2つの場合である。

● if節（副詞節）内でwillを使う場合 ●

① **If you will ～, SV ...**　「～する気があるのなら」☞ 主語はyouに限る
② **If ＋ S ＋ will ～, SV ...**「Sが～することにこだわるのなら」

(h)　**If you will** wait a moment, I'll go and get it for you.
　　「少し待ってくれるのなら、君のために取りに行きます」
(i)　**If** you **will** have too much candy, you will get sick.
　　「キャンディーを食べ過ぎると気持ちが悪くなるよ」

ただし、この場合でも**無理やりif節中でwillを使う必要はない**し、willを入れない方が圧倒的に頻度は高いので、作文ではこの知識は忘れた方がよい。(h) (i) の文はそれぞれ次のようにした方がよりよい。

(j)　**If** you **wait** a moment, I'll go and get it for you.
(k)　**If** you **have** too much candy, you will get sick.

✍ 「試合は中止されるだろう」と「旅行の話をしてくれるでしょう」の時制

今度は主節の「試合は中止されるだろう」と「旅行の話をしてくれるでしょう」の時制を考えてみよう。それぞれ「だろう」とか「でしょう」という日本語があるからwillにするわけではない。むしろ、willを「だろう」などの訳語でおさえない方がよい（⇒§24）。どちらも〈推量〉なのでwillを用いるわけである。

(l)　～, the game **will** be called off.
(m)　～, he **will** tell me about his trip.

同じ〈推量〉でも、be going toはどうだろうか。

(n)　If it keeps on raining, the game **is going to** be called off.　　　（△）
(o)　When my brother arrives, he **is going to** tell me about his trip. （△）

be going toは〈根拠があって確実にそうなる見込みが高い〉ときに用いる（⇒§24）わけだが、確かに本問の (1) も (2) も〈確実に起きそうなこと〉であり、〈根拠がある〉ことかもしれないが、**if節はwillと呼応する場合が圧倒的に多い**。be going toで受ける場合もないわけではないが頻度は低い。

(o) の文に関しては、〈一般論〉なのか〈1回限りの話〉なのかわかりにくい。すなわち、「兄の普段の傾向からすると、旅行から帰った場合、必ず旅行の話をするはずだ」（一般論）という意味と、「今回はさすがに、兄は帰ったら旅行の話をするはずだ」（1回限りの話）の両方に解釈できる。(m) のようにwillを用いるなら〈**1回限りの特定のこと**〉とわかる（⇒§27）。

英訳例

(1-A) If it rains tomorrow, the game will be called off.
(1-B) If we have a lot of rain tomorrow, the game will be rained off.
(2-A) When my brother arrives, he'll tell me about his trip.
(2-B) When he arrives, my brother will tell me about what happened while he was traveling.

表現研究

● 雨が降る

　it is rainと書く人が意外に多い。これは完全に誤文である。〈天候のit〉という知識はあるのだろうが、〈天候のit〉を用いるならばrainは動詞でなければならないので、it rainsが正しい。

● 中止される

　be cancelledや**be called off**が「中止される」の一般的な語。**be rained out**や**be rained off**は「雨で流れる」という熟語。雨で中止の場合にのみ使える。

● 着く

　「~に着く」は3つ言い方がある（get to ~ / arrive at ~ / reach ~）が、本問のように目的語を書かないのなら、**arrive**のみが正解（⇒p.55）。

● 旅の話

　tripだけで十分。the story of his tripはおかしい。storyは「物語」や「創作された話」などをイメージする。本問ではtravelを名詞で使うのは不可。**名詞のtravel**は「一般に旅という行為、旅というもの」といった一般論で使う堅い言い方。さらに、名詞のtravelはspace travel「宇宙旅行」などのように連語で使うことが多い。**trip**は「個人の特定の旅」に用いるので適切。**journey**はアメリカ英語では「**困難な長旅**」を意味するが、イギリス英語では単に「**長旅**」を表す。jourは元来は「1日」を意味するのだが、journeyは1日どころか数日を要する「長旅」である。このように、語源と現在の使い方が異なる単語もある。

§26　will〈遠い未来〉

> **課題文**
> 人類が地震を予知できる日もいつか来るだろう。

文法研究

「～する日もいつか来るだろう」の訳

受験英語を勉強している人なら、「～する日もいつか来るだろう」の定番の訳として、**The day will come when SV ～**というのを知っているだろう。whenは関係副詞で、先行詞はthe dayである。

(a) **The day will come when** we will be able to predict earthquakes.

さらに、when以下はdayを修飾する形容詞節であるからwhen節中にwillを使うことができる（⇒§25）。とは言え、〈未来のこと〉だからwillなのではなくて、〈推量〉を表すからwillなのである。ところが、この表現は意外と頻度が低い。これよりは、**The day is not so far off when SV ～**「～する日はそう遠くはない」という表現をよく用いる。

(b) **The day is not so far off when** we will be able to predict earthquakes.

willとbe going toの違い

さて、本問を〈根拠〉があって述べているのなら、be going toも使えないだろうか。

(c) We **are going to** be able to predict earthquakes. (△)

be going toはいくら〈根拠があって実現する見込みが高いこと〉に使うと言っても、〈近い未来の予測〉にしか使えない。「地震が予知できる」というのは、明日や明後日に可能な話ではないだろう。この点、**will**は〈近い未来の推量〉にも〈遠い未来の推量〉にも両方使える。これはよく考えれば当たり前の話であって、〈確実に実現しそう〉とわかるのは〈近い将来のこと〉だけだろう。〈遠い将来のこと〉まで「確実に起きる」とはなかなか言えないからだ。

(d) His doctor is competent. He **will** get better.
　　「彼の医者は腕がいい。彼はいつかよくなるさ」

(e) His fever has gone down. He **is going to** get better.
　　「熱は下がった。彼はじきによくなるだろう」

(e) のように「熱が下がった」という確実な根拠があれば、「彼がよくなる」のも時間の問題だろう。つまり、〈近い将来に実現しそうなこと〉と言える。一方、(d) の「医者の腕がいい」という根拠だけでは「はっきりいつ彼が治る」か言いがたいが、「いずれは治る」とは言えよう。

✍ will と be going to の違いのまとめ

	主語が1人称	主語が2、3人称	
will	とっさに決まったこと	あまり根拠はないが自信満々の予測	近い未来の予測も遠い未来の予測も両方可
be going to	あらかじめ頭の中で考えていたこと	根拠があって確実に実現すると予測できること	近い未来の予測だけ

✍ will も be going to もあまり変わらない場合

　will が〈近い未来の予測〉にも〈遠い未来の予測〉にも使えるのに対して、be going to は〈近い未来の予測〉だけに使えるとわかった。では、will が〈近い未来の予測〉を表す場合は、be going to と違いがあるのだろうか。一つは、be going to には確固たる〈根拠がある〉のに対して、will の場合はちゃんとした〈根拠があるとは限らない〉ことだ。とは言え、口語体ではこの両者はあまり変わらないときもある。

　(f)　I think it **will** rain tomorrow.
　(g)　I think it **is going to** rain tomorrow.

　(f) も (g) も「明日」のことなので、〈近い未来の予測〉と言える。(f) よりも (g) の方がちゃんとした根拠を持って述べていると思われるが、実際あまり変わらないという意見もある。will も be going to もあまり変わらないと思われるのは、一般に (f) や (g) のように従節で使われる場合である。これに対して、主節で使った場合は will と be going to をはっきり区別している場合が多い。(f) (g) の文から I think を除けば、will よりも be going to の方が根拠を持って発言しているものとうかがえる。

　(h)　It **will** rain tomorrow.
　(i)　It **is going to** rain tomorrow.

　(h) より (i) の方が確かな根拠をもって発言しているというわけだ。

英訳例

(A) The day will come when we will be able to predict earthquakes.
(B) The day is (probably) not so far off when we will be able to predict earthquakes.
(C) We will be able to predict earthquakes one day.

表現研究

● ～を予知する

predictは「科学的に～を予言する」という意味なので最適。**expect**は「今の時点での推測」にしか使えないので、We will be able to expect earthquakes one dayは不可。**foretell**は「占いで～を予言する」、**prophesy**は「宗教的に～を予言する」場合に用いるのでいずれも不適切。**foresee**はnobody could have foreseen ～「誰も～を予想できなかっただろう」という決まり文句で使うのがふつう。

● いつか

「いつか」はwillだけで訳出できる（〈遠い未来の予測〉を表すから）が、**one day**や**some day**や**in the future**を足してもよい。なお、in futureは「これからは」という別の意味なので不可だが、いずれにせよ古い表現なので使わない方がよい。futureを「未来」の意味で使う際は、現在 (the present)、過去 (the past) と対比しているので、〈対比のthe〉が付く (⇒§61)。

§27　現在形と will

> **課題文**
> (1) 東京から名古屋まではのぞみ号で約2時間かかります。
> (2) 東京から名古屋まで彼なら車で4時間で行くだろう。

文法研究

✍ 現在形とwillの違い

　(1)も(2)一見同じ内容の文に思えるが、両者には決定的な違いがある。それは、(1)は〈一般論〉だが、(2)は「彼」という人間だけに適応される〈特定の話〉だという点である。つまり、(1)は「誰が乗ってものぞみ号なら約2時間で行く」ということであり、これは技術改良やダイヤ改正されるまでは**半永久的**に続くことである。よって、**現在形**（＝半永久形）を用いるのがふさわしい。

　(a) It **takes** about two hours to get to Nagoya from Tokyo by Nozomi.
現在形はこのように、〈普遍的なこと〉〈一般論〉を表すのである。

　一方、(2)は〈個人の特定のこと〉であるから現在形は用いられない。このようなときには **will** を用いる。

　(b) It **will take** him four hours to drive to Nagoya from Tokyo.

　will をただ〈未来形〉だとか「〜だろう」などと言っているだけでは、この(a)と(b)の違いがわからないだろう。とは言え、本書がこれまで説明してきたように、willは〈**あまり根拠はないが自信満々の推量**〉だから「**必ず〜するはずだ**」といった意味になるということがわかったとしても、まだ使いこなせないと思う。willに関してはもう一つ〈**個人の特定のこと**〉に用いるという認識がほしい。これが現在形との決定的な違いである。次の2つの文を比べてみよう。

　(c) This medicine **is** effective.
　　「この薬は効きます」
　(d) This medicine **will** make you feel better.
　　「この薬を飲めば気分がよくなるはずです」

　(c)も(d)も「薬が効く」ということを言っているわけだが、(c)は〈一般論〉として言っているのに対して、(d)は目の前で気持ち悪そうにしている人に対して言っている感じである。(d)は目の前の人にだけの話である。

> ● 現在形 と will の違い ●
> - 現在形 ☞ だれでも成り立つこと   ☞ 普遍的なこと、一般論
> - will ☞ 特定の人にだけ成立すること ☞ 個人の特定のこと

✍ It takes＋時間＋to *do* ～ と It will take＋人＋時間＋to *do* ～

「～するには〈人〉は〈時間〉がかかる」という表現は、

　　It takes＋人＋時間＋to *do* ～

を用い、〈人〉の部分は省略可能だと教わることが多い。問題は、どういうときに〈人〉の部分が省略されるかである。それは〈一般論〉のときである。〈一般論〉のときはyouは書かない。youには「一般に人」を表す用法があることはご存知だろうが、この構文においてはyouを書いた以上、それは「（特定の）あなた」ということになってしまい、「一般に人」は表さない。よって、(1)の文を次の(e)のように書くのは不適切である。

(e) It **takes** *you* about two hours to get to Nagoya from Tokyo by Nozomi. (△)

つまり、この構文においては、〈人〉の部分を書かないことと、takeが現在形で書かれることが符合しているのである。ともに〈一般論〉を表すからだ。よって、〈人〉の部分が省略される形ではwillと使うことはふつうない。

では、逆に(2)の文を現在形で書くことはできないだろうか。

(f) It **takes** *him* four hours to drive to Nagoya from Tokyo.

(f)は可能であるが、(b)とは意味が多少異なる。(f)は「彼」という人物のいつも変わらない性格を述べていることになる。いわば、「彼」という人の〈一般論〉である。これに対して、(b)は「彼が車で運転するなら」という条件部を暗示している。

> ● 「～するには〈時間〉がかかる」表現の注意点 ●
> - It **takes**＋時間＋to *do* ～　　☞ 〈一般論〉ならyouを書かない
> - It **takes**＋人＋時間＋to *do* ～　☞ 特定の〈人〉の〈一般論〉
> - It **will take**＋人＋時間＋to *do* ～ ☞ 「特定の〈人〉がやれば」という条件

> **英訳例**
>
> (1-A) It takes about two hours to get to Nagoya from Tokyo by Nozomi.
> (1-B) You can get to Nagoya from Tokyo by Nozomi in about two hours.
> (2-A) It will take him four hours to drive to Nagoya from Tokyo.
> (2-B) He will be able to drive to Nagoya from Tokyo in four hours.

表現研究

● 行く

「行く」という日本語が「着く」の意味で使われているときはgoよりgetが適切。その場合、getはget to ~ (from ...) かget thereという語法でなければならない。

● 車で行く

1語で**drive**を使うのが一般的。get to ~ by carも可能だが、この表現は他の手段と対比するときに用いる (⇒ §52)。例えば、「電車やバスではなく、車で」ということ。

● 2時間で/4時間で

(1) も (2) もそれぞれ (B) のように書いた場合、「2時間で」や「4時間で」の前置詞はforではなくinである。**for**は「～間」と訳し、**プロセスに重点をおく**場合であるが。一方、**in**は「～(間)で」の意味で、**結果に重点がある**。日本語で考えて、「で」が付かない方が自然ならforで、「で」が付く方が自然ならinという判別法もあることに筆者は気づいた (⇒ p.74)。

> ● 期間に関わるforとinの使い分け ●
>
> ● for ~ 「～間」 ☛ プロセスに重点
> ● in ~ 「～(間)で」 ☛ 結果に重点

ex. I've been studying English **for** six years.
「私は6年間英語を勉強しています」
I've learned English **in** six years.
「私は6年で英語を身につけた」

§28 時制の一致のwould

課題文
窓から日が射すと母に言われていたのに、娘はカーテンを閉め忘れた。

文法研究

🖉 時制の一致は日本人の盲点

前問までのwillの話が完全に理解できたとしても、それでもまだ間違う日本人の盲点がある。それは〈時制の一致〉という話である。例えば、本問の「窓から日が射すと母に言われていた」の部分を皆さんはどう訳すであろうか。次のような答案をよく見かける。

(a) Her mother told her that the sun **comes** in.

もちろん、この (a) の文自体は文法的には間違ってはいない。comesが現在形（＝半永久形）なので、〈不変の真理〉を言っていることになる。敢えて日本語に訳せば、「日光とは部屋に入ってくるものだと母が娘に言った」という感じになる。日光という言葉さえ知らない、まだ物心もついていない娘に日光というものを説明している感じであるが、本問は後半で「娘はカーテンを閉め忘れた」とあるから、そんな事情ではないだろう。「日光というものが部屋に射し込んでくる」ことぐらい、娘は百も承知だ。

🖉 時制の一致の原則

実は (a) の文は〈時制の一致の例外〉に相当する文であったということはおわかりであろうか。そもそも〈時制の一致〉とは何か。最も基本的な〈時制の一致〉とは、主節の動詞の時制が過去形のとき、従節の動詞の時制もそれに合わせて過去形にそろえることを指す。例えば、次のような文があったとする。

(b) I **think** (that) he *is* honest. 「彼は正直者だと思う」

この (b) の文の主節の動詞thinkを過去形thoughtにすると、従節のisもwasにするという規則が〈時制の一致〉である。

(c) I **thought** (that) he *was* honest. 「彼は正直者とばかり思っていた」

この法則は従節に助動詞を伴う場合にも適応される。例えば次の (d) の文の主節の動詞thinkを過去形thoughtにすると、従節のwillも (e) のようにwouldに変わる。

(d) I **think** (that) it *will* rain. 「雨が降ると思う」

(e) I **thought** (that) it ***would*** rain. 「雨が降ると思った」

時制の一致の例外

この〈時制の一致〉の法則には例外がいくつかある。主なものは次の (f) の文のように従節で〈**不変の真理**〉を述べる場合（☞ 従節は現在形〈＝半永久形〉のままでよい）、(g) の文のように従節で〈**歴史的事件**〉を述べる場合（☞ 従節は過去形のままでよい）と (h) の文のように従節に〈**仮定法**〉を用いる場合（☞ 従節は仮定法過去なら仮定法過去のまま、仮定法過去完了なら仮定法過去完了のままでよい）である。

(f) We **were** taught that the earth ***revolves*** around the sun.〈不変の真理〉
「地球が太陽の周りを回ると教わった」☞ 現在形のまま

(g) We **were** taught that the French Revolution ***broke*** out in 1789.〈史実〉
「フランス革命は1789年に起きたと教わった」☞ 過去形のまま

(h) I **thought** I ***could*** fly to him if I ***were*** a bird.〈仮定法〉
「自分が鳥なら彼のもとへ飛んでいけるのにと思いました」☞ そのまま

よって、先ほどの (a) の文は時制の一致をしていないので〈不変の真理〉を述べていたことになる。ちなみに、この〈不変の真理〉に関しては時制の一致をすることもある。(f) を次の (i) のように書いても間違いとは言えない。

(i) We **were** taught that the earth ***revolved*** around the sun.

「窓から日が射すと母に言われていた」の時制

そこで、本問に戻って、いま一度「窓から日が射すと母に言われていた」の時制を考えてみよう。主節と従節に分かれる場合は、わかりにくければそれぞれ別々に訳してみるとよい。「母が（娘に）〜と言った」と「窓から日が射す」に分解してみると、「母が（娘に）〜と言った」の訳は（能動態にするか受動態にするかという問題はあるが（⇒§81））、すぐにできるはずである。

(j) Her mother **told** her that SV 〜.

問題は「窓から日が射す」の訳である。次の (k) でよいのか。

(k) The sun **comes** in.

これでは、現在形なので先ほど説明したように〈半永久的なこと〉〈不変の真理〉を言っているに過ぎない。「今日これから日が当たってくる」というニュアンスにしたければ、次の (l) が正しい。

(l) The sun **will** come in.

なぜなら、本問では「日が毎日射し込む」という現象を述べているのではな

く、「今から日が射し込んでくる(からカーテンを閉めて)」と言いたいのである。**現在形**は〈一般論〉、**will**は〈特定の話〉の際に使うのであった(⇒§27)。「カーテンを閉めて」と頼んでいるのは今回だけの話であり、それに関連する「日が射し込む」の部分も今回だけの特定のケースについて述べているわけである。よってwillが必要となり。そして、この(l)の文を(j)と合体させて〈時制の一致〉をするので、willがwouldに変わる。

(m) Her mother told her that the sun **would** come in.

くどい説明になったが、こうまで言わないとほとんどの日本人学習者はこのwouldを入れることを忘れてしまうだろう。英文解釈ではこのwouldは訳さなくてもよいので素通りしてしまい、あまり意識しない場合が多いと思う。それだからこそ、余計作文の際にはこの〈時制の一致のwould〉を入れ忘れてしまうのだ。さらに、〈時制の一致のwould〉の元のwillの使い方を正しく認識していなければ、いよいよwouldなど気づくはずもない。実はこの〈時制の一致のwould〉が英作文ではいちばん難しい事柄のようである。

英訳例

(A) Her mother told her that the sun would come in, but she forgot to close the curtains.

(B) Her mother told her to close the curtains to keep the sun out, but she forgot (to).

表現研究

● 窓から

「日が射す」の部分をcome in「部屋の中に入り込む」と訳すのなら、常識で当然「窓から」入るに決まっているので訳す必要はない。敢えて訳すのであれば **through** the windowなら可。from the windowはダメ。fromは〈起点〉を表すので、太陽光線の光源が窓ということになってしまう。「竹取物語に出てくる竹」のように自ら光る窓ということに! ちなみに、**through**の次の名詞が**具体物**のときは〈**本当に中を通す**〉ことになる。「日光」は「窓」を通すから可。「携帯電話で」の訳にthrough one's cell phoneは不可。cell phoneは具体物なので、これだと「携帯電話の中を通す」ことになってしまう。**on** one's cell phoneが正しい。**through**を〈手段〉の意味で使うのは**through**の次が

抽象名詞のときだけ。through the Internet「インターネットで」やthrough trial and error「試行錯誤で」は可。

```
●━━━ throughの後に続く名詞に注意 ━━━●
    ● through ＋具体物  ☛ 本当に中を通す
    ● through ＋抽象名詞 ☛ 手段
```

● 日が射す

「日」は単に **the sun** が最適。**the sunshine** は詩的な場合、**the sunlight** は理科の時間の場合、**the rays of the sun** は天文学の話のときにそれぞれ用いる。なお、sunにはふつう〈環境のthe〉が付く（⇒§60）。「射す」は **come in** か **shine in** が適当。あるいは、全体を **keep the sun out** や **shut up the sun**「日光を締め出す」と訳してみてもよい。

● カーテンを閉める

draw the curtain は可能だが、drawは「引く」という意味だから、「カーテンを閉める」ことにも用いるが「開ける」ことに使う場合もある。**close the curtains** ならはっきり「閉める」ことになる。なお、curtainsはふつう窓の左右に付けるので複数形が適当。

● ～と母に言われていた

She was told by her mother that SV ～と受動態で書くと、「父からではなく (not by father) 母から言われた」という対比を暗示する（⇒§81）。母の冠詞をtheにして、the motherと書くのもよくない。motherなどの親族を表す単語はふつう所有格と使う。

● 母、娘

Her mother told her daughter that ～と書くと、「彼女」「彼女の母」「彼女の娘」と出演者が3人にいると解釈されることにもなるので紛らわしい。「母」をher motherと訳せば、herは自動的に「娘」になるので、「娘」の訳はherだけでよい。

§29　未来進行形

> 課題文
>
> 　森林の動植物の多様性をひとたび理解するようになれば、森林を破壊したら何を失うことになるのかに人は気づくだろう。

文法研究

「森林を破壊したら何を失うことになるのか」の時制は？

「森林を破壊したら何を失うことになるのか」の「失うことになる」の時制はどうなるのであろうか。またもや意識していないと現在形にしてしまいそうである。

(a) 〜 what they **lose** if they destroy them

現在形は〈半永久形〉なので、(a) は「半永久的に何を失うか」という意味になってしまうが、本問には「森林を破壊したら」という条件が付いているので、決して〈半永久的な一般論〉ではなく、「森林を破壊した」という〈特定の場合の話〉である。if節に呼応する主節はwillを用いるのがふつうであった。よって、willが必要になる（⇒ §27）。

(b) 〜 what they **will** lose if they destroy them

(b) の文でもかまわないが、willは2、3人称が主語の場合は〈あまり根拠はないが自信満々の予測〉を表す（⇒ §24）から、「森林を破壊したら確実に失うものがあってそれは何か」と言っているように聞こえる。そこまではっきりと「何を失うか」認識しているだろうか。もし認識していると考えるなら、このままでもかまわない。

未来進行形

だが、英語には未来進行形と呼ばれる **will be _doing_** という時制もある。本文の場合は、この時制を用いて (c) のようにするという選択肢がある。

(c) 〜 what they **will be losing** if they destroy them

では、未来進行形はどういう場合に使うのであろうか。一つは名前の通り、〈未来のある時点において進行中の動作〉に用いる。例えば、次の文。

(d) At this time next year I **will be studying** at university.
　　「来年の今頃は大学で勉強をしていることであろう」

この用法は理解しやすいと思うが、もう一つ次のような用法がある。

(e) **I'll be seeing** Tsuyoshi tonight, so I'll give him your notebook.
「今夜はツヨシと会うことになるだろうから、彼に君のノートを渡しておいてあげるよ」

すなわち、はっきり約束をしているわけではないが〈**成り行き上、起こりそうなこと**〉を表す。日本語で言う「〜することになる」や「〜するついでがある」などに近い。この (e) の文と次の (f) の文との違いがわかるだろうか。

(f) **I'm meeting** Tsuyoshi tonight, so I'll give him your notebook.
「今夜はツヨシと会うことになっているから、彼に君のノートを渡しておいてあげるよ」

(f) はすでにツヨシと会う約束をしている。**現在進行形**は〈**スケジュール帳に書くような個人の予定**〉を表すのであった (⇒§22)。一方、(e) の場合はツヨシと会う約束まではしていないが、同じ塾 (またはジムなど) に通っているから、たぶん会うことになるという状況である。ひと言で言えば「成り行き上会うことになる」ということだ。

● 未来進行形：will be *do*ing ●

① 未来のある時点において進行中の動作
② 成り行き上、起こりそうなこと

✎ 「何を失うことになるのか」の時制

話を本問に戻すと、「何を失うことになるのか」の部分を (c) のように未来進行形にすれば、「確実に何か失うと言い切れるわけではないが、森林を破壊すれば、そのついでに何かを成り行き上失うことになりそうだ」というニュアンスになる。この方がこの文の意味をより正確に表しているだろう。

英訳例

(A) Once people come to realize how diverse the plants and animals in forests are, they will be able to understand what they will be losing if they destroy them.

(B) Once people understand the diversity of plants and animals in our forests, they will realize what they will be losing if they destroy them.

表現研究

● 森林

forestsは「大きな森」を指すのに対して、**woods**は「(散歩する程度の)小さな森」を指す。「森林を破壊する」というくらいなので、ここは大きくforestsにするのが適切。ちなみに**wood**〈不可算名詞〉は「木材」。

● 動植物の多様性を理解する

「多様性」の訳をdiversityとすると堅いが、この語を用いるなら、動詞はunderstandが適切。realize the diversityは不可。realizeの目的語が名詞になるのは稀で、ふつうrealize that SV 〜かrealize＋疑問詞＋SV 〜となる。understandなら名詞を目的語にできる。realizeと使うなら「多様性」をhow diverse SV 〜とすればよい。しかし、how variousは不可。

● 〜を破壊する

destroyが適切。destroyの名詞形はdestructionなので、動詞をついdestructと書いてしまう人がいるがそのような単語は存在しない。また、この場合、**damage**は「損なう」といった感じで程度が弱くなる。

● 気づく

realizeは「(後悔や反省したりしながら)〜に頭で気づく、〜を実感する」という主観的な意味。目的語はthat節か疑問詞節。**notice**は「目で気づく」場合なので、ここでは不可 (⇒p.223)。**become aware of** 〜は「〜に頭で気がつく」だが、こちらは客観的な言い方。また、understandでもよいが、文体上、英訳例のように、従節と主節でrealizeとunderstandを振り分けるようにしよう。

§30 未来完了（will have + p.p.）

> **課題文**
> 誰もが一生の少なくとも3分の1を眠って過ごします。したがって、70歳になるまでには、20年間は眠っていることになります。

✎ 「20年間は眠っていることになります」の時制は？

「20年間は眠っていることになります」の時制を考えてほしいのだが、またしても現在形はふさわしくない。

(a) By the time you are seventy, you *sleep* for 20 years.（×）

現在形は〈半永久的こと〉を表すので、「半永久的」と「20年間」が矛盾する。日本人は時制を意識していないと、ついつい現在形にしてしまうという意味がこれでおわかりいただけよう。しかし、現在形には現在形独特の意味があるので、ちゃんと確認が必要である（⇒§1）。

✎ 未来完了形

この文はいわば決まったパターンであって、by the time 節と使う主節はしばしば未来完了になる。未来完了とは〈未来のある時点までの継続・経験・完了・結果〉を表す。現在完了が1つ未来の方へ平行移動した形である。

(b) I'll **have been** here for ten years by next April. 〈継続〉
「今度の4月までには10年間ここにいることになる」

(c) When I finish reading this book, I'll **have read** it five times. 〈経験〉
「この本を読み終えると、5回読んだことになる」

(d) By the time you get here, I'll **have left** the country. 〈完了〉
「君が着く頃には私は国を離れているだろう」

(e) I'll **have forgotten** all these things in ten years. 〈結果〉
「10年後にはこうしたことはすべて忘れているだろう」

未来完了（will have + p.p.）は (b) や (d) の例文のように、〈期限〉を表す **by ～**「～までには」や **by the time SV ～**「～する頃までには」と使うことが多い。本問も「70歳になるまでには」(by the time you are 70) を伴っているから、will have + p.p. が正しい。

(f) **By the time** you are seventy, you **will have slept** for 20 years.（○）

✎ will ～ と will have ＋ p.p.

本問を次のように単なる will で書いてはどうか。

(g) ***By the time*** you are seventy, you **will sleep** for 20 years. (×)

(g) の will sleep for 20 years は「連続で20年間眠っている」ともとられかねない。(f) の will have slept for 20 years だと「20年間眠っているという結果になる」という感じが出せる。すなわち、〈結果〉の未来完了である。

英訳例

(A) People spend at least a third of their life sleeping. This means that by the time you are seventy, you will have slept for 20 years (altogether).

(B) Everyone spends at least one-third of their life sleeping. Therefore, by the time you are 70, you will have slept for 20 years.

表現研究

● 一生の3分の1を眠って過ごす

　spend の語法は、**spend ＋時間表現＋(in)＋*doing* ～**である。現代英語では in はほとんど省略される。「3分の1」は a third か one-third と書く。全体を Everyone sleeps for a third of their life. と訳してもよい。everyone は their で受けるのが現代英語。his で受けるのは古い。

● したがって

　This means that SV ～が適切。Therefore, SV ～は可だが、Thus, SV ～はややずれる。**Therefore, SV ～**は This is why SV ～「こんなわけで～」〈理由〉に近く、**Thus, SV ～**は This is how SV ～「こんな風にして～」〈過程〉、または By doing so, SV ～「そうすることによって」〈手段〉に近い。

● 70歳になるまでには、20年間は眠っていることになる

　「～までには」は **by the time SV ～**が適切。**when** you are 70 は「70歳になったとき」なので70歳以前は含まれない。**before** you are 70 は「70歳になる以前に」、**until** you are 70 は「70歳になるまでずっと」なので不可。by 70 years old もダメ。by the age of 70 なら可。後半を your total sleeping time will amount to 20 years としてもよいが堅い (amount to ～「(合計で) ～になる」)。全体を Seventy-year-old people will have slept for 20 years.「70歳の人たちは20年間眠っていることになる」と意訳する方法もある。

第2章

助動詞

時制の延長線上の話として大切なのが〈助動詞〉である。〈助動詞〉の中には、canやwillなどのように、〈近い形〉(＝現在形)と〈遠い形〉(＝過去形)を持つものがあるからだ。この場合も〈過去形〉ではなくて、敢えて〈遠い形〉と呼ぶことには意義がある。いや、むしろこの〈助動詞〉を正しく理解するために〈近い〉〈遠い〉という概念が必要だとも言える。

　例えば、couldやwouldを単にcanやwillの過去形で過去のことを表すと思っていないだろうか。もちろん、couldやwouldが過去を表す場合もあるだろうが、少し英文法をかじったことのある人なら、仮定法という可能性もあることをご存知だろう。そして、英文読解においても、couldやwouldが出てきたら、過去なのか仮定法なのか判断しなければならない。その判別法の頂点として、受験英語界では「助動詞の過去形を見たら仮定法を疑え」という標語もあるくらいである。この標語の意味するところは十分に理解できるが、このような不思議な言い方になってしまうのはすべて、〈過去形〉という文法用語の不備にある。そこを是正したのが〈遠い形〉という呼び名である。話を戻すが、**couldやwouldは必ずしも過去を表すとは限らない**のである。このことは、英訳の際にも十分気をつけなくてはならない事柄である。

　また、shouldやmightに至っては、shallやmayの過去形ととらえない方がよいのではないかという感さえある。shouldとmightはもう独立した一人前の助動詞であると言ってよい。この言葉の意味することは何であろうか。

　これ以外にも、mustとhave toの違い、shouldとhad betterの違い、must＝「～に違いない」、may＝「～してもよい」という訳語から来る勘違い、使えそうでなかなか使えないused toという助動詞など、助動詞も英作文では極めて重要な役割を担っている項目である。この章では、従来の文法教育では問題が残る事柄を中心に助動詞を再検証しよう。

● 文法運用力チェック ●

❏ 1. could＝「〜できた」だと思っていないか？ ☞ §31

❏ 2.「〜せざるを得ない」＝ cannot help *doing* だと思っていないか？
　　☞ §32

❏ 3. must＝have to と思っていないか？ ☞ §32

❏ 4. I must go. と I must be going. の違いがわかるか？ ☞ §32

❏ 5.「〜に違いない」を must で訳していないか？ ☞ §33

❏ 6.「〜かもしれない」という日本語を何でも may で訳していないか？
　　☞ §34

❏ 7. might を may の過去形だと思っていないか？ ☞ §35

❏ 8.「思っているほど難しくない」の英訳で、not as difficult as *sb* might think のように、might が入るわけは？ ☞ §35

❏ 9.「〜した方がいい」という日本語だけで had better と訳していないか？ ☞ §37

❏ 10.「昔」という日本語から used to がひらめくか？ ☞ §38

❏ 11. used to と〈過去の習慣〉を表す would を使い分けられるか？ ☞ §38

❏ 12. 代動詞の do や do so を正しく使えるか？ ☞ §39

§31　could

> **課題文**
> 途中道路ががらがらでしたから、会場には15分前に着けました。

文法研究

✏️「着けました」をどう訳す？

「着けました」の部分の訳として何が思いつくだろうか。結構の数の人がcouldを思い浮かべるのではないか。

(a) I **could** get there.

結論から言えば、(a)は間違いとは言えないが、紛らわしい文である。何が紛らわしいかおわかりだろうか。しかしながら、couldと書いてしまうのは読者の皆さんが不勉強なのではなく、couldという単語をcanの過去形で「〜できた」という意味だと教えてきた教育自体に問題がある。

✏️ could =「〜できた」？

第1章の§14〜17までを読んだ人は気づいたと思うが、couldも〈過去形〉というよりも〈遠い形〉と改名すべきで、〈遠いこと〉を表しているのである。〈遠い〉とは、①〈**時間的に遠い**〉（世間で言う過去形）場合と②〈**現実から遠い**〉（いわゆる仮定法）場合と③〈**人間関係が遠い**〉（Could you do〜?など）場合がある。つまり、couldは必ずしも（時間的な意味での）過去を表すとは限らないのである。〈現実から遠い〉や〈人間関係が遠い〉という可能性もあるのだ。③〈人間関係が遠い〉というのはCould you 〜?のときと相場が決まっているので、これはすぐに見分けがつく（⇒§16）。問題は、①〈時間的に遠い〉場合と②〈現実から遠い〉場合の区別である。要するに、ふつうの過去形と仮定法の区別である。文脈がない限り、この2つの見極めは難しい。(a)の文も、書いている方は過去のつもりでも、読む方は仮定法で解釈するかもしれない。すなわち、
　「その気になれば私はそこまで行けるだろう」
という訳である。

✏️〈時間的に遠い〉と〈現実から遠い〉の区別

そこで、作文の際にも〈時間的に遠い〉場合と〈現実から遠い〉場合の区別をきちんとつける癖をつけておきたい。〈**時間的に遠い**〉ということを示すため

には、過去のことを示す文脈がない限りは〈「いつ？」を示す語句〉を付けるようにしよう。〈「いつ？」を示す語句〉が添えてあれば、couldは〈時間的に遠い〉方だとわかり、読み手も「〜できた」と解釈できる。一方、〈現実から遠い〉方ならば、前後の文を〈近い形〉（現在形、現在進行形、現在完了など）にする。全体が〈近い形〉（現実のこと）で流れているのに、1つだけ突然〈遠い形〉が現れれば、そこだけは〈現実から遠い〉ことに触れていると判断できるからだ。

● **couldは〈遠い形〉** ●

- could
  - ① 時間的に遠い「〜できた」 ☞「いつ？」に相当する語句と使う
  - ② 現実から遠い「(...なら) できよう」 ☞ 前後の文は〈近い形〉
  - ③ 人間関係が遠い ☞ Could you *do* 〜?「〜していただけませんか」

✍ 「着けました」に**could**を入れるか？

そこで、本問の「着けました」の部分だが、この文の場合はcouldを入れてもさほど支障ない。〈「いつ？」に相当する語句〉がなくても、couldを「〜できた」と判断してもらえる可能性は高い。それは主節の時制も遠い形 (was) にするからだ。前半が遠い話なら、引き続き後半も遠い話で統一するのがふつうの書き方だからである。

(b) The traffic *was* so light that I **could** get there 〜.

したがって、(b) でも問題はないが、couldのことが気になるのであれば、「〜できた」は**was able to** *do* 〜や**managed to** *do* 〜で訳すという手もある。

(c) The traffic was so light that I **was able to** get there 〜.

(d) The traffic was so light that I **managed to** get there 〜.

あるいは、この場合は単にgot thereだけでもよい。「着いた」と言えば「着けた」の意味を含意するからである。

(e) The traffic was so light that I **got** there 〜.

英訳例

(A) The traffic was light, so I got there fifteen minutes early.

(B) The traffic on the way was so light that I got to the place with fifteen minutes to spare.

表現研究

● 途中

the traffic と書けば the が「今話題にしている道の交通」を表すから「途中」の意味が含まれる。敢えて書くなら on the way が適切。part of the way は「途中まで」だから不可。

● 道路ががらがら

The traffic was light. は決まり文句。traffic の基本的意味は「流れ」。よって、全体で「(車の)流れは軽い」→「渋滞していない」となる。反対は The traffic was heavy [bad / terrible]。 The roads were empty. / The streets were not congested. も可。congested は「(道路などが)混雑して、渋滞して」の意味。ちなみに、traffic を動詞で使うと「(麻薬)を密売買する」という意味。すなわち、「麻薬をA地点からB地点へと**流す**」ということ。

● 15分前に

fifteen minutes early または **fifteen minutes earlier** が正解。earlier 〈比較級〉の方が「予定よりも」という感じが出る。**with fifteen minutes to spare** は「15分の余裕を持って」という決まり文句 (⇒p.146)。to spare は、直前の名詞を修飾して「余分の」という意味。fifteen minutes before は不可。before の次には原則、名詞かSVが必要。

ex. My grandfather died **two years before the war ended**.
　　「祖父は戦争が終わる2年前に死んだ」

● 会場に着く

「会場」にあたる汎用的な英語はないので、**get there** か **get to the place** で十分。reach は「苦労の末たどり着く」が基本なのであまりよくない。arrive なら arrive there より **arrive** だけにするほうがよい (全体で、I arrived 15 minutes early.) (⇒p.55)。

§32 must と have to

> **課題文**
> (1) 昨日は道路が工事中だったので遠回りをせざるを得なかった。
> (2) もう遅いので、おいとましなければなりませんね。

文法研究

✎ 「〜せざるを得ない」≠ cannot help *do*ing 〜

(1)の「遠回りをせざるを得なかった」の「〜せざるを得ない」という日本語だけを聞いてcannot help *do*ing 〜と訳してしまう学習者をよく見かける。それはcannot help *do*ing 〜を「〜せざるを得ない」と覚えていることの副作用である。

(a) I couldn't help making a long detour. (×)

cannot help *do*ing 〜は「**反射的に〜してしまう**」が基本的意味で、理科の時間に教わる「反射」の説明のように、「脳は命令していないが感覚器官が勝手に反応してしまう」といった感じである。すると、(a) は「脳は迂回するなと命令しているのに勝手に足が別の道を行ってしまう」ことになり、おかしい。**cannot help *do*ing 〜**は「**つい [思わず] 〜してしまう**」という訳語で覚えた方が英訳のときに正しく使えるようになるだろう。

(b) Bill looked so funny at the funeral that I **couldn't help laughing**.
「葬儀の席上ビルは変な顔をするものだからついふき出してしまった」

(b)の文は、葬儀で笑うのは不謹慎だから、脳は笑わないようにと命令していたはずなのに、その歯止めもきかず、思わず笑ってしまった状態である。

✎ have to *do* 〜 =「仕方なく〜しなければならない」

「〜せざるを得ない」に近い英語はhave toである。正確には「**仕方なく〜しなければならない**」と覚えたい。「**仕方なく**」を付けて暗記しておくことが肝要である。これは**must**や〈**見せかけのhave to**〉(⇒§86)との区別でも有効になってくる。よって、(1)は「工事中だったので**仕方なく**遠回りをせざるを得なかった」という意味になるのでhave toが適切である。

(c) I **had to** make a long detour. (○)

✎ have toとmustの区別

「〜しなければならない」という日本語からmustも浮かぶ人が多いだろうから、have toとmustの区別をここで確認しておきたい。**have to**は「仕方なく〜しなければならない」という意味であるが、**1人称が主語のmust**は「**自発的に〜しなければならない**」という意味で、〈自分が自分に自発的に義務を課している〉感じである。よって、本問の (2) の「おいとましなければなりません」にはmustが適切である。「時間的に遅い」と判断したから自発的に「帰ろう」と決意したのである。

(d) I **must** go now.

なお、**2、3人称**が主語の場合でも、基本的には**have to**は〈周囲の状況が課す義務〉であるのに対して、**must**は〈話者が課す義務〉と言える。これは迂言法助動詞と法助動詞という話にもつながる (⇒§37)。

(e) You **have to** pay him back immediately.
(f) You **must** pay him back immediately.

(f) のYou mustはこの文を喋っている人自身があなたに向かって「すぐに彼に金を返さなければいけない」と言っている感じだが、(e) のYou have toは「契約で決まっているから返済しなければならない」といった感じである。

	1人称	2、3人称
have to	仕方なく〜しなければならない	周囲の状況が課す義務
must	自発的に〜しなければならない	話者が課す義務

✎ I must go と I must be going

さらに、mustやhave toやshouldの次の動詞を進行形にする場合もある。**must be *doing* 〜 / have to be *doing* 〜 / should be *doing* 〜**という形である。これらの場合の方がただmust *do* 〜 / have to *do* 〜 / should *do* 〜よりも〈切迫感〉が出る。-ingの基本的意味は〈動く〉であった (⇒§2) から、-ingの形にした方が〈心が動く〉のである。つまり、〈心がそわそわする〉ことになり、それが〈切迫感〉となる。

(g) I must *be going* now.

(d) より (g) の方が〈切迫〉して言っている感じになる。

- **I must *go* now.** 「そろそろ行かなきゃ」
- **I must *be going* now.** 「もういい加減行かなきゃ！」☞ 切迫感

英訳例

(1-A) The road was being repaired yesterday, so I had to make a long detour.
(1-B) They were working on the road yesterday, so I had to go the long way around.
(2-A) It's late. I must go now.
(2-B) It's getting late. I must be going now.

表現研究

● 道路

roadは「車やバスなどが通る整備された道」を意味するので最適。roadはまた「都市と都市を結ぶ道」をも意味する。**street**でも可だが、この語は「両側に建物が並ぶ街路」を指す。主に都会の道をイメージするので「街」と訳す場合もある。Sesame Street「セサミストリート」は架空の道であるが、いちおう舞台設定はNew Yorkの真ん中ということになっている。**way**は「道順」「経路」「方向」といった比喩的な「道」なので、ここでは不可（⇒p.203）。

ex. Is this the right **way** to Ipponmatsu Station?
「一本松駅へはこの道でよろしいでしょうか」

● 道路が工事中

The road was being repaired [fixed].（受動態の進行形）が適切。under constructionやbeing constructedは一から作り直す感じ。**They were working on the road.** のtheyは〈関係者〉を表すthey。ここでは「工事現場の人たち」。**work on ～**は「～の改善に取り組む」の意味。

● 遠回りをする

make [take] a long detour「迂回する」や**go the long way around [round]**「遠回りをする」は決まり文句。これらの表現を知らなければ**take another way**「別の道をとる」と意訳してもよい。

● もう遅い

It's late. のItは〈時〉を表す。**It's getting late.** のItも同様に〈時〉を表し「もう夜遅くなってきている」の意味になる。

§33　must「〜に違いない」

> **課題文**
>
> 　数学は初歩から勉強するうちに、案外やさしい、やさしいどころか面白いと思うに違いない。

文法研究

「やさしいと思うに違いない」の訳は？

「〜に違いない」という日本語から条件反射的に must だと反応する人がいるが、それは早計である。

(a) If you start studying mathematics from the beginning, you **must** find it easier than you (might) expect. (×)

will の項で説明したように、「〜に違いない」という日本語に近いのは must よりも **will** である（⇒ §24）。ましてや、(a) のように if 節が伴うのであれば、それを受ける主節はふつう will にするのが原則であって、ここに must が入る可能性はゼロに近い。したがって、本問の「やさしいと思うに違いない」は will で書くのが正しい。

(b) If you start studying mathematics from the beginning, you **will** find it easier than you (might) expect. (○)

will こそ、「あまり根拠はないが自信満々の推量」に使うのであるから、「〜に違いない」という日本語にふさわしい。will を「〜でしょう」、must を「〜に違いない」という覚え方を改めなくてはならない。

must は現状の推量

では、must は「〜に違いない」の意味では使うことはないのか。使うとすれば、それは〈現状の推量〉においてだけである。

(c) There **must** be about one hundred people in this room.
　「この部屋にはおよそ 100 人いるに違いない」

(d) My father **must** be working late at the office.
　「父は残業しているに違いない」

(e) Our teacher **must** be over forty.
　「うちの先生は 40 歳は越えているに違いない」

以上、(c) (d) (e) の3つの例文ともに〈現状〉のことについて〈推量〉していることがわかるだろうか。mustは〈未来の推量〉には使えない。よって、「君は来年は受験に合格するに違いない」と言いたいときにmustは使えない。

(f) You **must** pass the entrance examination next year.
(g) You **will** pass the entrance examination next year.

next yearは明らかに未来の話なので (f) のmustは不可で (g) のwillが正しい。ただし、(f) は「君は来年は受から**なければならない**」という意味では解せる。

さらに、(c) (d) (e) の3つの例文の共通点として、mustの次の動詞がbe動詞であることにも注意したい。mustを「〜に違いない」の意味で使うときは、十中八九**must be** 〜の形になるとおさえておけば実践的だろう。しかも、このmustを使う場合は、**推量するための確実な判断材料がなければならない**。この点も〈あまり根拠がない〉willとは違うところである。

英訳例

(A) If you start studying mathematics from the beginning, you will find it easier than you (might) expect, and even interesting.
(B) If you start studying math from the basic level, you will find it easier than you (might) think. And when you find it easy, you'll also find it interesting.

表現研究

● 初歩から
　from the beginning / from the basic level / from ABC などが適切。

● 案外やさしい
　you will find it easier than you (might) expect [think] が適切。普段から数学のことを考えている（つまり学生）ならmightはなくてもよい。普段は数学のことなどめったに考えないのならmightがあった方がよい (⇒§35)。mightは〈(現実から)遠い形〉だからである (⇒§15)。unexpectedly easyも可（これを使うならthan以下は不要)。

● 面白い
　interesting / fascinating は「知的に面白い」。**fun / enjoyable** は「娯楽的に面白い」（ちなみに、funは名詞）。数学にはinteresting / fascinatingが適切。

§34　may

> **課題文**
> 趣味をもっていれば、老後も生きがいのある人生が送れるかもしれない。

文法研究

🖋 「かもしれない」の訳は？

「〜かもしれない」という日本語だけでmayと判断する学習者は多いと予想される。本問を次のように訳してはいけない。

(a) 〜, you **may** enjoy your old age. (×)

(a)のように訳してはいけない理由の1つは、前項で触れた通り、〈if節を受ける場合はふつうはwillにする〉(「できる」の意味を出したければcanも可能)ということがあげられる。だが、(a)の文の場合はもう1つ問題がある。

🖋 You may 〜 の意味

それはyou may 〜というコロケーションだ。**You may 〜**と言われて真っ先に思いつく訳語は「**〜したまえ**」である。この日本語からわかるように、いくぶん偉そうな言い方である。特に国王などの上の者が下の者に向かって使う言い方である。

(b) **You may** sit down.

(b)の文の訳は「座ってもよろしいですよ」か？　そんなに丁寧ではない。「**かけたまえ！**」である。喋っている人は国王級だ。誰かに軽く「おかけください」と言いたいのであれば次の(c)のようにする。

(c) Have a seat.

🖋 may ＝「〜してもよい」でよいのか？

こうなると、mayの訳語も「〜してもよい」でよいのかという疑問が生じる。例えば、**May I 〜?**という疑問文なら「〜してもよろしいでしょうか」という意味になるので問題ない。しかもこれはかなり丁寧な言い方だ。

(d) **May I** have your name, please?
　　「お名前をお伺いしてもよろしいでしょうか」

mayを「〜してもよい」の意味で使うのはほとんど**May I 〜?**のときだけである。ならば、mayに「〜してもよい」という意味もあるなどと教えずに、

May I ～? だけ決まり文句で「～してもよろしいですか」と教えた方が実践的であり、余計な間違いを防ぐことができるだろう。ちなみに、親しい友達などにお願いするなら、**Can I ～?** が適当である。

✍ may ～, but ...
さらに、may を「～かもしれない」の意味で使うのは往々にして、次の文がbut で続くときであり、いわゆる〈譲歩〉を表す構文のときである。
 (f) Richard **may** be young, **but** he is equal to the task.
　　「リチャードは若いかもしれないが、その仕事をやる力量はある」
　　☞ be equal to ～「～の能力・力量がある」

英訳例

(A) If you have something you really like to do, you can enjoy your old age.
(B) If you have something you are really interested in, you will probably be able to get more out of life in your later years.

表現研究

● 趣味
　hobby は「オタク的なこと」(⇒p.64)。この場合は hobby でもよいが、「趣味」の訳としては **something you (really) like to do / something you are (really) interested in** がよい。

● 老後は
　after you are old は間違い。「年を取った後」は死ぬだけである。日本語の「後」に惑わされないように。**after you retire** なら可。「老後」とは「老人の間」なので、**when you are old / when you get old / in your old age / in your later life [years]** などが正しい。

● 生きがいのある生活を送る
　「老後」の部分と合わせて **enjoy your old age** が簡潔でよいが、**live a worthwhile [meaningful / good / happy] life** でもよい。**get more out of ～**「～からより多くのものを得る」もよく使う表現なので覚えておきたい。

§35　might

> 課題文
>
> (1) カナダでの生活は、彼が思っていたほど金がかからなかった。
> (2) 日記をつけることは皆さんが思っているほど難しいものではない。

文法研究

✍ might は may の過去形ではない

might を may の過去形と教えるのは百害あって一利なしだと考える。確かに仮定法では might を用いるが、if 節がない場合は、might も may も両方用いられ、意味もあまり変わらない。両方とも〈**可能性の低い推量**〉である。

(a) If you **swam** on such a cold day, you **might** get a cold.
　　「こんな寒い日に泳いだら、風邪をひくかもしれないよ」

(a) は if 節中が swam〈遠い形〉だから、主節もそれに合わせて (may ではなく) might にするのがふつうである。〈仮定法〉としての might である。もちろん、現実に「こんな寒い日に泳ぐ人はいない」ことを想定しての話だ。

(b) It **may** rain tomorrow.

(c) It **might** rain tomorrow.

この (b) と (c) はどちらも「明日は雨が降るかもしれない」という意味で、ほぼ同じである。敢えて違いをあげれば、**may** が〈**50％推量**〉「～かもしれない」で might は〈**20～30％推量**〉「ひょっとしたら～かもしれない」ということになる。〈20～30％推量〉ということは〈現実から遠い話〉なので〈遠い形〉の might が使われるのだろう。また、might の方が may よりはいくぶん丁寧な感じが出る。それは might は〈過去形〉ではなく〈遠い形〉(**人間関係が遠い**) からである。〈**婉曲**〉的と言ってもよい。断定を避けるときに用いる。いずれにせよ、might には過去の意味はない。「**～したかもしれない**」と〈**過去の推量**〉を表したければ、**may [might] have ＋ p.p.** を用いる (⇒ §36)。

(d) It **may [might] have rained** last night.
　　「昨夜は雨が降ったかもしれない」

✍ 「思っていたほど」「思っているほど」の訳は？

本問に戻って、「思っていたほど」「思っているほど」の訳をそれぞれ考えよう。素直に訳せば (1)(2)(後半) はそれぞれ次のようになる。

(b) Living in Canada was not as expensive as he (**had**) **thought**.
(c) Keeping a diary is not as difficult as you **think**.

(b) の had thought は〈大過去〉なので、thought だけでもよい（⇒§11）。thought / think をそれぞれ expected / expect にしてもよいが、expect は「予想する」が基本的意味なので、think よりはしっかりと考えたことになる。

✍ might を入れる理由

問題は (c) の think という現在形である。現在形は〈半永久的なこと〉を表すわけだから（⇒§1）、(c) だと「日記を書くことは、半永久的に（＝普段から）考えているほど難しいことではない」という感じになる。日記のことなど普段から考えているだろうか。あまり考えていないのならば、might を付ける。

(d) Keeping a diary is not as difficult as you **might think**.

(d) の **might** は日本語の訳には現れないが、「**普段は考えないようなことだけれど**」という感じになる。might は〈**可能性の低い推量**〉だからだ。

英訳例

(1-A) Living in Canada was not as expensive as he thought (it would be).
(1-B) The cost of living in Canada was not as high as he expected.

(2-A) Keeping a diary is not as difficult as you might think.
(2-B) Keeping a diary isn't as difficult as it might seem.

表現研究

● カナダでの生活
　living in Canada はふつう「生活費」のことを指す。**life** in Canada は「人との触れあい」などが中心。**the cost of living** は「生活費」の意味。

● 日記をつける
　keep a diary は決まり文句。write a diary とは言わない。keep を用いるのは、日記は1回限りでは意味がなく「続ける」ニュアンスだからである。

● 皆さんが思っているほど
　(2-B) のように、**〜 as it might seem**「世間で思われているかもしれないほど」と訳す方法もある。

§36　助動詞＋have＋p.p.

> **課題文**
> （1）サングラスが見つからない。昨夜レストランに忘れてきたのかもしれない。
> （2）駅まで彼女を見送れなかった。もう少し早く家を出るべきだった。

文法研究

助動詞＋have＋p.p.

　mightはmayの過去ヴァージョンではないことは前項で触れたが、ではmayの純粋な過去（本問 (1) のように「～したかもしれない」と言いたいとき）は何と表すのだろう。正解は **may have＋p.p.** か **might have＋p.p.** である。**may**が〈**50% 推量**〉で**might**は〈**20～30% 推量**〉ということは前項でも触れたが、それぞれにhave＋p.p.が付くのが特徴だ。**have＋p.p.** の基本意味は「**現在から過去を振り返る**」であった（⇒§6、7、19）。すなわち一般に、助動詞にhave＋p.p.を付けると、「現在から過去を振り返る」ので〈**過去の推量**〉になる。

　さらに、**助動詞＋have＋p.p.** は下の表のように、〈**過去を推量する**〉ものと〈**過去を後悔する**〉用法に大別される。

過去を推量	過去を後悔
● **may have ＋ p.p.** 「～したかもしれない」	● **should have ＋ p.p.** 「～すべきだった（のに）」
● **might have ＋ p.p.** 「ひょっとしたら～したかもしれない」	● **shouldn't have ＋ p.p.** 「～すべきではなかった（のに）」
● **can't have ＋ p.p.** 「～したはずがない」	● **ought to have ＋ p.p.** 「～すべきだった（のに）」
● **must have ＋ p.p.** 「～したにちがいない」	● **ought not to have ＋ p.p.** 「～すべきではなかった（のに）」
	● **need not have ＋ p.p.** 「～する必要はなかった（のに）」

　表右側の5つは、〈過去のことを後悔する〉ニュアンスが加わる。例えば

should have + p.p. なら「〜するべきだった（のに、なぜしなかったのか）」という意味になる。本問 (2) のような後悔を表す際にはこれが使える。

英訳例

(1-A) I can't find my sunglasses. I may have left them at the restaurant last night.
(1-B) My sunglasses are missing. I might have left them at the restaurant yesterday evening.
(2-A) I couldn't see her off at the station. I should have left home a little earlier.
(2-B) If I had left home a little earlier, I could have seen her off at the station.

💡 (2-B) は仮定法過去完了を用いて表現した。実際に起きてしまった過去の出来事の逆なのでこの時制が使える (⇒§19)。

表現研究

● サングラス

文字通り **sunglasses** でよいが、複数にすることをお忘れなく。1つのサングラスにはレンズが2つずつついているからだ。代名詞で受けるときも them である。it にしないように (⇒p.26)。

● 昨夜

last night か **yesterday evening** がふつう。last evening は頻度が低い。yesterday night とは言わない。

● 〜を忘れる

forget は I forgot my sunglasses. だけなら可能だが、本問のように at the restaurant といった〈場所を表す語句〉とは使えない。〈場所を表す語句〉と使うときは **leave** でなければならない。

● 駅まで見送りに行く

日本語の「〜まで」につられて to としないように。**see sb off** の直訳は「〈人〉にさよならと言う」なので、「駅で (**at the station**) さよならを言う」のであって「駅まで (to the station) さよならを言う」のではない (⇒p.225、237)。

§37 should と had better

> **課題文**
> その仕事の一部を誰かにやってもらった方がいい。

文法研究

「～した方がいい」の訳は？

「～した方がいい」という日本語を見るとhad betterを真っ先に思い浮かべる学習者が多いと思うが、「～した方がいい」がhad betterで、「～すべきだ」がshouldというような問題ではない。**had better**を使う際に気をつけておきたいことは「～した方がいい」のみならず、「**しないと大変なことになる！**」という含みがあるということである。

(a) You **had better** clean up your room; otherwise your mom will be mad.
　「部屋を片付けた方がいい。さもなければお前のお母さんが怒るぞ」

本問も「仕事の一部を誰かにやってもらった方がいい。さもないと、一人で全部こなすとなると体をこわすよ」あるいは「期日までに間に合わなくて上司に怒られるぞ」という文脈ならhad betterでもかまわない。

(b) You **had better** get someone else to do some of the work for you. (○)

まれに、「～した方がいい」を**might [may] as well**で訳す学習者がいるが、この表現は頻度的にも低いのと、「**(結果は同じだが) どうせなら～した方がよい**」という場合に用いる点が注意だ。

(c) We **might as well** walk.

(c) の文は「バスで行っても歩いて行っても、バスはのろのろ運転だからあまり変わりはない。ならば、金もかからないし健康にもよい歩行の方がいいだろう」といった内容のときに使われる。本文でmight as wellを使うのは間違いである。

(d) You **might as well** get someone else to do some of the work for you. (×)

「他の人にやってもらって」も「自分でやって」も結果は同じということはあるまい。よって、(d) はおかしい。

ところで、ふつうに友人や親しい人に「～した方がいい」と言っているので

あれば**should**がいちばんよく使われる。
　(e) You **should** get someone else to do some of the work for you. (○)
　さらに、**ought to**という助動詞を思いつく人もいるだろう。ought toでもかまわないが、この表現はアメリカ英語では頻度が低く、shouldと比べると**客観的**な言い方に聞こえる。逆に**should**は主観的な響きがするので、その分だけ親身になって助言している感じが出る。

✍ 法助動詞と迂言法助動詞

　これは一般に法助動詞と迂言法助動詞の違いである。**法助動詞**とはshouldやwouldのように1語から成る助動詞で、**迂言法助動詞**とはought toやused toのようにto不定詞が付く助動詞のことである。一般に、**法助動詞は主観的**に、**迂言法助動詞は客観的**になる。まとめると次のようになる。

法助動詞	主観的	should	would	must	can
迂言法助動詞	客観的	ought to	used to	have to	be able to

　厳密にはhave toとbe able toは助動詞とは言えないが、to不定詞が付く方が一般的には客観的な発言になるとおさえておくと実践的だろう。
　また、相手に助言をするときに丁寧に言いたければ、**It would be better to *do* ～**という表現を使う。wouldが〈人間関係が遠い形〉だから丁寧になる。
　(f) **It would be better to** get someone else to do some of the work for you. (○)

英訳例

(A) You should get someone else to do some of the work for you.
(B) You had better have someone do part of the job for you.

表現研究

● 〈人〉に～してもらう
　have *sb do* ～は「上の者が下の者に (*ex.* 客が業者に)～させる」感じ。**get *sb* to *do* ～**はaskに近く「お願いして～してもらう」。

§38　used to

> **課題文**
> (1) 昔は、科学は万能だという考え方を疑問視した人は少なかった。
> (2) 私は昔ほどテニスをしません。
> (3) 日本人はかつてほど礼儀正しくはないし、清潔でもない。

文法研究

✍ 「昔」の訳は？

「昔」は日本語では副詞にもなるので、英語でも副詞と考え、**once** や **in the past** と書く人が多い。それも間違いではないが、英語では **used to** という助動詞をよく用いる。すると (1) 〜 (3) はそれぞれ次のように表せる。

(a) There **used to** be few people who doubted that science was everything.
(b) I don't play tennis as often as I **used to**.
(c) Japanese people are not as polite or clean as they **used to** be.

✍ used to 止め と used to be 止め

次に (b) と (c) の文を比べると、(b) は used to と to で文が終わっているが、(c) は used to be と be で終わっている。(b) は to の次に play tennis が省略されており、(c) の be の次には polite or clean があることが想定されるが、なぜ (c) の場合、be も省略されないのだろうか？　比較構文では〈as 〜 as に挟まれた形容詞や副詞は二度書かない〉という原則があり、これを適用すると、(c) は are not as polite or clean as they used to be ~~polite or clean~~ となり、be で止めることになる。このように、**used to** で文が終わる場合、**to** の次が一般動詞 (be 動詞以外) なら to で止め、be 動詞のときは be まで書いて止めるのである。このことは参考書等にもあまり書かれていないことだが、正しい英文を作る上では大切なことなので強調しておきたい。

✍ used to と would〈過去の習慣〉の違い

used to と同じような意味を表す助動詞に〈過去の習慣〉を表す **would** がある。used to と would の違いは 3 つある。1 つは、**would** の次の動詞は**動作動詞**しか使えないが、**used to** は**動作動詞にも状態動詞にも両方使える**。2 つ目に、would は used to と違って文末に would で止めることはできない。したがって

本問はすべて〈過去の習慣〉を表すwouldを使うことはできない。
  (d) There **would** be few people who doubted that science was everything. (×)
  (e) I don't play tennis as often as I **would**. (×)
  (f) Japanese people are as polite or clean as they **would** be. (×)

3つ目の違いは**used to**は迂言法助動詞なので客観的な言い方になるが、**would**は法助動詞なので**主観的**、**回顧的**なイメージになる (⇒§37)。また、wouldはoftenと用いることが多い。
  (g) I **would often** go to the riverside when I was a kid.
    「子供の頃よく川べりへ行ったものだ」

英訳例

(1-A) There used to be few people who doubted that science was everything.
(1-B) Most people used to think that science was everything.

(2-A) I don't play tennis as often as I used to.
(2-B) I used to play tennis more (than I do now).

(3-A) Japanese people are not as polite or clean as they used to be.
(3-B) The Japanese are less polite and tidy than they once were.

(1-B) は意訳。(2-B) のthan以下の省略については§101を参照。

表現研究

● 万能
  everythingは口語体。almightyはGodを形容する語なので不適切。
● 疑問視する
  「考え方」にこだわらず、単に**doubt that SV ～**「～ということを疑う」とすればよい。have any doubt that SV ～ / question the idea that SV ～も可。
● 礼儀正しい
  politeが最適。courteousも可だが堅い。
● 清潔な
  cleanが適切。**tidy**も人間が主語のときは「きれい好きな」の意味なので可。

§39　代動詞？のdo

課題文
(1) あのコンビニで値切ったら、まけてくれたよ。
(2) どんなに海外へ行きたくても、年齢や体調のせいで行けない人がいる。

文法研究

代動詞？のdo

英語では同じ語句を何度も繰り返し使うことはよしとしない。そこで、同じ動詞句を繰り返す場合は**代動詞**を使うことになるが、代動詞というのは学習者が自分で使うのはかなり難しい。(2)の2つ目の「行けない」は前半の「海外へ行く」を指すわけだが、繰り返しを避けるためにはどう訳せばよいか。

(a) No matter how much they want to travel abroad, there are some people who are not able to **do**.　（×）

(b) No matter how much they want to travel abroad, there are some people who are not able to **do so**.　（△）

(c) No matter how much they want to travel abroad, there are some people who are not able **to**.　（○）

まず、(a)がだめな理由だが、世間で〈**代動詞のdo**〉と呼んでいるものは実は**助動詞**である。doにも助動詞の用法があることをご存知だろうか。いちばん基本的な使い方としては、一般動詞を否定するときに出てくるdoである。

　ex. I **don't** want to study today.　「今日は勉強したくない」

このdon't (= do not)のdoは助動詞である。だからこそ、次のwantが原形になるのだ。助動詞という認識があれば、to不定詞の次に用いることができないことは理解できよう（上の(a)）。これはcanやwillという助動詞がto canとかto willとできないのと同じことだ。助動詞であるなら、進行形にできないことも理解できるだろう。canがbe canningなどとはならないように、be doingも不可である。さらに、後ろに副詞を伴うことも原則としてできない。can openlyなどと言わないように、do openlyとは言えない。そこで、本書は世間で言う〈代動詞のdo〉のことを、敢えて〈繰り返しを避ける単独のdo〉と呼ぶことにする。

✍ 〈繰り返しを避ける単独のdo〉が使えない場合

〈繰り返しを避ける単独のdo〉でやってはいけないことを下にまとめよう。

```
●〈繰り返しを避ける単独のdo〉の禁則●
① to不定詞と使う  ② –ing〈進行形 or 動名詞〉にする  ③ 副詞を伴う
```

① I don't give him any advice, because it is useless *to* **do**.　　（×）
　I don't give him any advice, because it is useless *to* **do so**.　（○）
　「彼にはいっさい助言しない。そんなことしても無駄だから」
② Joe often picks his nose. I often see him **doing**.　　（×）
　Joe often picks his nose. I often see him **doing so**.　（○）
　「ジョーはしょっちゅう鼻をほじる。そうするのをよく見かける」
③ They told me to turn off my cell phone and I **did** *openly*.　　（×）
　They told me to turn off my cell phone and I **did so** *openly*.　（○）
　「携帯を切るように言われたので、これ見よがしに切ってやった」

これらの文はすべて〈繰り返しを避ける単独のdo〉は使えずdo soにしなければならない。ちなみに、**do so**のdoは助動詞ではなく本動詞である。①〜③の文で〈繰り返しを避ける単独のdo〉が使えない理由はこのdoが**助動詞**だということで説明がつく。

✍ 〈繰り返しを避ける単独のdo〉が使える場合

では、〈繰り返しを避ける単独のdo〉はどういうときに使うのか。基本的には**対比**があるときに用いる。特に**比較構文**において使うことが多い。

(d) Keiko speaks much better English than I **do**.
　　「ケイコは私よりもずっと上手に英語を話す」
(e) They say they are going to stop, but they never **do**.
　　「彼らはやめると言っていながらいっこうにやめない」

(d)の文は「ケイコ」と「私」の対比である。(e)は「言葉」と「行動」（口先だけで実行が伴っていない）という、いわば〈理想〉と〈現実〉の対比である。この〈繰り返しを避ける単独のdo〉は助動詞なので、doの次に前文の動詞部分の省略がある。

(d)′ Keiko speaks much better English than I **do** (**speak**).
(e)′ They say they are going to stop, but they never **do** (**stop**).

つまり、do自体がspeakやstopの代わりをしているのではなくて、doの次にspeakやstopが省略されているのである。よって、doは助動詞と説明される。この文構造は、英語学習の初期に習う次の文と同じである。
(f) Do you want to go to the beach? Yes, I **do**.
「海に行きたいか」「行きたいです」
(f) の文のYes, I do.の次にgo to the beachが省略されているのである。
(f)′ Do you want to go to the beach? Yes, I **do** (**want to go to the beach**).

そこで、本問 (1) だが、この文には「値を下げてほしい」という〈理想〉と、「実際に値を下げてくれた」という〈現実〉の対比が見て取れる。よって、〈繰り返しを避ける単独のdo〉が使える。
　　I asked that convenience store to give me a discount, and they **did**.

✍ do soは文章体
ところで、do soも万能というわけではない。まず第一に**do so**は**文章体**であるから、口語体の文には向かない。口語体では、文が**to不定詞や助動詞で終わる場合**はdo soなど付けずに**toや助動詞で止める**のがふつうである。
　ex. You don't have to say if you don't want **to**.　　(○)
　　　You don't have to say if you don't want **to do so**. (△)
　　　「話したくなければ話さなくてもよい」
　　　I'll fix the machine for myself if I **must**. 　　　(○)
　　　I'll fix the machine for myself if I **must do so**. (△)
　　　「その機械を修理しなければならないのなら自分で修理しよう」
よって、本問の (2) もdo soを用いる (b) よりは、**to不定詞で止める** (c) の方が自然である。

✍ do soを使う際の注意
do soを使うとしたら、注意がいくつか必要だ。まず、**文章体**であるということ。次に、**do soの次には副詞 (句) がある**場合が多い。
　(g) Japanese people feel uncomfortable, even when speaking in their own language in front of other people, so it is hardly surprising (to find) that they can't manage to **do so** *in English.*
　　「日本人は日本語でも人前で話すのが苦手だから、英語でできないのは

当たり前だ」(do so = speak in front of other people)
　(g)の文では、do soの次にin Englishという副詞句が付いている。また、do soは文章体だが、**do it**にすれば口語体でも使える。
　ただし、**do so**の次に副詞(句)が伴わないときもある。**形容詞用法のto不定詞**内でdo soを用いるとき、この傾向がある。
　(h) Not all hunter-gatherers adopted agriculture, even when they had the opportunity to **do so**. (do so = adopt agriculture)
　「そうする機会があったとしても、すべての狩猟採集民族が農業を取り入れたわけではなかった」
　(h)の文のto do soはopportunitiesを修飾する形容詞用法のto不定詞である。

英訳例

(1-A) I asked that convenience store to give me a discount, and they did.

(1-B) I got them to come down on the price at the convenience store.

(2-A) No matter how much they would like to, there are some people who are too elderly or not well enough to travel abroad.

(2-B) No matter how much they want to travel abroad, there are some people who, because of their age or for health reasons, are not able to.

　💡 (1-B)はget *sb* to *do* 〜「〈人〉を説得して〜してもらう」を過去形にした形で、説得が成功したことを含意。(2-A)はtoo 〜 to ...構文「あまりに...なので〜できない」。

表現研究

● まけてくれる
　もちろん「値引きしてくれる」の意味なので、**give *sb* a discount**、あるいは**come down on 〜**「(値段)をまける」が使える。

第3章

準動詞

時制が理解できれば、次は文と文をつなぐ働きをすることが多い準動詞の理解が必要になってくる。**準動詞**とは、**to不定詞・分詞・動名詞**の3つのことを言う。

　to不定詞と言えば、中学校の英語の授業で「〜するために」という表現は、to不定詞を使って **to do** 〜で表すということを教わるだろう。その通りではあるが、もう少し応用して、「○○が〜するために」というように、いわゆる〈to不定詞の意味上の主語〉が入る場合はどうなるのか。あるいは、逆の「〜しないように」は英語でどう表すのか。これに対する即答が返ってくる学習者は少ない。ある程度英語が得意な人でも、堅い表現ばかりを書く傾向がある。この章からは、口語体・文章体という文体の問題も少しずつ意識するようにしたい。

　もちろん、伝統文法の説明だけでは理解できない項目もある。**to不定詞の名詞用法**も**動名詞**も「〜すること」と訳せるが、両者はどう違うのかという問題もその一つだ。英文法をしっかり勉強している人ほどはまってしまう事柄もある。**be to不定詞**や**分詞構文**などがそうである。

　伝統文法の説明のままでよいが、一般の学習者もいまひとつよくわかっていないと思われる項目もある。英語学の専門用語になるが、〈**タフ移動**〉**の構文**や**現在分詞と過去分詞の区別**などである。

　この章では、英作文で学習者がよく間違える項目の中で、to不定詞・分詞・動名詞に関係するものをまとめてみた。

● 文法運用力チェック ●

❏ 1.「～すること」を意味するto不定詞を主語にしてはいないか？ ☞ §40

❏ 2. 動詞の目的語をto不定詞にする場合と動名詞にする場合の違いがわかっているか？ ☞ §41

❏ 3. would like to do ～という熟語のwouldはなぜ必要なのか？ ☞ §41

❏ 4. the habit of doing ～とは言うが、the habit to do ～と言えないのはなぜか？ ☞ §42

❏ 5. give up doing ～をただ「～することやめる」と思っていないか？ ☞ §42

❏ 6.「(主語)は～することだ」という場合の「～することだ」の部分をto不定詞でも動名詞でもどちらでもよいと思っていないか？ ☞ §43

❏ 7.「〈人〉が～するために」を訳すとき、in order for sb to do ～やin order that sb may do ～を多用していないか？ ☞ §44

❏ 8.「～しないように」を、not to do ～だと思っていないか？ ☞ §44

❏ 9. in case SV ～を「～するといけないから」という日本語で覚えていないか？ ☞ §44

❏10.〈予定〉と言えばbe to不定詞だと思っていないか？ ☞ §45

❏11. 形容詞的に使う現在分詞(-ing)と過去分詞(-ed)の区別が付くか？ ☞ §47

❏12. 作文で分詞構文を乱用していないか？ ☞ §48

§40 to不定詞 と 動名詞〈主語〉

> **課題文**
> 毎朝30分のジョギングをすることがその老人の健康の秘訣である。

文法研究

✍ to不定詞の名詞用法と動名詞

　文法書を紐解くと、to不定詞の3用法という項目を目にする。名詞用法・形容詞用法・副詞用法の3つだ。名詞用法は文中で、名詞の働きをする場合で、直訳すると「〜すること」になる。名詞の働きとは具体的には主語・目的語・補語のいずれかになることを言う。一方で、動名詞 (*doing* 〜) とは動詞が名詞化したものであり、文中では名詞と同じ働きをし、基本的には「〜すること」と直訳するとある。こうなると、to不定詞の名詞用法と動名詞はほぼ同じかという錯覚を起こしてしまいがちだが、両者はちゃんと役割分担をしている。

✍ 「ジョギングをすること」は to jog か jogging か？

　本問の「ジョギングをすること」はto不定詞で書くべきか動名詞で書くべきか。

　(a) **To jog** for thirty minutes every morning is the key to 〜　　(×)
　(b) **Jogging** for thirty minutes every morning is the key to 〜　(○)

　結論から言えば、この場合は (b) の動名詞が正しく (a) のto不定詞はよくない。to不定詞は〈to＋動詞の原形〉で表されるが、このtoはもともと〈方向〉を表す前置詞のtoから派生したもので、〈to＋動詞の原形〉は「〜する方向へ」と直訳できる。そして、この方向とは一般に〈未来への方向〉を指す。〈未来への方向〉とは〈これからやること〉という意味である。

　よって、(a) は「これから30分ジョギングをするとすれば、それはその老人の健康の秘訣である」となるが、「健康の秘訣」と言う以上はこの老人はもうすでにジョギングを始めているはずなので、「これからジョギングを始める」わけではない。よってto不定詞で書くのはおかしいとわかる。

✍ 動名詞の -ing も〈動き〉を表す

　一方、動名詞とは-ingで表される形であるが、**-ing**の定義は〈動く〉であった (⇒§2)。これは現在分詞であろうと動名詞であろうと共通の根源である。

動名詞の場合の〈動く〉とは、たとえて言うならCDやコマのように〈ぐるぐる回っている〉イメージである。つまり〈繰り返し動く〉ことを意味する。この老人は毎日ジョギングをしているわけで、ジョギングを繰り返し行っている。よって、(b)の動名詞を用いるのが正しい。ちなみに、日本語では「ジョギング」と最初から-ingが付いている形で呼んでいるが、もともとはjogが「ジョギングする」という動詞で、この動名詞形がjoggingである。

文頭のto不定詞と動名詞の違い

まとめると、**to不定詞**は〈これからやること→まだやっていないこと〉を表し、**動名詞**は〈繰り返し行うこと→もうすでにやっていること〉を表す。これは文頭で使う場合にいちばん顕著に現れる。ただし、**文頭のto不定詞は単に古い用法だからもう使わないという意見もある。**

英訳例

(A) Jogging for thirty minutes every morning is the key to that old man's good health.

(B) The old man is in good shape, because he jogs for 30 minutes every morning.

❓ 直訳せずに、(B)のように「その老人が健康なのは毎日30分ジョギングをしているからだ」と訳す方法もある。

表現研究

● 秘訣
　the key to 〜は「〜（へ）の鍵」。**the secret of 〜**は個人的な秘密。ジョギングが体によいことはみんな知っているので、この場合はkeyの方がよい。

● 健康
　healthだけでは中立状態（良い健康と悪い健康の両方）を表すこともあるのでgood healthが適切。(B)のin good shapeは「（普段から鍛えているから）健康だ」という熟語。

§41　to不定詞 と 動名詞〈目的語①〉

> **課題文**
> (1) わたしは絵は見るよりは描く方がずっと好きです。
> (2) 今度の週末は出かけるよりも、家にいてテレビを見ていたい。

文法研究

✍ preferの目的語は動名詞かto不定詞か？

preferという動詞の語法は**prefer A to B**で「BよりAを好む」という意味だが、このAとBの部分には純粋な名詞が入ることもあれば動名詞が来ることもある。

(a) I **prefer** *tea* **to** *coffee.*
「コーヒーよりも紅茶が好きだ」
(b) I **prefer** *jogging* **to** *swimming.*
「水泳よりもジョギングが好きだ」

さらに、目的語がto不定詞の場合もある。このときは語法が**prefer to do ～ rather than (to) do ...** に変わる。

(c) I'd **prefer** *to swim* **rather than** (*to*) *jog* because it is hot today.
「今日は暑いからジョギングするよりも泳ぎたい」

(c)の例文を見て、rather thanに語法が変わったこと以外にもう一つ気づくことはないか。それはI'dのところで、wouldが入った点である。どの辞書を見てもpreferの目的語がto不定詞になった場合は必ずこのwouldが入っている。これはなぜだろうか。

✍ 動名詞と現在形、to不定詞とwill [would] は仲がよい

その前に、to不定詞と動名詞の違いだが、**動名詞は-ing**の〈動く〉ニュアンスから〈**繰り返し行われる**〉のであった。〈繰り返す〉ということはいつもやっていることなので〈一般論〉とも言える。一方、to不定詞には〈これから～する〉以外に、特に目的語で使った場合は〈**1回限りの特定のこと**〉を表すという特徴もある。動名詞は〈一般論〉を表すので、同じく〈一般論＝半永久的なこと〉を表す**現在形**と仲がよく、to不定詞は〈**1回限りの特定のこと**〉なので、同じ意味を醸し出す**will**（遠い形なら**would**）（⇒§27）と仲がよい。

to不定詞	これからやること	1回限りの特定のこと	will［would］と仲良し
動名詞	繰り返しやること	一般論	現在形と仲良し

よって、(b) の例文は「普段は水泳よりジョギングの方が好きだ」という一般論を表すから動名詞と現在形が用いられ、(c) は「普段はともかく今日だけは暑いから水泳をしたい」という「今日だけの」1回限りの話なのでto不定詞が選ばれ、よってwouldと使うのである。

✍️「絵を見るより描く方が好き」と「出かけるより家にいたい」の訳

すると、本問の (1) と (2) の使い分けがわかるだろうか。(1) の「絵を見るよりは描く方が好き」というコメントは普段からの話であるから、動名詞と現在形を使って書くのが正しいとわかる。(2) の「出かけるより家にいたい」の方は「今度の週末」だけの話なのでto不定詞とwouldを使って書く。

(d) I much **prefer** *painting* pictures **to** just *looking* at them.

(e) I'd **prefer** *to stay* home and watch TV **rather than** (*to*) *go* out next weekend.

✍️ 願望のwould

would like to *do* 〜は熟語で「〜したいと思う」と覚えさせられると思うが、**like** *doing* 〜「半永久的に〜することが好き」とは違って「一時的に〜したい」という意味だからwouldが付くとわかり、この辺からwouldに〈願望〉の意味が加味されてきたことがわかる。**would rather** *do* 〜 **than** *do* ...「...するくらいなら〜したい」のwouldもそうである。

(f) I **like** reading.
    「趣味は読書です」☞ 現在形：普段から読書が好き

(g) I'**d like to** show you around.
    「あなたをご案内したいと思います」(I'd＝I would)
    ☞ 例えば「今日だけ」の話

(h) I **would rather** listen to others **than** talk myself.
    「自分で話すよりも他人の話を聞きたい」

(i) Do to others as you **would** have others do to you.
    「自分が他人にしてもらいたいと思うように他人にしてあげなさい」
    ☞ have *sb do* 〜「〈人〉に〜してもらう」(⇒p.123)

📝 I wish＋S＋仮定法とは言うけれど...

ついでながら、「明日は雨がやんでほしい」と英訳できるだろうか。

(j) I wish it **stopped** raining.

この文だと、「半永久的に雨なんか止んでしまえばいいのに」という意味になり、「明日」と矛盾することになる。stopのような**動作動詞の仮定法過去**は〈半永久的なことの逆〉を意味するからだ (⇒§20)。「明日」だけの〈**1回限りの特定の話**〉なので**would**を入れて書くのが正しい。

(k) I wish it **would** stop raining tomorrow.

英訳例

(1-A) I like painting pictures much better than just looking at them.

(1-B) I much prefer painting pictures to viewing them.

(2-A) I'd rather stay home and watch TV than go out on the weekend.

(2-B) I'd prefer to stay home and watch TV rather than (to) go out next weekend.

表現研究

● 絵を見る

　look at ～「1点を見据える」と **view** ～「眺める」は可。**watch** ～「注意して生の動きをとらえる」、**see** ～「自然に目に映る」は不可。

● 絵を描く

　paintは「絵の具で描く」、**draw**は「線を引く」は可 (⇒p.33)。

● ～方がずっと好きです

　(1-A) のmuchは比較級の強調語 (⇒§98)。(1-B) のmuchはpreferの強調語だが、これはmuchの特殊用法。prefer ～ very muchとは言わない (⇒p.269)。

● 出かける

　go outはふつう「遊びに出かける」こと (⇒p.41)。

● 家にいてテレビを見る

　stay home and watch TVの他にwatch TV at homeは可だが、at homeを文末にすると対比を暗示して (⇒§90)、「食堂ではなくて家でテレビを見る」という意味にもなりかねない。

§42　to不定詞 と 動名詞〈目的語②〉

> **課題文**
> (1) 辞書を使わずに英語の書物を速読する習慣をつけることが大切だ。
> (2) 東京に引っ越してから5ヶ月。当地の暮らしにも慣れました。
> (3) 母の具合が悪かったので、映画に行くのを取り止めた。

文法研究

✎「～する習慣を身につける」の訳は？

(1) の「～する習慣を身につける」という表現は決まり文句で **get into the habit of** *doing* ～と言う。get into the habit to *do* ～（×）とは言わない。to 不定詞の形容詞用法ということを中途半端に知っていると、これでもよいのではないかと思ってしまう。the habit to *do* ～と言わない理由として、**to不定詞はふつう〈1回限りの特定のこと〉を示す**（⇒§41）という特徴があることがあげられる。habit「習慣」というのは何度も〈繰り返す〉ものであって、それ故に**動名詞**が選択されるのである。

✎「～に慣れる」の訳は？

今度は (2) の「～に慣れる」という表現だが、**get used to ＋名詞** *or doing* を用いる。特に後ろに動詞的要素がつながるときはto *do*ではなくto *doing*になるから入試でもよく狙われる項目だが、これも意味を考えてみると、「慣れる」ということは1回限りのことではなく、〈繰り返す〉から *doing* とわかる。

✎「～を取りやめる」の訳は？

(3) の「～を取りやめる」の訳としては、give up ～が考えられる。ところが、次のように訳してよいのだろうか。

　(a) I gave up *going* to the movies ～.（×）

確かに give up の目的語に動詞的要素が来た場合は動名詞にするが、*doing* は〈繰り返す〉ことを暗示するから、(a) は「繰り返し映画に行くことをやめる」→「永久に映画に行くことをやめる」という感じがする。「映画に行く」のをあきらめたのは〈一時的なこと〉であろう。とは言え、give up to *do* ～とは言わない。「(一時的に)～することをあきらめる」と言いたいときは **give up the idea of** *doing* ～「～するという考えをあきらめる」と表現する。よってこの

137

場合は次の (b) が正しい。
　(b) I **gave up the idea of *going*** to the movies 〜（○）
　でも、どうしてideaの場合はthe idea to *do* 〜ではなく、the idea of *do*ing 〜なのだろう。**動名詞**にはもう一つ〈**体験済みのこと**〉〈**実現したこと**〉を表すという特徴があるからだ。「映画に行く」という行為は誰もが経験したこことがあるだろう。頭の中で形としてでき上っているのがideaで、形としてでき上っているのはそのことを自分の体験から形成しているからである。

✍ to不定詞と動名詞の違い

　目的語にto不定詞が来るか動名詞が来るかは、このことがかなり関わっている。ひと言で言えば、**to不定詞は〈1回限りのこと〉〈まだ実現していないこと〉、動名詞は〈繰り返すこと〉〈体験済み・実現済みのこと〉**である。

to不定詞	1回限りのこと	まだ実現していないこと
動名詞	繰り返すこと	体験済み・実現済みのこと

　remember / forget / tryは目的語にto不定詞が来る場合と動名詞が来る場合とで意味が違うことで有名だが、要は〈**実現したかどうか**〉で決まる。
　(c) I was in such a hurry that I **forgot *to lock*** the door.
　　　「慌てていたのでドアに鍵をかけ忘れた」
　(d) I will never **forget *traveling*** in Europe last year.
　　　「昨年ヨーロッパを旅したことは決して忘れまい」
　(c) は「ドアに鍵をかける」行為は実際には実現していないが、(d) の「ヨーロッパを旅する」ことは体験済み・実現済みである。
　(e) I **tried *to write*** to her, but I couldn't.
　　　「彼女に手紙を書こうとしたが、できなかった」
　(f) I **tried *writing*** to her, but she didn't reply.
　　　「彼女に手紙を書いてみたが、返事は来なかった」
　(e) は「手紙を書く」ことは実現していないが、(f) は実現している。

✍ to不定詞と動名詞のどちらかが目的語になる動詞

　動詞によっては、to不定詞か動名詞かいずれか一方だけしか目的語にできないものもある。その特徴・意味別に次の表にまとめてみたが、**to不定詞は〈これからのこと〉**を表すので、どちらかというと〈**実現に積極的**〉な動詞が

多い。動名詞の中には〈実現に消極的〉というものもある。これも〈体験済み〉だからこそ苦しさを知っていて、それを回避したがるのだろう。

目的語が〈to不定詞〉になる動詞			目的語が〈動名詞〉になる動詞		
実現・非実現に積極的	願望	want / wish / hope / desire / long / would like / cannot wait	体験済み	体験	enjoy / practice / recall / recollect / appreciate
	期待要求	expect / ask / demand		意見	suggest / advise / allow / consider / imagine / fancy
	意図	intend / aim / plan / promise	実現に消極的	回避	avoid / escape / evade / miss / mind / resist / deny / cannot help
	努力	manage / struggle / seek / attempt / arrange / prepare			
	決定	decide / determine / resolve / make up *one*'s mind		延期	postpone / put off / delay
	賛成	agree / consent / offer		終了	finish / quit / stop / leave off / give up
	拒絶	refuse / decline			

英訳例

(1-A) It is important to form the habit of reading English books quickly without using a dictionary.

(1-B) You should get into the habit of reading English books without stopping too often, and without falling back on dictionaries.

(2-A) It has been five months since I moved to Tokyo. I've got used to living here.

(2-B) I've been in Tokyo for five months. I'm quite used to life here.

(3-A) I gave up the idea of going to the movies because my mother was ill.

(2-B) My mother was ill, so I gave up the idea of seeing a film.

表現研究

● **辞書を使わないで**
　この場合の「辞書」は一般論なのでdictionariesとなるが（⇒§65）、**without using a dictionary**の場合はwithoutが否定語なのでdictionaryの冠詞はaにした方が「1冊たりとも使わずに」の意味になる（⇒§55）。**fall back on ～**は「～に頼る」の意味。**without looking things up in the dictionary**「辞書でいろんなことを調べないで」も可。この場合、dictionaryの冠詞はaでもよいが、theの方が適切（⇒§67）。consult a dictionaryは堅い。

● **速読する**
　この「速く」は「素早く」なのでquicklyが適切。一般に**fast**は「速度が速く」、**quickly**は「行動が素早く」、**rapidly**は「変化が早く」である。これらの副詞を用いずに動詞**skim ～**「～をざっと読む」を使っても可。

● **～する習慣をつける**
　「～する習慣」はthe habit of doing ～だが、動詞を**form**にすると良い習慣だけに限定される。**fall into ～**は悪い習慣に用いるのでここでは不可。**get into ～**と**acquire ～**は善悪両用だが、acquireは堅い。

● **東京に引っ越してから5ヶ月**
　「父が死んでから10年」と同じパターン（⇒§9）。

● **～に慣れました**
　get used to ～を使うなら、「今も慣れている」のだから、I've got (ten) used to ～と現在完了にする（⇒§7）。be used to ～ならI'm (quite) used to ～と現在形でよい。be動詞は現在形で現在の状態を表すこともあるからだ（⇒§1）。quiteは「すっかり（慣れた）」という強調語。usedの代わりに**accustomed**でもよいが堅い。**adapt to ～**は「努力して～に順応する」から不可。

● **～することが大切だ**
　直訳ならIt is important to do ～だが、You should do ～も可。

● **〈人〉の具合が悪かった**
　ずばり**ill**「病気だ」でOK。*Sb* **wasn't feeling very well**.は一時的に「気分が悪い」場合。英語では「体調」をconditionとはめったに言わない。

● **映画に行く**
　go to the moviesは決まり文句。昔の映画は3本立てがふつうだったので、その名残りで複数形にする。go to the cinema / see a filmはイギリス英語。

§43 to 不定詞 と 動名詞〈補語〉

> **課題文**
> (1) 外国語を学ぶ一番よい方法は、その言語を使っている国へ行くことだ。
> (2) 君が真っ先にするべきことは酒を断つことだ。

文法研究

補語の場合は to 不定詞か動名詞か？

「Sは〜することだ」というときの補語に当たる「〜すること」の部分は to 不定詞にするのか動名詞にするのか。**動名詞**の例から見てみよう。
　(a) His bad habit is **smoking**. 「彼の悪習は喫煙だ」
　(b) His hobby is **gardening**. 「彼の趣味は園芸だ」
　(a)(b) の例からわかることは、smoking にしても gardening にしても、それ自体が純粋な名詞と言っても過言ではないような語であるということだ。
　一方、補語を **to 不定詞**にするものはパターン化されている。主なものを次にあげてみる。

● **補語を to 不定詞にする主なパターン** ●

- **All you have to do is (to)** *do* ... 「...しさえすればよい」
- **All you can do is (to)** *do* ... 「できることは...だけだ」
- **The best way to** *do* 〜 **is (to)** *do* ... 「〜する最良の方法は...することだ」
- **The first thing you should do is (to)** *do* ... 「真っ先にすべきことは...だ」
- **The least thing you can do is (to)** *do* ... 「最低限すべきことは...だ」

これらの表現の補語の部分を動名詞にすることはできない。**動名詞**は〈繰り返しやること〉〈**すでに体験済みのこと**〉を意味するが、これらの表現はすべて〈これからやること〉について言及している。よって **to 不定詞**が使われる。さらに、この場合、to 不定詞の to は省略可能である。

141

✍️ 「国へ行くことだ」と「酒を断つことだ」の訳は？

というわけで、本問の (1) も (2) もいわゆるパターンなので、補語の部分には to 不定詞しか使えない。動名詞はダメである。

(c) The best way to learn a foreign language is (**to**) **go** to a country ～ (○)
(d) The best way to learn a foreign language is **going** to a country ～ (×)
(e) The first thing you should do is (**to**) **give** up drinking. (○)
(f) The first thing you should do is **giving** up drinking. (×)

英訳例

(1-A) The best way to learn a foreign language is (to) go to a country where it is spoken.

(1-B) The best way to learn a foreign language is (to) stay (for a while) in a country where it is spoken.

(2-A) The first thing you should do is (to) give up drinking.

(2-B) The first thing you have to do is (to) keep off alcohol.

表現研究

● 外国語

a foreign language の a を忘れないように。「外国語」というときの language は可算名詞。一般論だから **foreign languages** でもよいが、外国語は1つ1つ勉強するから a の方がよい (⇒§66)。**another language** も可。

● 学ぶ

learn が正しいが、**learn** の基本的意味は「～を身につける」であり、「外国語を身につける一番よい方法」というわけだから learn がぴったり。「学ぶ」= learn とは限らないことに注意。「学ぶ」は **study** の場合もある。本問の場合は study も可。日本語と違って **master** はめったに使わない。使うとしても master basic English のように、対象が狭い範囲のものだけ。**acquire** も可だが、learn より堅い語なので「～を習得する」という日本語に相当する。

● 酒を断つ

「永久に断つ」わけだから **give up drinking** が使える (⇒§42)。**keep off alcohol** は「アルコールを遠ざけておく」の意味。

§44 「〜するために」「〜しないように」

> **課題文**
> (1) 余裕をもって現地に着けるように、早めの新幹線に乗った。
> (2) 英作文を書くとき、綴りを間違えないように、辞書で単語を調べる習慣をつけるべきだ。

文法研究

「〜するために」の表現に何を使うか？

to不定詞の副詞用法でいちばんよく使うのが、〈目的〉を表す「〜するために」「〜するように」の用法である。これは口語体でも文語体でも使えるが、to不定詞にはいろいろな意味があり、誤読されないように〈目的〉の意味だということをはっきり示すべく、**in order to** *do* 〜や**so as to** *do* 〜という形で書く場合もある。しかし、この2つは文語体であるという意識はあるだろうか。さらに、〈目的〉を表すto不定詞に意味上の主語が付く場合は **in order for sb to do** 〜「〈人〉が〜するために」の形を使うが、これもやや堅い。ましてや、**in order that S may** *do* 〜は古い。

そこで、この口語体に当たる表現はというと、**so (that) S will [can]** *do* 〜である。that節中はふつう**will**が入るが、「できる」の意味を出したければ**can**にする。**may**にするのは古い。中には助動詞を入れないネイティヴスピーカーもいる。そうすると、「その結果」という意味のso that SV 〜と紛らわしいのではと懸念する人もいるだろうが、実はこの「その結果」という意味のso thatは現代英語ではほとんど使われない。ご懸念無用である。ちなみに、「その結果」と言いたいときは、**so** 〜「だから〜」と接続詞のsoを使えば十分である。

なお、that自体は口語では省略されることが多い。口語体で使える表現は原則として文語体でも使えるので、この表現を多用するのが便利である。ただし、主節が過去形のときは〈時制の一致〉をして、**so (that) S would [could]** *do* 〜にすることを忘れずに。

ex. I *leave* home early every morning **so that** I **can** catch the bus.
「バスに間に合うように毎朝早めに家を出る」
I *left* home early yesterday **so that** I **could** catch the bus.
「バスに間に合うように昨日は早めに家を出た」

```
●「〜するために」のパターン●
```
◎ ① SV ... to *do* 〜　　　　　　　　《口語体》
◎ ② SV ... so that S will [can] *do* 〜《口語体》
　③ SV ... in order (for *sb*) to *do* 〜《文語体》
　④ SV ... so as to *do* 〜　　　　　《文語体》
　⑤ SV ... in order that S may *do* 〜《古　い》

「〜しないように」の表現に何を使うか？

　「〜しないように」の表現に、not to *do* 〜だけではダメだということを知らない学習者は多い。**in order not to *do* 〜**や**so as not to *do* 〜**ならよいが、やはり文章体である。否定の場合も**so that S won't [can't] *do* 〜**が便利である。もちろん、こちらも〈時制の一致〉を忘れないように。主節が過去形の場合には、**so that S wouldn't [couldn't] *do*〜**となる。

　　ex. I *leave* home early every morning **so** (**that**) I ***won't*** miss the bus.
　　　　「バスに乗り遅れないように毎日早めに家を出る」
　　　　I *left* home early yesterday **so** (**that**) I ***wouldn't*** miss the bus.
　　　　「バスに乗り遅れないように昨日は早めに家を出た」

　「〜しないように」の表現に、not to *do* 〜だけではダメだと言ったが、例外として、be careful と take care は「〜しないように注意する」と言うときは、**be careful not to *do* 〜 / take care not to *do* 〜**でよい。

　　ex. **Be careful not to** hurt his feelings.
　　　　「彼の気持ちを傷つけないように注意しなさい」
　　　　Take care not to let the potatoes boil for too long.
　　　　「ジャガイモを煮すぎないように注意してね」

```
●「〜しないように」のパターン●
```
◎ ① SV ... so (that) S won't [can't] *do* 〜《口語体》
　② SV ... in order not to *do* 〜　　　《文語体》
　③ SV ... so as not to *do* 〜　　　　《文語体》
　※ SV ... not to *do* 〜（×）
　　〈例外〉be careful not to *do* 〜（○）
　　　　　 take care not to *do* 〜（○）

✍ **in case SV 〜 など**

さらに、**SV ... so (that) S won't [can't] *do*〜**と in case SV 〜などの表現を混同している学習者も多いのでひと言述べておこう。まず、in case SV 〜は「〜しないように」ではなくて「〜**した場合に備えて**」と暗記すべきである。厳密に訳せば「〜した場合...が必要になるから...する」となる。

(e) Take an umbrella with you **in case** it rains.
　　「雨が降るといけないから傘を持って行きなさい」

(e) の文は「雨が降った場合、傘が必要になるから傘を持って行け」というのが本来の意味である。

ところが、本問の (2) はどうだろうか。次のように訳したら間違いである。

(f) When you write English, you should acquire the habit of looking up words in a dictionary in case you make any spelling mistakes. (×)

(f) のように訳すと、「綴りの間違いを犯す場合に備えて辞書を引け」「綴りを間違った場合、辞書が必要になるから辞書を引け」となりおかしい。これでは、「綴りを間違う」ことを最初から想定しているみたいである。

これ以外に、**lest S (should) *do* 〜** (should がなくても動詞は原形) や **for fear that S would *do* 〜**を知っている人もいると思うが、いずれも古い表現である。少し言いすぎの感があるが、古さを示すため次の文を古文で訳してみる。

(g) Take an umbrella with you **lest** it (**should**) rain.
　　「傘持てゆけ。雨もぞ降る (雨もこそ降れ)」

英 訳 例

(1-A) I took the Shinkansen at an early hour to arrive with some time to spare.

(1-B) I got an early Shinkansen so that I'd have plenty of time when I got there.

(2-A) When you write English, you should acquire the habit of looking up words in the dictionary so as not to make any spelling mistakes.

(2-B) You should get into the habit of using the dictionary when you translate from Japanese into English so (that) you won't make any spelling mistakes.

表現研究

● 余裕をもって

with some [enough] time to spare は決まり文句 (⇒p.110)。**ahead of time [schedule]**「予定より早く」も可。

● 現地に着く

get there が口語体。arrive の場合は、arrive there より **arrive** で止めるのがふつう (⇒p.55、110)。reach は他動詞なので reach there は不可。there は副詞なので reach の目的語にはならない。**get to the destination** も可だが、destination という語はやや大げさである。

● 〜に乗る

take 〜は「(乗り物)を利用する」という意味なので最適。**get 〜**も可。**get on 〜**は「(乗り物)に乗り込む」という瞬間的な動作を指すので不可 (⇒p.227)。

● 英作文を書く

write English が最適。write a composition in English は不可。composition はすでにでき上がっている「作文」を意味するので、それを改めて書く (write) はおかしい (⇒p.61)。

● 綴りを間違う

make spelling mistakes が適切。英訳例に any を入れているのは not 〜 any で「少しも〜ない」を意味にするため (⇒§72)。spell miss とは言わない。「スペルミス」は和製英語。日本語の「スペル」に相当する英語は spelling である。spell は動詞で「(単語)を綴る」の意味。ちなみに、spell を名詞で用いると「(天候などの)ひと続き」や「魔法、呪文」という意味である。**a dry spell**「日照り続き」はよく使う句なので覚えておきたい。

> *ex.* Because of a water shortage caused by **the long dry spell**, the city restricted the use of water.
> 「日照り続きによる水不足のせいで、その市は給水制限にふみ切った」

● 辞書で単語を調べる

look up words in the dictionary が最適。consult a dictionary は堅い (⇒§67)。

● 〜する習慣をつける (⇒p.140)

§45 be to 不定詞

> **課題文**
> (1) 首相は記者団に、近く渡米の予定だと語った。
> (2) 地球上の生物が生き延びるようにしたければ、皆が協力しなければならない。

文法研究

✍ be to 不定詞の5つの意味

「be to 不定詞には〈義務〉〈予定〉〈運命〉〈可能〉〈意図〉の5つの意味があって、この頭文字を取って"業界（ギョウカイ）"と覚える。be to 不定詞をものすごく早く100回言うとビートたけしに聞こえてきて、ビートたけしから業界人と連想する」などと教わっただろうか。ちなみに、この"業界"-という語呂合わせを考え出したのは筆者であるが、近頃は許可もなく勝手に使われているらしい。確かに受験界には特許制度というものがないので仕方がないが…。とは言え、言い出しっぺの私が言うのもなんだが、**この知識は作文では有害である**。

✍ be to 不定詞は〈第三者の意志〉

be to 不定詞に〈予定〉の意味があると覚えていると、変なときに使ってしまう危険性がある。**be to 不定詞の特徴は、背後に〈第三者の意志〉が隠れている**ことである。例えば、次の文は5つの意味のうち、どれだろうか。
　(a) Shinji **was to** be hanged tomorrow morning.
「シンジは明朝絞首刑**にならなければならない**」〈義務〉だろうか。「シンジは明朝絞首刑**になることになっている**」〈予定〉だろうか。あるいは、「シンジは明朝絞首刑**になることとなった**」〈運命〉だろうか。答えはどれでもよい。大事なのは訳よりも、「シンジ」という人は自分の意志で「絞首刑」になっていないということである。この背後には、彼に処刑を命じた〈第三者〉がいるのである。

✍ be to 不定詞の〈義務〉とは？

次の違いがわかるだろうか。
　(b) You **are not to** smoke here.　☞ 第三者の命令を話者が伝達
　(c) You **must not** smoke here.　☞ 話者自身の命令
(b)(c) ともに「ここで煙草を吸ってはいけない」という意味だが、(c) は

147

者自身が命令しているのに対して、(b) は話者自身の発言というより第三者、すなわち黒幕の発言を話者が伝えているだけである。(b) をそれらしく訳せば、「ここでは煙草は吸ってはいけないことになっている」だ。

be to 不定詞の〈予定〉とは？

次に、「二人は6月に結婚の予定である」の英訳を考えてみよう。
 (d) They **are to** get married in June.

(d) は〈第三者の意志・命令〉によって二人は結婚させられることを暗示する。すなわち、政略結婚か見合い結婚である。もし、二人の意志で決めた恋愛結婚なら次のようにすべきだ。

 (e) They **are getting** married in June.

なぜなら、これは〈スケジュール帳に書くような個人的な予定〉だからである (⇒ §2)。

実は、本問の (1) にはこの be to 不定詞が珍しく使える。それは「首相の予定・日程」は首相自身が決めているのではなく、秘書などの第三者によって決められていると考えられるからだ。だが、たとえそうであっても、自信がなければ無理に be to 不定詞など使う必要はない。

 (f) The Prime Minister **is to** visit the United States.
 (g) The Prime Minister **is going to** visit the United States.

be to 不定詞を使うなら (f) だが、〈あらかじめ決まっていること〉は **be going to** が使える (⇒ §23、24) ので、(g) で十分だ。

be to 不定詞の〈意図〉とは？

今度は (2) の方だが、〈意図〉を表す be to 不定詞は、ふつう if 節中で使うということを知っているだろうか。ところが、これにも注意が必要で、それは〈公の願望〉〈人類全体にとっての願望〉の場合だけである。個人の願望には使えない。この場合の第三者とは「社会全体」「人類全体」などである。

 (h) If you **are to** pass the entrance exam, you must study hard.　(×)
 (i) If you **want to** pass the entrance exam, you must study hard. (○)
　　　「受験に合格したければ一所懸命に勉強しなければならない」

この文は〈個人的願望〉についての言及なので、(h) の be to 不定詞ではなく、(i) のように **want to do** を使うべきである。

本問の (2) の「地球上の生物を生き延びるようにしたければ」というのは、〈個人の願望〉というよりも〈**人類全体の願望**〉と言えよう。こういうときに be

to 不定詞が使える。
　(j)　If life on earth **is to** continue to exist, everybody must cooperate.

> ### 英訳例
>
> (1-A)　The Prime Minister told the press that he was (going) to visit the United States shortly.
> (1-B)　The Prime Minister told the papers that he was leaving for the U.S. soon.
> (2-A)　If life on earth is to continue to exist, everybody must cooperate.
> (2-B)　Everybody must work together so that living things on earth can survive.

　❓ (2-B) は so that S can *do* 〜を使って（⇒§44）、「地球上の生物が生き延びられるように」と訳してみた。

表現研究

● 首相
　the Prime Minister がふつう。**premier** はいわゆる新聞用語。
● 記者団
　the press で「マスコミ」全般を指す。必ず the が付く。**the papers / the reporters** も可。paper は「新聞」のときは可算名詞。
● 生物
　living things または **life** がよい。life は「（集合的に）生物」の意味では不可算名詞。**creatures** は植物を含まないのでよくない。**organism** も辞書の定義では「生物」だが、実際には「微生物」(microorganism) を連想させるのでベストではない。
● 協力する
　cooperate や work together が適切。together の主語は複数概念（⇒p.64、83）。

§46 タフ移動

―― 課題文 ――
(1) この新しいタイプの携帯電話は小さな子供でも簡単に扱える。
(2) スカートよりもジーパンの方が活動的だという意見に私も賛成だ。

文法研究

〈タフ移動〉の構文 = 形容詞を修飾する副詞用法

英語学で〈タフ移動〉と呼ばれている構文がある。次のような文だ。

(a) My father is hard to please.
　　「父は気難しい」
(b) This river is dangerous to swim in in winter.
　　「この川は冬に泳ぐのは危険である」

これらの文の特徴は、(a)ならpleaseが他動詞であるのにその目的語が書かれていないこと、(b)ならswim inの次の語（前置詞inの目的語）が抜け落ちていることだ。つまり、ともにto不定詞の中が文法的に不完全ということである。実は、その抜け落ちている箇所に入るべき語は文の主語に当たる語である。(a)ならmy father、(b)ならthis riverだ。つまり、please my father「父を喜ばす」のであり、swim in this river「この川で泳ぐ」のである。特に、(a)は有名な例文だが、「気難しい」というのは意訳で、直訳は「父を喜ばすのは難しい」だ。

実は、この〈タフ移動〉の構文は、to不定詞の副詞用法のうち、〈**形容詞を修飾する用法**〉として参考書に載っているもののことである。この構文は結構よく使うので、文法的に要注意の構文としておさえておきたい。

●〈タフ移動〉の構文●

● **S＋be動詞＋形容詞＋to 他動詞 Φ**　　☞ 他動詞の目的語を書かない

● **S＋be動詞＋形容詞＋to 自動詞＋前置詞 Φ**　　☞ 前置詞の目的語を書かない

※ Φは目的語の抜け落ちている部分

まず、to 不定詞が手前の形容詞を修飾していることを確認する。次に to 不定詞の中が他動詞のときは、その次の目的語の部分は書かない。to 不定詞の中が自動詞のときは前置詞まで書き、前置詞の目的語は書かない。その書かない目的語は文全体の主語であることを意味の上で確認する。

〈タフ移動〉の構文でよく使われる形容詞

とは言え、この〈タフ移動〉の構文で使われる形容詞はだいたい決まっている。次に示した形容詞だ。

easy / difficult / hard / dangerous / impossible / tough

これらの形容詞を使い、次に to 不定詞を続ける場合は、ちゃんと〈タフ移動〉の構文の注意点を忘れていないか確認する必要がある。

(c) Betty is easy to catch colds.（×）

(c) は誤文である。easy の次が to 不定詞なのに、to 不定詞の中の catch の目的語が書かれてしまっている。「ベティーは風邪をひきやすい」と言いたければ、

(d) Betty catches colds easily.（○）

とする。

「簡単に扱える」「活動的だ」の訳は？

本問の (1) を「携帯電話」を主語にして easy を用いるなら、〈タフ移動〉の構文となるから、handle の目的語は書かない。

(e) The new type of cell phone is easy even for a child to handle Φ.

(2) も「ジーンズ」を主語にして easy を用いるなら同様である。

(f) Jeans are easier to get about in Φ.

(f) の get about は「動き回る」という熟語。in は「～を着て、はいて」の意味である。もちろん、主語の「ジーンズ」をはいて動き回るわけだ。

ただし、(1) も (2) もこの〈タフ移動〉の構文を使わずに、仮主語の構文で書くこともできる。

(g) It is easy for a child to handle the new type of cell phone.

(h) It is easy to get about in jeans.

だが、(g)(h) のように仮主語を使った構文と先ほどの (e)(f) のような〈タ

フ移動〉の構文とでは、新情報と旧情報が変わってくる (⇒§74)。(e) や (f) だと、the new type of cell phone と jeans が文頭なので旧情報になるが、(g) や (h) ではそれらが文末になるので新情報となる。どちらの方が適切かは文脈次第である。「新しいタイプの携帯電話」や「ジーンズ」のことを前の文で触れているのなら、これらを文頭にする方が望ましい。逆に「新しいタイプの携帯電話」や「ジーンズ」を新情報として焦点を当てたいのなら仮主語の構文を使って、これらの語を文末にするのが望ましい。

英訳例

(1-A) The new type of cell phone is easy even for a child to use.
(1-B) Every child can easily handle this new model of mobile phone.

(2-A) I agree that jeans are easier to get about in than skirts.
(2-B) I agree that it's easier to work in jeans than it is in skirts.

表現研究

● 携帯電話
 cell phone / cellular phone が《米》/ **mobile (phone)** が《英》。
● 扱う
 use が頻度的に高い。**handle** の目的語は〈手に持って移動できるもの〉だけ。**treat** の目的語はふつう〈人間〉なのでここでは不適切。
● ジーンズは活動的
 Jeans are active. はダメ。これだとジーンズが動き出す！ **get about** は「動き回る」という熟語。
● 〜という意見に賛成だ
 agree that SV 〜で十分。直訳の agree with the opinion that SV 〜は冗長。agree to the opinion that SV 〜は不可。opinion が目的語のときは **agree with** 〜である。ちなみに、agree with 〜は agree to 〜と混同しやすいが、**agree to** 〜の目的語として使えるのは、plan / proposition / suggestion くらい。

§47　現在分詞 と 過去分詞

> **課題文**
> 彼と電話で話していると、彼の声はますます興奮してきた。

文法研究

他動詞の現在分詞と過去分詞

「興奮してきた」は exciting であろうか、excited であろうか。一般に**他動詞が -ing 形**（現在分詞）になって形容詞的に使うときは〈**与える**〉という意味で「**人を～させるような**」と直訳できる。一方、**-ed**（過去分詞）になると〈**もらう**〉という意味になり「**（主語になる人）本人が～する**」が直訳。

● **他動詞の -ing /-ed の区別** ●

- 他動詞の **-ing** 〈与える〉　☞　「人を～させるような」
- 他動詞の **-ed** 〈もらう〉　☞　「（主語になる人）本人が～する」

「彼の講義は退屈だ」の英訳を考えてみよう。
(a) His lecture is **boring**.
(b) I'm **bored** with his lecture.

(a) は「彼の講義」が主語で、「講義」は人に〈退屈を与える〉側だから **boring**「人を退屈にさせるような」となる。(b) は「私」が主語で、「私」は「講義」から〈退屈をもらう〉側なので **bored**「(私が) 退屈する」となる。この際に、物事が主語なら -ing で、人が主語なら -ed になると早合点してはいけない。確かに確率的にはそういう場合が多いが、人が主語でも -ing になる場合もある。

(c) She is **boring**, so I don't want to go out with her.
　　「あの女は退屈だから、デートしたくない」

(c) の場合は「彼女」が〈人を退屈にさせる〉側なので、boring となる。

「興奮してきた」は exciting か excited か

「彼の声」を主語にするなら、〈人を興奮させる〉側だから exciting となる。
(d) His voice got more and more **exciting**. (△)
ところが、(d) の文はいやらしい話のように聞こえる。「テレフォン○○○○」

かもしれない！　よって、ここでは「彼」を主語にしてexcitedの方がよい。「彼」は会話から〈興奮をもらう〉側なのでexcitedとなる。
　（e）He was getting more and more **excited**.

🖊 自動詞の現在分詞と過去分詞

　これまでの例は他動詞の現在分詞と過去分詞の説明であるが、自動詞の場合はまた違うニュアンスになる。**自動詞の場合は、-ing**は〈**進行的**〉な意味で「～しつつある」が直訳となるが、**-ed**は〈**完了・結果的**〉な意味で「～してしまった」と直訳できる。

```
●――――――― ● 自動詞の -ing /-ed の区別 ● ―――――――●
● 自動詞の-ing〈進行的〉　☞「～しつつある」
● 自動詞の-ed　〈完了・結果的〉☞「～してしまった」
```

　例えば、falling leaves は「落ちつつある葉」、fallen leaves は「落ちてしまった葉→落ち葉」である。
　ex. The sight of the **falling** leaves made me sad.
　　「葉が散るのを見て寂しくなった」
　　The ground is covered with **fallen** leaves.
　　「地面は落ち葉で覆われている」

――――――――――――― 英 訳 例 ―――――――――――――
（A）When we were talking over the phone, it sounded as if he was getting more and more excited.
（B）When I was talking to him over the phone, his voice got louder and louder with excitement.

表現研究

● 電話で
　over the phone が適切。on the phone も可だが、この表現は be on the phone の形で使うことが多い。by phone は他の手段と対比するとき（⇒§52）。

§48 分詞構文

> **課題文**
> (1) テレビを見ながら朝食をとる日本人が多い。
> (2) 五十年の半生を振り返って、何が私にとって人生を変えた決定的な出来事だったか、たった一つ選ぶのは大変難しい。

文法研究

📖 分詞構文はなるべく使うな

分詞構文というものをご存知だろうが、英訳の際にはあまり使わない方がよい。その理由は、分詞構文は〈理由〉〈時〉〈条件〉〈譲歩〉〈付帯状況〉など、いろいろな意味に解釈でき、**文意を曖昧にしてしまいがち**だからである。もう一つ、**分詞構文は文語体**であるということも承知していなければならない。口語体ではふつう使わない。よって、〈理由〉なら because / since を、〈時〉なら when を、〈条件〉なら if を、〈譲歩〉なら although を使って書くべきだ。

📖 分詞構文が使える場合 (1)：「〜しながら」

だが、分詞構文を使った方がよい場合もある。それは「**〜しながら**」という意味のときである。本問 (1) の「テレビを見ながら朝食をとる」といった場合だ。この場合は -ing 部分は必ず文末にする。

(a) Many Japanese have breakfast **watching** TV.

この場合、意味をよりはっきりさせるために while を入れてもよい。

(b) Many Japanese have breakfast **while watching** TV.

また、前置詞 over に「〜を食べながら、飲みながら」という意味があるのをご存知だろうか。これを使って訳してみると、

(c) Many Japanese watch TV **over** breakfast. (△)

となるが、この over を使うときは動詞は discuss か talk about に限定される。

(d) Let's talk about the matter **over** breakfast. (○)

📖 分詞構文が使える場合 (2)：慣用句

もう一つ分詞構文を使えるのは、それ自体が慣用句になっている場合だ。本問 (2) の「〜を振り返って」の **Looking back on** [**over**] 〜もその1つである。

```
●――――――――● 慣用的な分詞構文 ●――――――――●
● Generally speaking, SV ...            「一般的に言って...」
● Talking of [about] ～, SV ...         「～と言えば...」
● Other things being equal, SV ...      「他の条件が同じなら...」
● Looking back on [over] ～, SV ...     「～を振り返って...」
● SV ～, depending on  ...              「...に応じて～」
● SV ～, thinking ...                   「...と考えて～」
● SV ～ a letter, saying ...            「...という内容の手紙を～」
```

ex. **Generally speaking**, men don't care as much about what they wear as women.
「概して、男性は女性ほど服装にかまわない」

"My son is good at baseball."
"That's fine. **Speaking of** baseball, the Giants haven't won recently."
「息子は野球が得意なんです」
「それはいいですね。野球と言えば、最近ジャイアンツは弱いですね」

Other things being equal, countries which have a lot of natural resources will survive.
「他の条件が同じなら、天然資源のたくさんある国が生き残るはずだ」

Looking back on the past, I have no regrets.
「過去を振り返ってみても、後悔することは何もない」

Starting salary varies enormously, **depending on** experience.
「初任給は経験に応じてかなり違う」☞ starting salary「初任給」

I felt happy, just **thinking** that I would see her soon.
「彼女にまもなく会えると思っただけで幸せな気分になった」

My mother sent me **a letter**(,) **saying** that she was worried about me.
「私のことが心配だという手紙が母から届いた」

▶ 第3章　準動詞

英訳例

(1-A) Many Japanese people have breakfast (while) watching TV.

(1-B) Lots of Japanese people have breakfast and watch TV at the same time.

(2-A) Looking back over the last fifty years of my life, I find it very hard to say what has changed my life more than anything else.

(2-B) When I look back on my fifty years' life, it is very difficult to say what was the single and most decisive incident that has changed my life.

💡 (1-B) は「～しながら」を at the same time「同時に」を使って表現してみた。

表現研究

● 五十年の半生

　my fifty years of life / my fifty years' life / the fifty years I have lived も可。half my life of fifty years は「25年の人生」という意味なので不可。

● ～を振り返る

　look back on [over] ～が適切。remember は「～を覚えている」なので不可。

● 決定的な出来事

　「決定的な」は **decisive / crucial / dramatic** が可だが、the single and most decisive ～は決まった言い方。「出来事」には **thing / event** が可。what 節にすれば「唯一のこと」の意味も含まれる。what the most important turning point was in my life「何が人生で最も重要な転換期だったか」という訳も可。なお、(2-A) の what was the single and most decisive incident that has changed my life は、間接話法の原則に従えば、what the single and most decisive incident that has changed my life was の語順だが、incident を新情報（⇒§74）として際立たせたい関係上、文末に回した。

● 選ぶ

　choose / decide は可。select は「選りすぐりのものを選ぶ」なので不適。

第4章

冠　詞

　英訳の際に日本人にとって最も厄介なのは冠詞であろう。可算名詞と不可算名詞の区別も面倒である。文字通り、数えられる名詞が可算名詞で、数えられない名詞が不可算名詞ならそれほど苦労もしないが、実際には、数えられそうに思える「手荷物」(baggage / luggage) は不可算名詞で、数えられそうもない「にわか雨」(shower) が可算名詞だったりするのでわけがわからない。
　ところが、「数える or 数えない」という切り口から見るとわかりにくいことでも、「**イメージできる or できない**」という観点から考えてみると、その区別が見えてくる。すなわち、〈可算名詞〉ではなく〈**可像名詞**〉、〈不可算名詞〉ではなく〈**不可像名詞**〉と言い換えてみるのだ。この分野に関しては特に伝統文法にしばられずに、独自の教授法で説明していきたい。
　aとtheの区別はどこまでわかっているだろうか。相手が知らないことについて述べる場合がaで、相手も知っている共通認識の事柄にはtheを付けると思っている人が大半であろうが、それだけでは説明できないこともあることはご存知だろう。そのような冠詞の使い方について、おそらく大部分の英語学習者は避けてきただけで、しっかりと勉強すればかなりの程度まで理解できるのである。中には、熟語や決まり文句だから理屈抜きで丸暗記した方がよい項目もあるが、冠詞の原則についても、英訳をやる以上、ひと通りは確認しておきたい。(なお、誤解がない限り、本書ではaでa/anを代表させることとする)
　筆者自身もネイティヴスピーカーではないので、100％の把握しているわけではないが、本章に書いたことをマスターするだけでもかなり正確に英訳で冠詞を使いこなせることができるようになるものと思う。したがって、冠詞学習に関して、はなからさじを投げることはせず、まずはこの章をじっくりと読んでみてほしい。一般の参考書や文法書では興味が持てなかった何かが見えてくるはずである。なお、『aとtheの底力』(津守光太著、プレイス刊) では、冠詞についてさらなる検証がなされているので、そちらも参照されたい。

● 文法運用力チェック ●

❑ 1. from flower to flower の flower にはなぜ冠詞が付かないのか？ ☞ §49

❑ 2. a good education にはなぜ a が付くのか？ ☞ §50

❑ 3. baggage や luggage はなぜ数えないのか？ ☞ §51

❑ 4. by car の car にはなぜ冠詞が付かないのか？ ☞ §52

❑ 5. This is a pen. を正しく訳せるか？ ☞ §53

❑ 6. 「本を読む」は read a book でよいのか？ ☞ §54

❑ 7. a は「1」を表すのか？ ☞ §55

❑ 8. shower にはなぜ a が付くのか？ ☞ §56

❑ 9. 初登場でも the にすることがあるのはなぜか？ ☞ §57

❑ 10. 関係詞が付いた場合の先行詞の冠詞は the でよいのか？ ☞ §58, 63

❑ 11. 総称を表す複数形と a と the の区別は何か？ ☞ §65, 66, 67

❑ 12. 固有名詞には the が付くのか？ ☞ §68

❑ 13. some は「いくつかの、いくらかの」という意味か？ ☞ §70, 71

❑ 14. some を疑問文では使えないのか？ ☞ §72

❑ 15. 所有格は本当に所有を表すのか？ ☞ §73

§49　同語反復の無冠詞

> **課題文**
> 挨拶のし方は国によってまちまちだ。

文法研究

✎ vary from country to country の country はなぜ無冠詞？

英語をしっかりと勉強した人なら、「国によってまちまちだ」は **vary from country to country** だとすぐにひらめくかもしれない。ひらめくならそれでよいのだが、敢えてこの項では、この句の country はなぜ無冠詞になるのか考えてみよう。これが、これからしばらく続く冠詞の話の出発点になるからだ。

✎ 無冠詞＝音

そもそも、言葉とは〈音と音の組み合わせ〉であったはずだ。それがやがてだんだん具体物などを指すようになっていった。英語では、具体物を指すときに冠詞を付けたり、複数の -s を付けたりする。具体物以前の**抽象的な状態**、ないしは、まだ〈音〉にすぎない段階を表すのが**無冠詞**と考えられる。

（a）Butterflies fly from **flower** to **flower**.
　　「蝶は花から花へ舞って飛ぶ」

この文の意味云々の前にまず、発音してみてほしい。'f' の音の連続が印象的に聞こえるのがわかるだろう。butterflies の 'f'、fly の 'f'、from の 'f'、flower の 'f' ときれいに流れる。仮に flower に a や the を付けて発音してみると、この 'f' の音の連続が多少途切れる感じがしないか。要するに、冠詞がない方が語調よく聞こえるのである。なぜかと言えば、無冠詞とは一つには〈**(物ではなく) 音であるという状態**〉を表すからである。

数年前に、テレビで「ドンタコスったらドンタコス」というコマーシャルをやっていたが、このフレーズを聞いて印象的なのはリズムがよいということだ。その際、「ドンタコスとは何か？」などということは考えない。ただこの商標名が自然と耳に残る。これがこの CM を作った人の狙いであろう。英語の無冠詞はこんな感じに近いのかもしれない。vary from country to country はリズムがよいのだ。したがって、冠詞は付けないのである。ただそれだけのこと。言葉とは所詮〈音遊び〉の道具なのである。

これを無理やり文法的な範疇に押し込むと、〈**同語反復の無冠詞**〉と呼べな

くもないが、そのような理屈よりは発音してみて、きれいな音の並びを鑑賞すべきではないか。
- (b) sit **side** by **side**.　　「並んで座る」
- (c) walk **arm** in **arm**.　　「腕を組んで歩く」
- (d) live from **hand** to **mouth**　「その日暮らしをする」

(d) はこの姉妹版の〈対句の無冠詞〉というのもだが、理屈はいっしょである。そういう意味では、〈呼びかけ〉などもそうであろう。〈呼びかけ〉こそ〈音〉である。言葉を〈音〉としてとらえるとき、冠詞は付けない。
- (e) Keep the change, **driver**!　「つりは取っておきな、運ちゃん！」

英訳例

(A) The way people greet each other varies from country to country.

(B) Every country has its [their] own way of greeting.

(C) People greet each other in different ways, depending on the country they come from.

表現研究

● 挨拶する

greetは「丁寧な言葉を発したり歓迎の素振りを見せる」ことなので最適。**say hello**は文字通り「『こんにちは』と声をかける」ことなので、この文で使うと「国によって挨拶言葉が違う」という意味になる。それは当たり前だろう。**greetings**（複数）にすると「挨拶状」となり意味がずれる。

● 〜の仕方

the way SV 〜は「〜する態度・様子・仕草」なので最適。***one*'s way of *do*ing 〜**は「（人・団体）独特のスタイル」でこれも適切。所有格と使うことに注意。**a way to *do* 〜**は「〜する手段」なので不適切。**how to *do* 〜**は「〜する技術（すなわち、マニュアル的なこと）」なので不適切。

● 〜よってまちまちだ

vary [differ] from 〜 to ...は決まり文句。**Every 〜 has its [their] own ...**もよく使われるパターン。**SV 〜, depending on ...**「...に応じて〜」のパターンについてはp.156を参照のこと。

§50　不可算名詞の可算化？

> **課題文**
> 　健全な教育とは、子供の頭の中に事実や理論をいっぱいに詰め込むことではない。

文法研究

〈不可算名詞の可算名詞化〉って？

　educationという単語は通常は不可算名詞である。不可算名詞は数えられないということだから、aや-sを付けることはない。ところが、不可算名詞もaが付く場合があって、これを〈不可算名詞の可算名詞化〉と呼ぶ。これが一部の文法書で見かける説明だが、これは説明になっていないのではないか。

「可算」ではなく「可像」

　そもそも、名詞を数えられるものと数えられないものとに分類したことが限界ではないか。不定冠詞aとは数えるという意味ではなくて〈イメージできる〉という意味だ。そこで本書では、aや-sが付くような〈イメージできる・イメージしやすい・絵に描きやすい名詞〉を〈可像名詞〉、反対に〈イメージしにくい・絵に描きにくい名詞〉を〈不可像名詞〉と呼ぶことにする。つまり、イメージしやすいときはaを付け、漠然としていてイメージがわからないときには何もつけないのである。

食事名は無冠詞だが...

　食事の名称（**breakfast / lunch / dinner / supper**）はふつう無冠詞で使うことをご存知だろうか。ところが、これらの単語も直前に形容詞を伴うとaが付くのである。
　(a)　Don't bother to make **lunch** for me.
　　　「わざわざお昼などお作りにならないで下さい」
　(b)　We had **a** light **lunch** this morning.
　　　「今日の午後は軽い昼食を食べました」
「昼食」という言葉だけを聞いて何かイメージがわくだろうか。「軽い昼食」と言われれば、例えばパンだけとかカロリーメイトだけといったように多少イメージが浮かぶ。つまり、「軽い」という形容詞が付くことによって、それが

修飾する名詞が絵に描きやすくなったのである。だから、(b)の文には自然とlunchにaが付くのである。

「健全な教育」の訳

本問の「健全な教育」も同じようなことで、ただ「教育」と言われてもイメージがわかない。例えば、小論文や自由英作文の問題で、「教育について6000字で論ぜよ」と言われても途方にくれてしまうのではないか。しかし、問題文が「あなたの理想的な教育について論じてください」とあれば少しは書きやすくなるだろう。「理想的」と言われれば、教育制度に乗っかっている人間なら何がしか希望・要望があるはずだからである。「健全な教育」と言われれば、「健全な」が付いた分、イメージしやすいのである。よって、こういうときはeducationにaが付く。

英訳例

(A) A sound education doesn't mean cramming children's heads with facts and figures.

(B) A good education means that children learn more than facts and figures.

表現研究

● 健全な
　直訳は **sound** だが、**good** や **ideal** でも可。healthyは体質にしか使わない。

● 教育とは〜することではない
　Education doesn't mean that 〜ならよいが、Education is not to *do* 〜はだめ。The purpose of education is to *do* 〜なら可。

● 事実や理論
　facts and figures は「細かい情報」という決まり文句。facts and theoryとはふつう言わない。knowledgeは良い意味で使うのでここではよくない。

§51 全体集合はイメージできない

> **課題文**
> 旅慣れている人とそうでない人は、その人の荷物を見ればよくわかる。

文法研究

「荷物」は数えられないのか？

「荷物」は英語で **baggage**《米》/ **luggage**《英》と言うが、これらは不可算名詞である。では、「荷物」は1つ2つと数えられないのであろうか。日本語で考えていると数えられそうな気がしなくもない。この場合も、〈数えない〉のではなくて〈イメージしにくい・絵に描きにくい〉と説明した方がわかりやすいのではないか。つまり、不可算名詞でなくて〈不可像名詞〉である。

「荷物」の絵を描けと言われたら、何を描くだろうか。「かばん」だろうか。「スーツケース」だろうか。こう考えればわかってくるのだが、「かばん」や「スーツケース」の絵は描けても「荷物」の絵は描けないのである。なぜなら、「荷物」とは総称的な言い方、数学的に説明すれば〈全体集合〉に相当する語だからである。一般に〈全体集合〉はイメージしにくい、絵に描きにくい。その中の **1つ1つの要素**（数学で言う部分集合）はイメージしやすい、絵に描きやすいと言える。よって、全体集合はふつう〈不可像名詞〉で、1つ1つの要素に相当する語は〈可像名詞〉である場合が多いのだ。例えば、**furniture** は不可像名詞であるが、それは「家具」という言い方は〈全体集合〉だからである。〈家具〉には「ソファー」「ベッド」「たんす」などがあるが、これらの絵は描きやすい。よって、可像名詞。**poetry** は「小説」「随筆」「論説」などと同じジャンルを表す言葉なので、これも〈全体集合〉と言える。「1編1編の詩」のことは **poem** という。よって、poetry は不可像で、poem が可像。この違いがわかってくると、a や -s を付けるべきか否かという判断がしやすくなる。

baggage / luggage	furniture	poetry
a bag, a shoulder bag, a suitcase, a waist pouch, …	a bed, a sofa, a chair, a table, a wardrobe, …	a poem, a poem, a poem, …

▶第4章　冠　詞

✍ a cup of coffee は「一杯のコーヒー」か？

では、ここで問題を1問。「コーヒー」の絵を描いてみてほしい。大部分の人は下のような絵を描くのではないか。

実はこの絵の80％は「コーヒーカップ」の絵である。私は「コーヒー」の絵を描いてほしいと言ったのだ。ところが、「コーヒー」の部分だけを書くのは至難の業であろう。つまり、「コーヒー」の絵は「コーヒーカップ」の力を借りなければ描けないのだ。「コーヒーカップ」は絵に描けるからaが付くが、「コーヒー」自体は絵に描けないから不可像名詞となる。これが本当の a cup of coffee の説明ではなかろうか。

英 訳 例

(A) You can tell if someone is an experienced traveler or not by looking at his or her baggage.
(B) You only have to look at someone's luggage to see if they're used to traveling.

---

❷ (B) の only have to は have only to 〜の語順でもよい。この表現には、to see [realize / find] …などが続くことが多いので、have only to *do* 〜 to see …全体で「〜しさえすれば…がわかる」という決まり文句としておさえておくべきである。なお、someone を代名詞で受けるとき、he は避けたい。近年は女性への配慮から、he or she か they で受ける。someone は文法的には単数だが、they で受けることは慣用的に許される

表現研究

● 旅慣れている〈人〉
　an experienced traveler「経験豊かな旅行者」という名詞表現がある。もちろん、**be used to traveling** でもよい（⇒p.140）。

165

§52　by＋無冠詞名詞

> **課題文**
> 東京では交通が激しいので、時には車よりも地下鉄を利用する方が早い場合が多い。

文法研究

✍ byは対比を表す

by carや**by subway**のように〈手段を表す**by**〉と使うときの名詞には原則として冠詞は付けない。よって、by cars とか by a subway などとしてはいけない。でも、それはなぜであろうか。それを考えるにあたってまずはbyという前置詞について改めて考えてみたい。byはひと言で言えば〈対比〉を表す。いちばん簡単な「〜のそばで」の意味の場合も、「よその場所ではなく〜のそばで」ということを言いたいわけだ。byには「〜単位で」という意味もあるが、これも「他の単位ではなく〜という単位で」という意味だ。

(a) Stand **by** me.
　　「(遠くに行かずに) 私のそばにいろ」
(b) Sugar is sold **by** the pound in this country.
　　「砂糖はこの国ではポンド単位で売られている」

✍〈手段〉のbyの次の名詞は無冠詞

これは〈手段〉のbyも同じことで、「他の手段ではなく〜という手段で」というように〈対比〉を表す場合に用いる。

一方、a car / the car / cars などのように冠詞や -s を付けるのは、〈種類〉に言及したことになる。車なら、例えば、ベンツ、BMW、ポルシェ…といった具合だ。ところが、「車なのか地下鉄なのか」という〈対比〉をしているときは、この車がベンツかポルシェかなどということはどうでもよい。一方、地下鉄も丸の内線か半蔵門線か (東京の話題で恐縮ですが) ということもどうでもよい。ただ、「車」という語と「地下鉄」という語を比べているだけなのだ。つまり、'car' や 'subway' という〈音〉だけ伝われば十分である。無冠詞の意味は基本的には〈音〉であった。これが、〈手段〉のbyと使う名詞に冠詞が付かない理由ではないか。

✍ in a car や on the subway は冠詞が必要

ついでながら、in a car や on the subway と言うときは、なにがしか冠詞が必要である（複数形もあり得る）。これも、in や on といった前置詞による影響が大きい。in は基本的には〈枠の中〉という意味であり、「中」という以上、容器のような立体的なものをイメージする。つまり、このときの「車」ははっきりと絵に描けるような具体的な「車」なのだ。よって、in a car というように a などが必要になる。on の基本的意味は〈接触〉である。接触するということは対象は具体物でなければなれない。これが on の場合に the などの冠詞が必要になる理由だろう。ちなみに、a や the や複数などは〈具体的である〉ことを意味する。

英訳例

(A) In Tokyo, the traffic is heavy, so it is often faster to take the subway than (to) go by car.
(B) The traffic in Tokyo is so bad that it's often quicker to go by subway (than by car).

❓ traffic はふつう「車の交通」のことなので、(B) のように than by car はなくても比較級だけでその意味は伝わる。

表現研究

● 交通が激しい
The traffic is heavy [bad / terrible]. は「車両の行き来が激しい」(⇒p.110)。The streets are busy. は「人通りが激しい」なので不適切。
● 地下鉄を利用する
take [use] the subway も可 (⇒p.146)。
● 車で（行く）
drive も可。drive a car は不可 (⇒§54)。
● 〜する場合が多い
often が簡潔でよい。there are many cases where SV 〜は論文調。

§53 aは「いくつかあるうちの1つ」

> **課題文**
> 昨年の夏、北海道旅行中に久しぶりに旧友と出会った。

文法研究

✎ my friend と a friend of mine

「私の友達」はmy friendではなく **a friend of mine** と言う。なぜそんな面倒な言い方をするのかと言えば、my friendと言うと「唯一の友人」すなわち、友人がたった一人しかいないように聞こえるからだ。a friend of mineなら「何人かいる友人のうちの一人」という意味になり、友人は何人かいることになる。**不定冠詞aは「いくつかあるうちの1つ」を表すからだ。** ただし、my friendを使うこともある。それは、**my best friend**「親友」という場合と、**my friend John**「私の友人のジョン」などと言う場合だ。my friend Johnのような形を文法用語で〈同格〉と呼ぶが、「友人すなわちジョン」ということである。この場合には「ジョン」という友人のことだけを述べているので「唯一」でもよい。また「親友」となるとそう何人もいるわけではなかろう。「唯一」である可能性もある。よって、「旧友」の訳も my old friend より **an old friend (of mine)** と書く方が聞こえがよい。

✎ This is a pen. の「訳」

ここで、**This is a pen.** の意味について考えていただきたい。そもそも、日常会話でこの文を語る機会はほとんどないだろう。なぜなら、**This is 〜. は基本的には相手が〜を知らない場合に使うからである。** ある程度言葉が話せるようになった文明人が「ペン」も知らないということは現実には考えにくい。でも、百歩譲って、This is a pen. を使う数少ない機会を想定してみたい。これは筆者の実話であるが、グァムに旅行に行った際、ある友人に土産を買って行った。その土産とはペンなのだが、ふつうのペンとは違ってペンの柄の部分の先端に人の顔が彫ってあった。一見、棒の先に顔があるミニ人形に見えるのだが、実はその顔の部分がキャップになっていて、それを取るとペンとして使える代物だ。さすがに、友人も最初はこれをペンだとは見破れなかった。そんなとき、This is a pen. と言うのではなかろうか。

では、なぜpenの冠詞はaになるのだろうか。それは、「これ（土産にグァムから買ってきた物）もペンと呼ばれる範疇に属するもののうちの1つ」だからである。aは「いくつかあるうちの1つ」を表すのである。これを簡潔に和訳するなら、「これもペンである」が適切な日本語であろう。その昔、This is a pen.を「これは1本のペンです」という日本語で教わったならば、それはとんでもない間違いで、「これは」も「1本の」も誤訳であろう。そもそもaに「1つの」という意味など、原則はないのではなかろうか。「1つ」ではなく「**いくつかあるうちの1つ**」と正しく説明しなければならない。ここを勘違いすると、いつまでたっても冠詞がわからないまま英訳に苦しむことになるのである。そこで、くどいほど何度でも言っておきたい。aは「**いくつかあるうちの1つ**」という意味である。

英訳例

(A) While I was traveling in Hokkaido last summer, I ran into an old friend (of mine) I hadn't seen for ages.
(B) During my trip to Hokkaido last summer, I bumped into an old friend I hadn't seen for years.

表現研究

● 昨年の夏
　last summerが正しい。2語で副詞。in [on] last summerは不可 (⇒§86)。
● ～を旅行していたとき
　When [While] I was traveling in [around] ～ / When I took a trip to ～ / When I was on holiday in ～ / During my trip to ～などが使える。
● 久しぶりに旧友に会った
　英語では「長年会っていなかった旧友と出会った」という発想にして、I ran into an old friend I hadn't seen for ages.とする。詳しくは§102を参照。
● ～に出会う
　meet ～はふつう「約束して会う」ことを意味するが、**happen to meet** ～ は可 (⇒p.58)。**see** ～「～と顔を合わせる」も可。**run into** ～ / **bump into** ～ でもよい。**come across** ～ の目的語はふつう物や場所なのであまり適切ではない。

§54 相手を興味津々にさせる a

> **課題文**
> （1）私は普段電車通勤なのでめったに車に乗らない
> （2）最近、車を買った。1000万円した。

文法研究

✍ a =「とある〜、ある〜」

「車を運転する」は英語で何と言うのだろうか。ここで drive a car と考えるのは短絡的である。**drive a car** と言うと、**a** は「いくつかあるうちの1つ」を表すので、「何台かあるうちの1台の車を運転する」という意味になる。この言い方は、日本語でもかなり持って回った含みを持たせた言い方ではないか。簡潔に言えば「**ある車を運転する**」という日本語に等しい。こう言われれば、聞いている方は「どんな車？」と聞きたくなる。すなわち、**a** には〈**相手を興味津々にさせる**〉働きがある。

(a) "I stopped by **a** store yesterday, and all the DVD recorders were 30% off."
"Where did you go?"
「昨日ある店に立ち寄ったら、DVDレコーダーはすべて30%引きだったよ」
「どこの店？」

この文において、a store「ある店」と言われれば、どの店だか気になって仕方がない。「どこの店」と聞きたくなるのが人情だろう。

✍「車を運転する」≠ drive a car

本問の (1) の「めったに車に乗らない」を I hardly ever drive a car と書くと、「ある車をめったに運転しない」という意味になってしまい、相手は「何の車」だか興味津々になる。そうではなくて、ただ「**車の運転しない**」と言いたいのなら、**I hardly ever drive.** である。この場合の **drive** は自動詞だ。この類例として、「**本を読む**」と「**歌を歌う**」の英訳も確認したい。それぞれ、read a book / sing a song と英訳すると「ある本を読む」「ある歌を歌う」となってしまう。そういう意味にしたくないのであれば、それぞれ **read** / **sing** が正しい。この場合の **read** と **sing** も自動詞である。

✍ a carと言う場合

では、a carという言い方はしないかと言えば、本問 (2) のように、意味深長に言っているときには使う。つまり、「ある車を買った」と言って相手の興味を引くわけだ。これ以外にも、一般に修飾語が付く場合には、drive a carの形をとる。

(b) I drove **a *new*** car for the first time yesterday.
「昨日始めて新車を運転した」
(c) I used to read **a** book ***by Bertrand Russell*** to study English.
「英語の勉強のために昔はバートランド＝ラッセルの本を読んだ」
(d) Let's sing **a** song ***that can lift everyone's spirits***.
「みんなを元気づけるような歌を歌おうよ」
☞ lift *sb*'s spirits「〈人〉を元気づける」

(b) (c) (d) ともに、「新車」「ラッセルの書いた本」「みんなを元気づけられるような歌」はいくつもあるわけで、「**そのうちの1つ**」だから**a**となる。

英訳例

(1-A) I usually get to work by train, so I don't have many chances to drive.
(1-B) I usually commute to work by train, so I hardly ever go by car.

(2-A) I bought a car recently. It cost ten million yen.
(2-B) I bought a car for ten million yen the other day.

表現研究

● 通勤する
　commute / get to workが可。commuteは「往復」を含意するが、get to workだけでも「通勤」の意味になる。go to workも可だが、職場に着くことに力点があるときはgoよりgetが適切 (⇒p.96)。また、workの代わりに the officeは、いわゆるオフィスのある仕事に就いている人だけなので意味が狭まる (⇒p.175)。なお、byは対比を表すので、by trainは「(バスや車でなく) 電車で」という意味になる (⇒§52)。

● 最近
　recentlyは過去形と使うことができる (⇒§10)。**the other day**「先日」でも可。

§55 aは「1」を表す？

> **課題文**
> (1) 姉は食餌制限してからすでに1キロやせた。
> (2) 私の祖父はとても健康体で、近年風邪ひとつひいたことがない。

文法研究

✍ aが「1」を表す場合

　This is a pen. を「これは1本のペンです」と訳すのはおかしいことについて前項で触れた。aは「1つ」ではなく、「**いくつかあるうちの1つ**」という意味だからだと述べた。では、aを「1つ」と訳すことはないのだろうか。実はまれにある。**a**の次の名詞が数量の単位を表す場合である。

(a) Rome was not built in **a day**.
　　「ローマは一日にしてならず」
(b) I missed the last train by **a minute** last night.
　　「昨夜は終電に1分差で乗り遅れてしまった」

　(a)も(b)もaを「1」と訳している。それはdayもminuteも〈数量を表す単位〉だからである。ここで注意が必要なのは、**a**で「**1**」を表すことがあるのは〈数量を表す単位〉のときだけだという意識である。よって、本問(1)「1キロ」の「キロ（グラム）」も単位を表す単語なので、a kilogramでよい。

✍〈数量を表す単位〉以外に「1」を表したい場合

　ところが、それ以外に敢えて「1」を強調したいときはaだけではダメだ。**only one** 〜や**a single** 〜と言うのがふつうである。

(c) There is **only one** hot spring in the world where you can take a bath with monkeys.
　　「猿といっしょに入れる温泉が世界でただ1つだけある」
(d) I couldn't find **a single** clue in the question.
　　「その問題にただの1つも手がかりを見出せなかった」

　ここで確認しておきたいのは、aとoneは決してイコールではないということである。aもoneもともに「1」を表すという言い方では、どちらでもよいと勘違いしかねない。aで「1」を表すことができるのは、あくまでも〈数量を表す単位〉の名詞と使うときだけなのだ。それ以外で「1」を表したければoneが

正しいが、one も単独で使うことはまれで、(c) のように only を伴うことが多い。また、a single は (d) のように否定文で使われることが多い。日本語でも「〜ない」という言い方よりは「1つたりとも〜ない」という言い方の方が否定を強調できるが、英語でも、**not a single 〜** と言うことで否定の強調語となる。よって、本問 (2) の「風邪ひとつひいたことはない」の訳にはこれが使える。

英訳例

(1-A) My sister has already lost a kilogram since she started her diet.

(1-B) My sister has already lost 1 kg since she went on a diet.

(2-A) My grandfather is very healthy and hasn't had a single cold for years.

(2-B) My grandfather is in very good health and hasn't even got any colds for years.

表現研究

● 食餌制限する

start *one*'s diet / go on a diet / start [begin] dieting が可。limit [reduce] *one*'s meals は不可。

● 健康体である

be in good health / be healthy は使用範囲が広い。**be in good shape / be fit** は普段から鍛えている場合だけ。keep *one*'s health とは言わない。

● 近年

for [in] years が最適。in recent years も可。recently / lately は「先週」ぐらいの可能性もあるので不適 (⇒§10)。

● 風邪をひいたことがない

He hasn't had a cold. が最適。一般には have a cold が「風邪をひいている」(状態) で、catch a cold が「風邪をひく」(動作) と覚えるが、He hasn't caught a cold. だと風邪をひいた瞬間だけに言及している感じ。(2-B) は「ひとつも〜ない」に not 〜 any を用いた形。

§56 「ちょっと」を表すa

> **課題文**
> (1) つとめの帰り道、にわか雨にあった。
> (2) 3Dアートは少し離れた所から見るのがよい。

文法研究

📢 showerの冠詞はなぜaになるのか？

「にわか雨にあう」は **get caught in a shower** と言うが、showerの冠詞はなぜaになるのだろうか。前項までの説明でaが「いくつかあるうちの1つ」を表す場合と純粋に「1」を表す場合の区別に触れてきたが、aは単数であることには変わりない。単数ということは、当たり前の話ではあるが、複数と比べたら少ない。つまり、「ちょっと」ということである。ここからaの「**ちょっと、少し、一瞬**」という意味が派生してくる。「にわか雨」は一瞬で止むものであるから、**a shower** と言う。これに対して **rain** という語は「しばらく降る雨」のことを指す。しばらくと言ってもどれくらいの期間かは漠然としていてイメージがわかないから、**rain** は**不可像名詞**となるわけだ。

📢 make a brief stop

筆者がこのことを強く意識したのは新幹線に乗って、英語による車内アナウンスを聞いたときであった。

(a) We will be soon **making a brief stop** at Sendai.
「まもなく仙台に着きます」(まもなく仙台で短時間の停車をします)

これを聞いて、「仙台に着く」と言いたければstop at Sendaiと簡潔に言えばいいのではないか、なぜmake a stopとstopを名詞で使う必要があるのか、と一瞬思ったのだが、次の瞬間思い直した。仮にbrief「(時間的に) 短い」という語がなくても、**a**は「**ちょっと**」を表すので、これだけで「**短時間**」ということを醸し出しているのではないかと。確かに新幹線の停車時間は1分程度のものである。この間に乗客に乗り降りしてもらわなければならない。停車時間は「ちょっと」しかないことを言っておく必要がある。stop at Sendaiでは「ちょっと」のニュアンスが出ない。「ちょっとしか停車しませんよ」という感じを出すためにはやはりmake a brief stop at Sendaiの方がよい。(ちなみに(a) は未来進行形の文 (⇒§29))

✎ a =「ちょっと」

aに「ちょっと」の意味があることがわかってくると、**look at ～**と**take a look at ～**の微妙な違いもわかってくる。Look at me. より Take a look at me. の方が、「一瞬でよいからこっち見て」という感じが出るのだろう。

(b) **Look at** me. 「こっち見て」
(c) **Take a look at** me. 「ちょっとこっち見て」

at a distanceは「少し離れた所から」で、**in the distance**は「遠方で」という意味の熟語だが、後者は遠く、前者は比較的近い所を意味する。この「少し」という感じは冠詞のaから出てくるものである。本問 (2) にはat a distanceが使える。一方、in the distanceの場合、theは「誰もが連想する唯一の」という意味であり、「いわゆる」という日本語に近くなる (⇒§68)。いわゆるdistanceとはdistanceの通常の意味と言うことになるが、distanceは、ふつうはどちらかと言うと「長距離」をイメージする。そこから「遠方」を暗示する。

英訳例

(1-A) On my way home from work, I got caught in a shower.

(1-B) I got caught in a shower on the way back from work.

(2-A) 3-D art looks best at a distance.

(2-B) It is good to look at 3-D art at a distance.

❓ (2-A) のようにtheを伴わない最上級については§99を参照のこと。

表現研究

● つとめの帰り道

on *one*'s [the] way home [back] from workが適切。homeもbackも副詞なので前置詞toは不要。workの代わりにthe officeにすると、いわゆるオフィス (仕事部屋) のある仕事だけを意味することになる。companyは「概念・名称としての会社」なので不適切 (⇒§74)。

● にわか雨にあう

be caught in a showerは「にわか雨にあっている」という〈状態〉になるのでややおかしく聞こえる。beは状態でgetは動作。

§57 初登場でも the ?

> **課題文**
> 電車は混むので車で図書館まで乗せていってくれませんか。

文法研究

✍ 初登場なのに the ?

「初登場の名詞にはaで、一度出てきた名詞にはtheを付ける」というのが大半の人の冠詞の認識ではなかろうか。しかし、この理解では初登場の名詞の冠詞は必ずaになると勘違いしてしまいかねない。読者の皆さんはふだん読解で、初登場であるにもかかわらず冠詞がtheになっている例をよく見かけるはずだ。もし、先ほどの法則で冠詞を説明できるのなら、日本人は英作文でそれほど冠詞に苦労しないはずである。

本問の「電車」と「図書館」は初登場でもtheになる。「電車」「図書館」と言うだけで話が通じるということは、相手もそれを承知しているからである。もし相手がわかっていないと思うなら、「○○線」とか「○○図書館」とか固有名詞を言うはずであろう。このように、初登場であっても、**状況からわかる**場合にはtheを用いるのである。

✍ 状況から自動的に1つに決まる

〈一度出てきた名詞〉に付くtheも〈状況からわかる〉theにしても、共通点は「**自動的に唯一に決まる**」ということである。**the**の定義は「唯一」だ。

(a) It's cold. Can you shut **the window**?
「寒いよ。窓を閉めてくれ」
(b) In this part of **the country**, the cherry blossoms come out in early March.
「この地方では桜の花は3月のはじめ頃に咲く」
(c) I have to hand in this paper by the end of **the month**.
「今月の末までにはレポートを提出しなければならない」
(d) Do you have **the time**?
「お時間わかりますか (いま何時ですか)」

これらはすべて〈**状況から自動的に1つに決まる**〉例である。(a) の場合、その場にいる人間から見れば、開いている窓は自動的に1つに決まるはずであ

る。よって、初登場でも the window となる。仮に Can you shut a window? と言ったら何がおかしいのだろうか。これだと「いくつかある窓のうちの1つを閉めてくれ」という意味になってしまう。窓がいくつかあるのなら、そのうちの1つだけを閉めてもまだ寒いだろう。

(b) の part of the country は「地方」という決まり文句だが、これはどこでこの文を喋っているかで自動的に決まる。名古屋で喋っていたら the country は日本、ホノルルで喋っていたら the country はアメリカ合衆国となる。

(c) の the month はいつ喋っているかで自動的に1つに決まる。9月に言っていれば the month は9月となる。つまり、発言時から見れば the month は「今月」を指すことになる。month が「月」なので、the が「今」に相当する。ここから、the に「今」という意味が派生してくる。

(d) の **Do you have the time?** は「今何時?」という意味になるが、「今」に相当する部分は the が担当している。**Do you have time?**「お時間ありますか、お暇ですか」と混同しないようにしよう。the ひとつで大違いである。

語自体の意味から自動的に1つに決まる

ついでに、〈単語自体の意味から自動的に1つに決まる〉という理由で the が付くものを確認しよう。

● **自動的に1つに決まる the** ●

- the first / the second / the third / the fourth / the fifth / the sixth ...
- the last 〜 / the only 〜 / the same 〜 / the best などの最上級

---

the first「最初の」などの**序数**を表す語は、「最初の」といった時点で何を指すのか自動的に決まってしまうので、ふつう the が付く。**the last**「最後(の)」、**the only**「唯一の」、**the same**「同じ」も同様である。また、the best などの最上級が自動的に1つに決まるのは自明であろう。

ただし、序数でも another「もう1つ〜」の意味に近い場合は **a** になる。

(e) I had **a second helping** of rice this morning.
　　「今朝は御飯のお代わりをした」
　　☞ helping「(食べ物の) ひと盛り、1杯」

英訳例

(A) The train is really crowded. Could you give me a ride to the library?

(B) The train is very crowded, so I was wondering if you could give me a lift to the library.

表現研究

● 電車は混む

「混む」は **crowded** だが、強調したければ very や really を付ける。really は口語体でもよく用いられ、強調語としてはいちばん使い出がある。packed like sardines「すし詰めの」(直訳「鰯(イワシ)のように詰め込まれて」) という表現はいささか古い。そしてこの表現を使うなら、主語は「列車」ではなく「人」でなければならないことにも注意。

  The train is packed like sardines.　　(×)
→ **The passengers** are packed like sardines. (○)
  「乗客はすし詰め状態だ」

他には、The train is jam-packed. としても「すし詰めだ」の意味を表せる。

● ～まで車で乗せていく

give *sb* a ride は《米》、**give *sb* a lift** は《英》。なお、日本語では省略されているが、英語では「誰を」を表す部分 (me) も言わなくてはならないことに注意。「私を乗せていく」のである。

● ～してくれませんか

丁寧にお願いしているので、**Could you *do* ～?** や **I was wondering if you could *do* ～** (⇒§16、17) を用いる。

§58　関係詞 と 冠詞〈単数〉

> **課題文**
> (1) 日本は天然資源の乏しい国だ。
> (2) 君はシェークスピアが生まれ育った町を知っていますか？

文法研究

関係詞節によって限定される？

関係詞の先行詞になる名詞の冠詞はどうなるのであろうか。本問 (1) において、「天然資源の乏しい」を関係詞にして「国」という先行詞を修飾させる英文で表すとしよう。

(a) Japan is **the** country *that doesn't have a lot of natural resources.* (×)

(b) Japan is **a** country *that doesn't have a lot of natural resources.* (○)

(a) のように冠詞を the にする学習者が多い。理由を聞いてみると、大部分の人は「関係代名詞以下によって限定されるから the にした」と答える。少なくとも関係詞が付くと、その前の先行詞の冠詞は the にすると思い込んでいるようである。これは完全に誤解である。そのような文法ルールはどこにもない。そもそも、a にするか the にするかは関係詞節の有無とは関係ない。前項までに見てきたように、「**いくつかあるうちの1つ**」なら **a**、「**唯一**」なら **the** にするだけの話である。

本問 (1) の場合、「天然資源の乏しい国」は何も日本だけではあるまい。他にもあるだろう。そういったいくつかある国のうちの1つだから、(b) の方が正しい。一方、(2) の場合は「シェークスピアが生まれ育った町」は一箇所しかない。ひょっとしたら「育った町」はいくつかあるのかもしれないが、「生まれた町」は絶対に1つ (=**唯一**) である (ストラトフォード・アポン・エイヴォン (Stratford-upon-Avon) という町)。よって、冠詞は the になる。

(c) Do you know **a** town *where Shakespeare was born and brought up?* (×)

(d) Do you know **the** town *where Shakespeare was born and brought up?* (○)

✍ 〈限定〉という言葉の意味

　これでわかったことは、**関係詞によって限定されているからと言って、先行詞の冠詞がtheになるとは限らない**ということである。そう考えていた人は〈限定〉という文法用語を履き違えている。

　(e)　Hiroshi is **an** only child.　　　「弘は一人っ子だ」
　(f)　I am **the** only son in my family.　「我が家では息子は僕だけです」

　(e)の文で、「一人っ子」はこの世に**何人もいる**わけだが、そのうちの一人となるので冠詞は**a**になる。一方、(f)の文のように、「我が家」に**限定**されれば「息子」は一人だけ、つまり**唯一**ということになるので冠詞は**the**になる。このように、限定とは意味の上で言っているのであって、単純に関係詞節がつながるというような機械的な意味ではない。

英訳例

(1-A)　Japan is a country that doesn't have a lot of natural resources.

(1-B)　Japan is a country with very limited natural resources.

(2-A)　Do you know (the town) where Shakespeare was born and brought up?

(2-B)　Do you know Shakespeare's birthplace?

表現研究

● ～が乏しい

　「それほど多くない」と考えて doesn't have a lot of natural resources、あるいは「非常に限られている」と考えて with very limited natural resources と書ける。**be short of ～**は「一時的に～が不足している」ときなので不適切。**lack ～**は堅い。**be poor in ～**は「(必要なもの)に乏しい」というマイナスニュアンスで使うが、ここでは可。

● 生まれ育つ

　be born and brought upが適切。**be born and bred**は「生粋の～育ち」というときに用いる。**be born and grow up**も可。あるいは(2-B)のように、*one*'s birthplace「～の生誕地」と簡潔に表す手もある。

§59 同格と冠詞

> **課題文**
> (1) ナンシーは息子が死んだという事実を認めようとしなかった。
> (2) 現在、小・中学校にはいじめの問題があります。

文法研究

🖉 同格で使う名詞の冠詞は the

〈同格〉という文法用語がある。名詞の次を that 節や of 句でつなぐ場合が多いが、「〜(する)という(名詞)」と訳せる場合だ。

(a) I heard **the** rumor ***that*** *Mr. Kato is going to run for mayor.*
「加藤氏が市長選に出馬するという噂を聞いた」
(b) I disagree with **the** idea ***of*** *euthanasia.*
「安楽死という考え方には反対だ」

(a) では rumor と that 節が同格、(b) は idea と of 以下が同格となるが、**この同格で使う場合の名詞の冠詞は the になることが多い**。それは〈同格〉とは〈話題を1つに絞る〉ということだからである。(a) の「噂」は何の噂でもよいわけではなく、「加藤氏が市長選に出馬する」という噂だけに**意味が限定される**。(b) の「考え」も「安楽死」という考えに対してだけである。その内容が「唯一」に絞られるので the となるわけだ。よって本問も同格の that や of を使うのなら、その前の名詞の冠詞を the にする。

(c) **the** fact ***that*** *her son died* 「息子が死んだという事実」
(d) **the** problem ***of*** *bullying* 「いじめという問題」

特に、that 節の場合はこの〈同格〉の場合と、前項で扱った〈関係代名詞〉の場合を混同しないように。〈同格〉の場合は the になることが多いが、〈関係代名詞〉の場合は the とは限らない。もう一つ文法的な違いがある。〈同格〉の **that は接続詞なので節内は完全文**になるが、〈関係代名詞〉の場合は節内は**不完全文**(文の要素が何か欠けている)になる。

さらに、この2つは意味も異なる。〈同格〉の場合は「〜するという(名詞)」と訳すが、〈関係代名詞〉の場合は「〜する(名詞)」と訳す。つまり〈関係代名詞〉自体は訳さない。「という」の3文字が入るかどうかで大違いである。

```
●――――― 同格の that と 関係代名詞の that ―――――●
● 同格      ☞ the＋名詞＋that SV〜〈完全文〉     ☞ the が多い
● 関係代名詞 ┌ the＋名詞＋that (S) V〜〈不完全文〉 ☞「唯一」
           └ a＋名詞＋that (S) V〜〈不完全文〉   ☞「いくつか
                                                ある中の1つ」
```

ところが、同格で使われる名詞がまれに a になることもある。

(c) There is **a** rumor circulating ***that*** *Mr. Kato is going to run for mayor.*

「加藤氏が市長選に出馬するという噂が広まっている」

(c) の rumor と that 節が同格であるが、この場合は there is 構文との兼ね合いが大きい。一般に **there is** の次の名詞は新情報となる (⇒§75) ので、この場合は rumor の冠詞は a が適切である。

📖 同格の that とともに使える名詞

ついでながら、〈同格〉の that はどんな名詞とでも使えるわけではない。使える名詞はある程度決まっているので、英訳の際には注意が必要だ。よく使われる名詞だけを下にまとめておくので参照しておいてもらいたい。

```
●――――― 同格の that とともに使える主な名詞 ―――――●

① fact / information / knowledge / message / news / plan / proof /
   proposal / rumor
② idea / belief / decision / doubt / question / dream / impression
   / theory
③ chance / opportunity / likelihood / possibility / hope / danger /
   fear / sign
④ condition / ground / guarantee
```

📖 〈主格〉〈目的格〉〈同格〉の of

of には〈同格〉以外に〈主格〉〈目的格〉という場合もあるが、このときも of の前の名詞の冠詞は **the** になる。〈主格〉とは of が「〜が」、〈目的格〉は「〜を」と直訳できる場合である。

(d) **the** effect **of** acid rain on plants
「酸性雨が植物に及ぼす影響」〈ofは主格 ☞「が」と訳す場合〉
(e) **the** application **of** technology to war
「科学を戦争に応用すること」〈ofは目的格 ☞「を」と訳す場合〉

ただし、A of Bのとき、Aの冠詞はいつでもtheになると勘違いしてはいけない！ **a** family **of** four「4人家族」のようにaになることもある。「4人家族」はこの世に何世帯もあり、その中の1つだからである。

ex. With prices (being) as high as they are now, I have difficulty supporting **a family of four** on my small salary.
「物価が今のように高くては、私の安月給で家族4人を養っていくのは大変だ」

英訳例

(1-A) Nancy wouldn't accept the fact that her son died.
(1-B) Nancy refused to accept the fact that her son died.

(2-A) Elementary and junior high schools these days have the problem of bullying.
(2-B) These days there is a lot of bullying in [at] primary and junior high school.

表現研究

● 〜しようとしなかった
wouldn't *do* 〜 / **refused to** *do* 〜は〈強い拒絶〉を表す。

● 小学校に
副詞句で表現するなら、(2-B) のように **in [at] elementary [primary / grade] school** が適切。一般には、in (〜) schoolは「学校時代に」で、at (〜) schoolは「学校という所で」となるが、この場合はあまり変わらない。

● いじめの問題
a bullying problem でもよい。この場合には冠詞はaになる。「いじめ問題」はいろいろ (な種類が) あって、そのうちの1つを各学校は抱えているから。

§60　環境のthe

> **課題文**
> (1) 田舎は空気がきれいなので、星がいっぱい見える。
> (2) この頃天気は変わりやすい。

文法研究

「太陽」にtheが付く理由

「太陽」を表す**sun**には**the**が付くことは何となく知っている学習者が多いはずである。「太陽」は**世の中に1つしか存在しない**、つまり**唯一**だから**the**になる（下の(a)の例）。確かに日常的にはこの理屈でよいわけだが、まれにsunが複数になったり無冠詞になったりする場合もある。

(a) **The sun** rises in the east and sets in the west.
　　「日は東から昇り、西に沈む」
(b) **Suns** don't necessarily have planets going around them.
　　「恒星の周りに惑星があるとは限らない」
(c) My room doesn't get a lot of **sun**.
　　「僕の部屋は日当たりがよくない」

(b)のsunは天文学で言う「恒星」である。恒星はこの宇宙に何億個も存在するだろうから複数となる。(c)のsunは「日光」というイメージしにくい概念であるということと、a lot ofの次は無冠詞にするという規則による。

しかし、日常生活ではあまり他の恒星のことまでは考えていないだろう。sunと言えば、太陽系の恒星である「太陽」を指すことは周知の事実だ。このように〈**常識から自動的に唯一に決まる**〉から**the**になるという場合がある。

環境のthe

「太陽」と同様に、**この世を構成する上で不可欠のもの**（月・空・海・風・大地など）には**the**が付く。これを簡潔に〈**環境のthe**〉と呼ぶことにする。読んで字の如く、〈環境〉を示す語にはふつう**the**が付くということである。主に次のようなものがある。

**the sun / the moon / the earth / the world / the sky / the sea /
the air / the wind / the universe / the environment / the weather**

よって、本問 (1) の「空気」、(2) の「天気」には〈環境のthe〉が付き、それぞれthe air、the weatherとなる。

環境単語でもtheが付かない場合
ただし、これらの語も、形容詞などの修飾語が付いたり、〈環境〉という観点ではなく〈物質的〉な観点でとらえた場合は事情がまた違ってくる。

(d) We couldn't survive without **air** and water.
「空気や水がなければ我々は生きてはいけないだろう」
(e) **Bad weather** adversely affects your mind.
「悪天候は気分に悪影響を及ぼす」☞ adversely「逆に、悪く」
(f) Whenever there is **a full moon**, he howls all night.
「満月になると彼は夜通し吠える」

(d) のairはwaterとの並列からもわかる通り、〈物質的〉観点から述べている。〈物質〉は絵に描きにくいので無冠詞になる。(e) (f) のように、**形容詞が付いてさらに一般論を表す場合には、theは必要なくなる場合が多いが**、(e) のweatherは常に不可像名詞なのでaは付かない。(f) のmoonは形容詞を伴うと、「いろいろある月の一種類」という意味で冠詞はaになる。

英訳例

(1-A) The air is clean in the countryside, so you can see a lot of stars.
(1-B) Many stars can be seen in the countryside because the air is unpolluted.
(2-A) The weather is changeable these days.
(2-B) The weather is unpredictable these days.

表現研究

● (空が) きれい
文字通り**clean**で十分。**unpolluted**「汚染されていない」も可。

● 変わりやすい
文字通りなら**changeable**。**unpredictable**「予測がつかない」も適切。動詞を用いてThe weather often changes. も可。

§61　対比の the

> **課題文**
> (1) 私は都会より田舎の方がずっと好きである。
> (2) 日本人は個人よりも集団を優先する傾向がある。

文法研究

対比の the

本問 (1) の「都会」と「田舎」、(2) の「個人」と「集団」はともに反対語である。このように、その語自体に反対概念が存在するような単語にはtheが付くことが多い。これを〈対比のthe〉と呼ぶことにする。主に次のようなものがある。

- **the country / the countryside**「田舎」↔ **the city**「都会」
- **the individual**「個人」↔ **the group**「集団」
- **the right**「右」↔ **the left**「左」
- **the former**「前者」↔ **the latter**「後者」
- **the east**「東」↔ **the west**「西」/ **the north**「北」↔ **the south**「南」
- **the beginning**「始まり」↔ **the middle**「中間」↔ **the end**「終わり」
- **in the morning**「午前中」↔ **in the afternoon**「午後」↔ **in the evening**「夜」
- **in (the) summer**「夏に」↔ **in (the) winter**「冬に」
  in (the) spring「春に」↔ **in (the) autumn [fall]**「秋に」

in the morning「午前」や **in the afternoon**「午後」も対比概念となるからtheが付くが、**at night**にはtheは付かない。昔は夜は寝ていて人間活動をしていなかったからであろう。活動をしていないのであれば、比べるものもないわけだ。厳密には **the evening** は「**日没から寝るまでの時間帯**」を、**night** は「**寝ている時間帯**」を指す。よって、the eveningは「**夕方**」のみならず「**夜**」という訳語にも適応する。「**東西南北**」はそれぞれ対立概念になるからすべてtheが付く。それならば、「**春夏秋冬**」も同じ理屈になるが、こちらは慣用的にtheがなくてもよい。次の例もある意味、〈対比のthe〉と言える。

(a) I'm afraid you have **the wrong** number.
「お電話番号をおかけ間違えのようです」

wrongは形容詞であって名詞ではないから、このtheはwrongに付いているとは言えないが、**wrongで修飾される名詞にもしばしばtheが付く**。これもwrongという語が反対概念の**the right 〜**「正しい〜」を想定するからだ。

✍️ 「田舎」と「都会」

　「田舎」と「都会」は反対概念であるから、それぞれ〈**対比のthe**〉が付いて **the country / the city** となる。だが、countryには「国」という意味もあるため、同じ文中にthe cityを伴わないときは紛らわしいので、**the countryside** を用いるべきである。「田舎」の意味のcountry / countrysideには必ずtheが付くが、cityは対比概念でなければtheが付くとは限らない。
(b)　**The countryside** is beautiful.　　「田舎（の自然）は美しい」
(c)　the hustle and bustle of big **cities**　「大都会の喧騒」

英 訳 例

(1-A)　I like the country much better than the city.
(1-B)　I much prefer rural life to urban life.

(2-A)　Japanese people tend to put the group before the individual.
(2-B)　The Japanese tend to do things in groups at the expense of the individual.

💡 (1) のmuchの用法については、p.136、§98を参照。

表現研究

● 田舎 / 都会
　rural life「田舎の生活」/ **urban life**「都会の生活」にはtheは付かない。
● BよりAが好き
　like A better than B / **prefer A to B** が適切（⇒§41）。
● 〜する傾向がある
　tend to *do* 〜は良い傾向、悪い傾向ともに使えるが、**be apt to** *do* 〜は良くない傾向のみに使い、主語はふつう個人であるから、ここでは不適切。
● BよりAを優先する
　put A before [above] B がよい。**at the expense of** 〜「〜を犠牲にして」も可。

§62　the 複数名詞〈集団〉

> **課題文**
> (1) 探検家たちは、北極海へと出発したが、二度と戻ってこなかった。
> (2) スミス夫妻は赤ん坊を、その子の叔父さんの名にちなんでリチャードと名付けた。

文法研究

✍ girls と the girls の違い

次の違いがわかるだろうか。
(a) I like **girls**.　「僕は女好きだ」
(b) I like **the girls**.　「僕はあの女の子達が好きだ」

(a) の〈無冠詞複数形〉は〈総称〉〈一般論〉を表す。よって、girlsの直訳は「女の子というもの」となる。「女の子というものが好き」のことを日本語では簡潔に「女好き」と言う。「女好き」と言った場合の「女の子」とは特定の誰というわけではなく、性別が「女」であれば誰でもよいわけである。言ってみれば世界中の「女の子」が対象である。

一方、(b) の場合は〈the＋複数形〉の形をしているわけだが、これは〈特定の集団〉を指す。(b) の文を喋るにあたっては文脈上、相手もどの「女の子の集団」を指すかわかっていることが前提である。その数は何人いるかははっきりわからないまでも、特定の集団である以上、**有限集合**であることはわかる。場合によっては2人かもしれない。これに対して、(a) の総称用法は世界中の「女の子」が対象であったから、地球の人口のおよそ半分と言える。スケールが全然違うことがわかるだろうか。

✍「探検家たち」は explorers か？

「探検家たち」の訳をただ、explorersだけでは〈総称〉で「探検家というもの」という意味になってしまう。何も「探検家」と呼ばれる人たちは、みんな「北極海へ行く」わけではないので、このままではおかしことに気づく。所詮、「北極海へ向かった」のは〈特定の探検家の集団〉である。

(c) **Explorers** set off for the Arctic Ocean.　　（×）
(d) **The explorers** set off for the Arctic Ocean.（○）

188

▶第4章 冠　詞

✍ 〈固有名詞の集団名〉は〈the ＋複数形〉

　一般に〈固有名詞の集団名〉は〈the ＋複数形〉で表す。かの有名なビートルズも、正式にはthe Beatlesである。その他、the Rolling Stones / the Carpenters / the Beach Boysなど。大リーグの球団名もthe New York Yankees / the Los Angeles Dodgers / the Seattle Marinersなど原則通りである。日本のグループサウンズ時代も「ザ・スパイダーズ」「ザ・タイガース」というように、きちんと「ザ」を付けているバンドが多かった。「ザ・ドリフターズ」も然りである。このtheはイメージ的には〈メンバーをぐるっと巻いて締める〉感じである。おかげで、そう簡単には解散しない。「ザ」を付け忘れると解散しやすいと筆者はかねがね述べているが、「キャンディーズ」「チェッカーズ」「WANDS」などの例を見ていると、あながち外れてもいないのではないか。

　人間の最小限の集団といえば家族である。「苗字」の複数形にtheを付けると「〜一家／夫妻／兄弟／姉妹」という意味になるのもうなずけよう。よって本問 (2) の「**スミス夫妻**」は**the Smiths**となる。

英訳例

(1-A) The explorers set off for the Arctic Ocean, but they never came back.

(1-B) The explorers set out for the Arctic Ocean, but they never returned.

(2-A) The Smiths named their baby Richard after his uncle.

(2-B) Mr. and Mrs. Smith called their baby Richard after his uncle.

表現研究

● 〜へ出発する

　leave for 〜も可だが、ここでは**set off [out] for** 〜は「大冒険に乗り出す」が適切。go to 〜は目的地に到達したことを表すので不適切。

● 〜したが、二度と戻ってこなかった

　〜 never to return〈結果を表すto不定詞〉は古い。

●「赤ん坊」の代名詞

　babyはitsで受けることがあるが、「リチャード」は男の名前なので、本文の「赤ん坊」はhisで受けるのが適切。

189

§63　関係詞 と 冠詞〈複数〉

> **課題文**
> (1) 融通が利くタイプの人間は周囲にも受けがいいかもしれない。
> (2) ペットを飼っていると答えた人たちの 64％の人が犬を飼っていると答えた。

文法研究

✍ 複数形＋関係詞 ～ と the＋複数形＋関係詞 ～

　関係詞が付いた場合、先行詞の冠詞はtheになるとは限らないことについて以前触れた (⇒§58)。これは先行詞が複数形の場合も同様である。とは言え、複数形の先行詞にtheが付くこともある。theが付く場合と付かない場合とではどう違うのだろう。そして、英訳の際はどう判断すればよいのだろう。

(a) **People** who have a lot of opportunities to speak in public tend to stay young.
　「人前で話をする機会に恵まれた人はいつまでも若いものだ」

(b) Paul lends money only to **the people** who are sure to pay him back.
　「ポールは確実に返済してくれそうな人にしか金を貸さない」

　(a)のpeopleにはtheは付いていないが、(b)はthe peopleとなっている。実は複数の場合も、関係詞節が付いているかいないかはあまり関係ない。純粋にpeople と the people の違いでしかない。それは前項で扱った、I like girls. と I like the girls. の違いと同じである。つまり、前者は〈一般論〉、後者は〈**特定の集団**〉ということだ。**people** と言えば「**一般に人々**」という意味で、この世のすべての人が対象だが、**the people** と言えば、どこか「**特定の集団の人々**」だけに限定される。

　あるいは、こう考えてもよい。(a) の文で、「人前で話をする機会に恵まれた人」はこの世の中に何人いるだろうか。いちいち**数えていられないくらいたくさんいる**だろう。〈一般論〉を表すということは、**具体的人数は頭に浮かばない**、逆に言えば、**無数にいっぱいいる**のである。こういう場合はtheは必要ない。一方、(b) の「確実に返済してくれそうな人」は「ポール」にとっては何人いるだろうか。たぶん、数えられるぐらいしかいないだろう。仮に1000人くらいいるとしても、1000人ならその気になれば数えられる。パソコンの表計算ソフトなどを使えば一覧表が作れる。このように、〈その気になれば数え

られそう〉な場合はtheを伴う。〈有限集合〉にはtheが付くと言ってもよい。

```
●━━━━━━ ● 複数形の先行詞とtheの関係 ● ━━━━━━●
● 無冠詞複数形＋関係詞＋SV 〜  ☛ 一般論  ☞ 数え切れないくらい存在する
● the＋複数形＋関係詞＋SV 〜  ☛ 特定の集団  ☞ その気になったら数え
　　　　　　　　　　　　　　　　　　　　　　　　られそう
```

✍️「融通の利くタイプの人間」と「ペットを飼っていると答えた人たち」

「融通の利くタイプの人間」と「ペットを飼っていると答えた人たち」の訳だが、前者は一般論で数え切れないくらいいるからtheは不要。後者は64％と言っている以上、全体の人数さえわかれば人数は割り出せるので、その気になれば数えられそうな特定の集団。だから (2) はthe peopleとなる。

英訳例

(1-A) People who easily accept others' opinions may be popular.

(1-B) People who are willing to compromise on their standards can get along with others.

(2-A) Sixty-four percent of the people who said that they have a pet answered that they have a dog.

(2-B) Among all the people who said they have a pet, 64% answered they have a dog.

表現研究

● 融通の利くタイプの人間

　compromise on *one*'s standardsは「基準・信条を曲げる」という悪い意味。

● 周囲には受けがいい

　be accepted / can have a lot of friends / give a good impressionも可。

● ペットを飼う／犬を飼う

　have a pet [dog] のようにaにするのは、ふつう一匹ずつ飼うから (⇒ §66)。**keep**は、He keeps a dog in the backyard.「彼は裏庭で犬を飼っている」のように〈場所を示す語句〉を伴うときに用いるのでここでは不可。

§64 「ほとんどの〜」

> **課題文**
> (1) アメリカの大学生の大部分は経済的に親から独立している。
> (2) 火事のせいでその地域の家屋の大部分は全焼した。

文法研究

✍ almostは「一歩手前」

「ほとんどの人間、大部分の人間」を英語で何と言うか。almost peopleと思った人は完全に間違いである。almostは副詞なので原則として名詞を修飾することはできない。よって、almost peopleは文法的にダメなのであるが、もっと簡潔な説明もある。almostの基本的意味は「一歩手前」である。よって、仮にalmost peopleと言うと「人間の一歩手前」という意味になってしまい、人間の一歩手前ということはサルか何かか？ということになる。正解はmost peopleかalmost all peopleである。almost allは「すべての一歩手前」なので「90％ぐらい」の意味になり「大部分」という日本語に近い。

✍ mostかmost ofか

ところが、mostにofを付けて、most of peopleと間違える学習者が多い。もちろん、most ofという言い方自体はあるのだが、この場合にはofの中を〈**the**＋複数形〉にしなければならない。ただし、most of usやmost of themのように代名詞の場合は除く。ここで「ほとんどの学生は英語が好きだ」の英訳を考えてみよう。

(a) **Most *students*** like English. (○) ☞ 学生全般
(b) **Most of *the students*** in Keio University like English. (○)
    ☞ 特定の学生
(c) *Most of students* in Keio University like English. (×)

Most of 〜の形にするなら (c) ではなく (b) のように、of内は〈**the**＋複数形〉でなければならない。では、(a) の**most**＋複数形と (b) の**most of the**＋複数形は同じ意味なのだろうか。語法が違う以上、もちろん意味も違う。この違いを考える際、mostとmost ofの部分は切り離して考えてほしい。すると、studentsとthe studentsの違いだ。これは前項までに述べた通り、〈一般論〉か〈特定の集団〉かの違いである。most studentsは〈一般論〉すなわち、「一般に

学生の大半」を表すのに対して、most of the students は〈特定の集団〉の学生を意味する。そして、特定の集団がどこなのかをその後に示す必要がある。よって、most of ~の場合は、正確には〈**most of the 複数形＋in＋集団名**〉となるのがふつうである。(b) の文に in Keio University が付いているのはそのためだ。本問の場合、(1) はアメリカの大学生の〈一般論〉だから most American university students を用い、(2) は「この地域」という特定の「家屋」だけなので、most of the houses in the area となる。

✍ most ≒ almost all

most を2語で表すと almost all であるから、〈**most＋複数形**〉は〈**almost all＋複数形**〉とほぼ等しく〈一般論〉を表し、〈**most of the＋複数形＋in＋集団**〉は〈**almost all of the＋複数形＋in＋集団**〉とほぼ等しいということになるが、この表現は〈**almost all the＋複数形＋in＋集団**〉のように of を省略することもある。

英訳例

(1-A) Most American college students are financially independent of their parents.

(1-B) Most American university students don't depend on their parents for money.

(2-A) Most of the houses in the area burned down because of the fire.

(2-B) Almost all (of) the houses in the area went up in flames because the fire broke out.

表現研究

● 経済的に〈人〉から独立している

be economically independent of *sb* / not depend on *sb* for money が適切。

● 全焼する

建物が主語なら **burn down / go up in flames** が適切。burn out は fire「火」が主語の場合。burn up は他動詞で用いるのがふつう。

§65　総称の複数形

> 課題文
> (1) 英雄と呼ばれるような人たちは女好きである。
> (2) 玉ねぎは、どういうわけか、私の腹に合わない。

文法研究

✎ I like an apple. は一般論ではない！

英語で「私はリンゴが好きである」と言えるだろうか。結構、英語を勉強している人でも、I like an apple. と答える人がいる。

(a) I like **an apple**. （△）☞「あるリンゴ」→ 相手は気になる
(b) I like **apples**.　（○）☞「リンゴというもの」→ 一般論

(a) のように I like an apple. と言うと、直訳は「リンゴのうちの1つが好き」となり、あっさり訳せば「あるリンゴが好き」となる。この言い方は日本語でも〈相手を興味津々にさせる〉であろう（⇒§54）。この例でわかるように、a では〈一般論〉を表せず、別の意味になってしまうのである。〈一般論〉を表すのであれば、〈無冠詞複数形〉でなければならない。

同じことを次の例で考えてみよう。
(c) I like **a girl**. 「僕には好きな女の子がいる」
(d) I like **girls**. 「僕は女好きだ」

(d) の文は§64でも見た通り、〈無冠詞複数形〉なので〈総称〉を表し「女の子というものが好き」すなわち「女好き」となる。よって、本問の (1) もこれと同じく〈無冠詞複数形〉を用いるのが正しい。

(e) **People** who are called heroes are often fond of women.

(e) はいわゆる「英雄色を好む」というニュアンスである。ここでは大人の女性も含む women の方が girls より適切であるが、複数にする理屈は同じだ。ところが、(c) と同じように a woman と言うと、「世の中で女性と呼ばれるもののうちの一人が好き」ということから「ある女性が好き」という、もって回った言い方になる。これはややもすれば、聞いている**相手の興味を喚起したい**がために言っているともとれる。すると、I like a girl. の訳は「僕には好きな女の子がいる」という感じに近い。これを聞いた相手はおそらく「誰？」と聞き返すことになるだろう。a girl と girls では全然ニュアンスが違うことがおわかりいただけただろうか。

✍ 〈総称〉は〈無冠詞複数形〉で書くのが口語体

　ここで改めて〈総称〉〈一般論〉は〈無冠詞複数形〉で表すということを確認してほしい。この知識はたぶん中学生で初めて英語を教わったときから知っているはずだが、I like *an apple.* (△) のような文を思わず書いてしまうのは、aにも総称を表す言い方があると思っているからではなかろうか。確かに、aにも総称用法がある。さらに、theにも総称用法がある。こうなると、確かに何が何だかわからず混乱してしまうのも無理はない。aやtheの総称用法については、次項以降に説明するとして、とにかく〈総称〉を表すのは、十中八九〈無冠詞複数形〉であって、これが**口語体**でもあることを忘れてはいけない。

✍ 「玉ねぎ」は単数か複数か

　本問 (2) の「玉ねぎが私の腹に合わない」とは「北海道産の玉ねぎが合わないとか」とか「淡路島産の玉ねぎを食べると腹をこわす」とか言っているのではなく、産地に関係なく「玉ねぎというもの」は合わないと言っているわけで、これを〈総称〉〈一般論〉と言う。よって、onionsと複数形で書くのが正しい。

英訳例

(1-A) People who are called heroes are often fond of women.
(1-B) All great men like women.
(2-A) For some reason or other, onions don't agree with me.
(2-B) I don't know why, but onions always disagree with me.

表現研究

● どういうわけか
　for some reason or other / **I don't know why, but** 〜が適切。somehowは「何とかして」の意味もあるから紛らわしい。

● (腹) に合う
　agree with 〜には「(人の体質) に合う」という意味もある。その反対が**disagree with** 〜「(人の体質) に合わない」。

§66　総称のa

> **課題文**
> (1) 孤児とは両親を失くした子供のことです。
> (2) 10代の若者の多くは常にくしやブラシを携帯している。

文法研究

〈総称のa〉とは？

　前項で〈総称〉〈一般論〉は〈無冠詞複数形〉で表すことを確認した。すると、本問(1)の「孤児」や「両親を失くした子供」、(2)の「10代の若者」「くし」「ブラシ」は〈一般論〉なので複数形で表すのが適切だろうか。

(a) **Orphans** are **children** who have no parents.　　　　　(○)
(b) Many teenagers always have **combs** and **brushes** on them. (△)

　(a) はこのままでもかまわないが、(b) はいささかおかしく聞こえる。(b) の「10代の若者」は総称的な言い方なので、Many teenagers が適切であるが、「くし」と「ブラシ」まで複数形にしてしまうと、〈1人でくしやブラシを何個も持っている〉ようなイメージになる。さすがに、「くし」と「ブラシ」を普段から複数持ち歩いている若者はめったにいないだろう。ふつうは〈1人1つずつ〉持っているものである。このようなときは単数形の方がよい。よって、(b) は have combs and bushes を have a comb and a brush に直したい。また、(a) の文の「孤児」と「子供」を a ～ で書いてもよい。

(c) **An orphan** is **a child** who has no parents.
(d) Many teenagers always have **a comb** and **a brush** on them.

　(c) や (d) における単数形で示された用法を総称用法と世間では言うのだが、〈総称〉という呼び方では、前項で述べた通り、〈無冠詞複数形〉との区別がつかなくなるので、筆者としては別の命名をしたい。a を総称的に使っている文を分析すると、(c) のような〈定義〉を述べている文が多い。本問(1)の文はまさに「孤児」という単語の〈定義〉を述べているのである。よって、このaのことを〈定義のa〉と名付けよう。世間で言う〈総称のa〉とは、〈定義〉を述べるときに用いると理解しておこう。

　では、(d) における a の用法はどう整理しておこうか。主語が複数形（総称）であるにもかかわらず目的語が a になる場合は、〈1人1つずつ〉というニュアンスになる。これが、世間で言う〈総称のa〉のいま一つのケースだ。筆者は

〈1人1つずつのa〉と呼ぶことにする。

〈定義のa〉と〈1人1つずつのa〉
　そこで、どういうときが〈定義のa〉で、どういうときが〈1人1つずつのa〉になるかということだが、これは簡単で、〈定義のa〉は主語でしか使わない。一方、〈1人1つずつのa〉は目的語でしか使わない。意外に簡単に整理できるものと思う。

● 〈総称のa〉の使い分け ●

- 定義のa　　☞ 主語で使う
- 1人1つずつのa ☞ 目的語で使う

(e)　**A widow** is a woman whose husband is dead.
　　「未亡人とは夫を亡くした女性のことだ」〈定義〉☞ 主語で使う
(f)　Most people today have **a cell phone**.
　　「現代人はたいてい携帯電話を持っている」〈1人1つずつ〉☞ 目的語で使う

英訳例

(1-A) An orphan is a child who has no parents.

(1-B) A child whose parents are dead is called an orphan.

(2-A) Many teenagers always have a comb and a brush on them.

(2-B) Quite a few teenagers take a comb and a brush wherever they go.

表現研究

● 両親を失くした
　lost *one*'s parents も可。*one*'s parents died〈過去形〉は不可。「いつ死んだの？」と問いたくなる（⇒§7）。

● ～を携帯している
　have ～ on [with] them が適切。bring ～は原則は「～を持って来る」なので不可。carry ～は「（比較的重い物）を運ぶ」ので不適切。

§67　総称のthe

> **課題文**
> (1) 携帯電話は、現代の生活においては欠かすことのできないものだ。
> (2) 天気予報では午後から雨になるそうです。
> (3) 新聞に書いてあることがすべて正しいわけではない。
> (4) 辞書をひくことをおっくうがってはならない。

文法研究

📝 学問のthe

今度は世間で言う〈総称のthe〉について考えてみたい。そもそも〈総称のthe〉を用いるときは、学問的に物事を述べるときであるから、筆者はこれを〈**学問のthe**〉と呼びたい。口語体の〈無冠詞複数形〉とは違って、〈学問のthe〉を使った文は**堅い文章体**である。しかも、〈学問のthe〉を使う名詞は決まっていて、〈**発明品**〉か〈**動物**〉か〈**体の部分**〉である。

(a) **The computer** has revolutionized our way of life.　〈発明品〉
　　「コンピューターは人間の生活様式に大変革をもたらした」

(b) In contrast to **the dog**, **the cat** has become domesticated only in recent times.　　　　　　　　　　　　　　　〈動物〉
　　「犬と違って、猫が人間に飼われるようになったのは、つい最近のことである」

(c) Poor blood circulation to **the brain** may result in some problems in processing information.　　　　　　　　　〈体の部分〉
　　「脳への血液循環が悪いと情報処理に問題が生じる恐れがある」

(d) Carol caught me by **the arm**.　　　　　　　　〈体の部分〉
　　「キャロルは僕の腕をつかまえた」

📝 「携帯電話（というもの）」の訳

本問(1)の「携帯電話」も総称的に使われているが、堅い感じを出したいのなら、〈学問のthe〉を使ってthe cell phoneとできる。「携帯電話」は〈発明品〉だからである。やわらかい口語体で書くなら〈無冠詞複数形〉のcell phonesがふさわしい。

同じ情報の the

さて、世間で〈総称の the〉と呼んでいる用法にはもう一つある。例えば本問 (2) の「天気予報」(the weather forecast) に付く the である。「天気予報」の冠詞は、相手がどの天気予報か知らなくても、ふつう the になる。それは〈どの天気予報でも情報は同じ〉だからである。どの天気予報も情報源は同じで、気象庁からの報告である。**情報は唯一に決まる**というわけだ。類例としては、「新聞」や「辞書」の冠詞も the になることが多い (the newspaper / the dictionary)。どの新聞でも一面記事になるようなことはだいたい同じだし、大雑把に言えば、どの辞書の内容もだいたい同じと考えるからである。この the のことを〈**同じ情報の the**〉とでも名付けるとしよう。〈**どの情報源でもだいたい情報は同じ（＝唯一の情報）**〉というわけだ。これは、今述べた3つがいちばん頻度が高い。

● 同じ情報の the ●

- **the weather forecast says that SV ～**　「天気予報によれば～」
- **read in the newspaper that SV ～**　「新聞で～を読む」
- **look things up in the dictionary**　「辞書で物事を調べる」

英訳例

(1-A) The cell phone is indispensable in modern life.

(1-B) Mobile phones are things we can't do without these days.

(2-A) The weather forecast says that it is going to rain in the afternoon.

(2-B) According to the weather report, it is going to rain this afternoon.

(3-A) Not everything you read in the newspaper is true.

(3-B) Not everything (the) newspapers (try to) tell us is correct.

(4-A) You shouldn't think it a nuisance to look things up in the dictionary.

(4-B) Don't be so lazy as not to look things up in the dictionary.

表現研究

● 〜は欠かすことのできないものだ
　indispensable / **essential** は客観的。**cannot do without** 〜は主観的。
● (天気予報) では…
　〜 **say that SV** … / **According to** 〜 **, SV** …が適切。
● 午後から
　in the afternoon / **this afternoon** が適切。from the afternoon はダメ。this afternoon に in を付けるのもダメ (⇒p.86)。
● 雨になる
　天気予報は根拠があって予測しているので **be going to do** 〜が最適 (⇒§24、26) ではあるが、日常的には単なる予想としての **will** もよく使われる。
● 新聞
　the newspaper でも **newspapers** でも **the newspapers** でもよいが、the newspapers は「この地方の各新聞」という感じ。
● すべて〜ではない
　部分否定。not が先で every が後ろに来るのが原則。
● 正しい
　true「真実の」と **correct**「正解の」が適切。right「道徳的に正しい」と real「現実の」は不適切。
● 辞書をひく (⇒p.146)
● 〜することをおっくうがる
　be so lazy as not to *do* 〜「〜しないほど怠惰である」/ **think it a nuisance to** *do* 〜「〜することを厄介だと思う」の他、**be spared the trouble of** *do***ing** 〜「〜する手間を省く」が適切。

§68 the と 固有名詞

> **課題文**
> (1) 新宿駅へ行くにはこの道でよろしいでしょうか？
> (2) シーザーはルビコン川を渡る前に、「サイは投げられた」と言った。

文法研究

固有名詞には the は付くか？

駅・公園・山・川・海洋の固有名詞を英訳する場合も多い。このうち、駅・公園・山の固有名詞には the は付かないが、川・海洋には the が付く。さらに、山には the が付かないが、山脈・山地には the が付く。

● **固有名詞に the が付く場合と付かない場合** ●

- 駅・公園・山 ☞ the は不要
  Shinjuku Station「新宿駅」
  Yoyogi Park「代々木公園」
  Mt. Fuji「富士山」
- 川・海洋・山脈・山地 ☞ the が必要
  the Katsura (River)「桂川」
  the Rubicon「ルビコン川」
  the Pacific (Ocean)「太平洋」
  the Atlantic (Ocean)「大西洋」
  the Rocky Mountains「ロッキー山脈」
  the Rokko Mountains「六甲山地」

---

the ＋普通名詞 ＝ 抽象名詞

さて、結論から言えば、上の事項は暗記するしかないのだが、筆者は昔からここには何か法則がないものか考えてきた。

一見、関係なさそうな話から始めるが、〈**the ＋普通名詞＝抽象名詞**〉という公式をご存知だろうか。次の有名な諺は聞いたことがあるものと思う。

(a) **The pen** is mightier than **the sword**.
　「文は武より強し、言論は武力に勝る」

(a)の文のthe penは「言論」を、the swordは「武力」を表す。penという普通名詞にtheが付いて「言論」という抽象名詞になったという説明だ。ここでtheの意味を再確認したいのだが、theは「唯一」を表すのであった。the penは「ペンと聞いて唯一に決まるもの」「ペンと聞いて誰もが連想する共通のもの」という意味ではないか。そして、それは「言論」というわけだ。the swordは「剣と聞いて誰もが連想する唯一のもの＝武力」となる。ここに、先ほどの固有名詞にtheが付くか付かないかのヒントがあると思われる。

🖉「桂」と聞いて何を連想する？「新宿」と聞いて何を連想する？

　川・海洋にはtheが付くわけだが、the Katsuraの次のRiverは省略できる、the Pacificの次のOceanは省略できる。the Katsuraと言った場合、「桂と聞いて誰もが連想する唯一のもの」ということから「桂川」と決まる。the Pacificも「太平と聞いて連想するもの」→「太平洋」ということではないか。もちろん、中には「太平記」「太平天国」「太平御覧」「太平サブロー」を連想する人もいると思うが、それは少数意見であって、大半の人は「太平洋」だろう。

　一方、「新宿と聞いて誰もが共通に連想できるもの」はあるだろうか。これは意見がまとまらないような気がする。だから、「新宿駅」の「駅」は省略できない。Shinjuku StationのStationが省略できないなら、連想ゲームも必要ないのでtheを付ける必要もない。公園もしかり。「代々木」と聞いて誰もが連想するものは「公園」であろうか。ひょっとしたら「ゼミナール」と答える人の方が多いのでは？　やはり連想ゲームは成立しない。こんなからくりではなかろうか。しかし、この説明には例外があることを筆者も承知している。

英訳例

(1-A) Is this the right way to Shinjuku Station?

(1-B) Am I going the right way to Shinjuku Station?

(2-A) Before crossing the Rubicon, Caesar said, "The die is cast."

(2-B) Caesar said the die was cast just before he crossed the Rubicon

表現研究

● 〜へ行くにはこの道でよろしいでしょうか

Is this the right way to 〜?は決まり文句。the right 〜はthe wrong 〜との対比になるので〈対比のthe〉が付く(⇒§61)。wayは「道順」「経路」「方向」といった比喩的な「道」であって、具体的な「道」ではない(⇒p.113)。

Does this road lead to 〜?は不可。**lead to** 〜を「(道が)〜に通じる」の意味で使うのは古い。「〜をもたらす」の意味で使うがふつう。

ex. All roads **lead to** Rome.《諺》

「すべての道はローマに通ず」

☞ 諺は古い表現

Things like plastic bottles or paper cups can **lead to** damage to the environment.

「ペットボトルや紙コップのような物も環境破壊につながっているのかもしれない」

☞ lead to 〜は「〜をもたらす」(cause 〜)の意味

● サイは投げられた

The die is cast.は有名な決まり文句。dieはdiceの古語。「今も投げられたままの(もう後には引けない)状態である」からis castは現在形。状態動詞の現在形は現在の状態を表すこともある(⇒§1)。(2-B)は間接話法なので、時制の一致を受けてwasにする。

§69　schoolは無冠詞

課題文
(1) 学校は朝9時から始まる。
(2) 学校は生徒の必要を満たさなければならない。
(3) 母が病気だったので、学校を休まなければならなかった。

文法研究

schoolは無冠詞か？

冠詞の使い方についてこれまで見てきたが、原則通りいかない語もある。その典型的な例がschoolという単語である。その昔、go to schoolという表現を初めて教わったとき、「go to schoolのschoolには冠詞は付かない。学校に本来の目的で行く場合には冠詞は付かない」という説明を受けたことはないか。確かにこの説明は間違ってはいないが、実際はそう簡単な話でもない。

(a) Parents play a crucial role in preparing their child for **school**.
「親は子供を学校に送るという大事な役割を演じている」

(b) There are five hundred students at **our school**.
「うちの学校は総勢500人の生徒数である」

(c) **The school** is very authoritarian.
「あの学校はとても権威主義的である」

(d) Koji is going to **a commercial school**.
「浩二は商業学校に進学する予定である」

(e) **Schools** used to be a place to play more than study.
「学校は昔は勉強する場所というよりも遊び場であった」

(b)から(e)の例のように、schoolに冠詞が付いたり複数形になる場合もある。(a)だけschoolが無冠詞で使われているが、(a)における「学校」とは「**学校教育**」という概念に近い。「学校教育」は**イメージしにくいので不可像名詞**扱いとなる (⇒§50)。この「学校教育」という概念が、先ほどの「本来の目的」ということであろう。ところが、(b)のように「**うちの学校**」だけということを特定するときには **our school** と言うこともある。「**特定の学校**」についての言及なら (c) の **the school**、学校の種類についての言及なら (d) の **a＋形容詞＋school** の形を取る。形容詞が付いてイメージしやすくなるからaが付く (⇒§50)。「一般に学校というもの」と総称で使うときには (e) のように **schools**

と複数形にする。要するに、(b)〜(e)は一般の冠詞用法と同じであり、(a)の無冠詞・不可算名詞の使い方だけが特殊用法と言える。しかし、schoolを無冠詞で使うのは、ほとんどが慣用句なので、そのまま覚えてしまう方が早い。

- **go to school** 「通学する」
- **leave school** 「卒業する」
- **do well in [at] school** 「成績がよい」
- **after school** 「放課後」
- **at school** 「学校 (という場所) で」
- **in school** 「学校時代に、校内で」
- **on *one*'s way to school** 「学校へ行く途中」
- **on *one*'s way home from school** 「学校からの帰宅途中」
- **stay away from school** 「学校を休む」
- **be suspended from school** 「停学になる」
- **be expelled from school** 「退学になる」

英訳例

(1-A) School begins at nine in the morning.

(1-B) Classes begin at nine.

(2-A) Schools must satisfy the needs of their pupils.

(2-B) Schools must meet the needs of their students.

(3-A) My mother was ill, so I had to stay home from school.

(4-B) My mother was sick, so I couldn't go to school.

❷ (1-A)のschoolは「授業」という抽象概念なので無冠詞。(2)の「学校」は一般論なので複数形。

表現研究

● 必要を満たす
　satisfy [meet] the needs は決まり文句。
● 学校を休む
　be absent from school は主語が3人称でなければならないから不適切。

§70　some＋可像名詞

> **課題文**
> (1) 年金問題は、国によっては、大きな議論を引き起こしかねない。
> (2) この中学校には、生徒に人生への対処の仕方を教える先生もいる。

文法研究

✍ some ≠「いくつかの、いくらかの」

　冠詞の延長線上の話として、someとanyがある。厳密にはこの2語は冠詞とは呼べないが、冠詞のようなものだと筆者は考えるので、この章で取り扱うことにする。さて、**some**という単語をどう理解しているだろうか。少なくとも「いくつかの、いくらかの」という訳語で覚えているだけでは、まず英訳で使えるようにはならないものと思う。

✍ a bookの複数形はbooksでよいのか？

　そこで、someを理解するにあたって、次の文を見てほしい。
(a) There is **a book** on the desk.
　次に、この文のa bookを複数にして全体を書き換えてほしい。
(b) There are **books** on the desk. (△)
　(b)の文でよいだろうか。(b)の文のbooksは〈無冠詞複数形〉だから〈総称〉と解釈できる。すなわち「本というもの」という日本語に相当する。すると(b)の文は全体で「机の上に本というものがある」となるが、こういうことを言うとしたら、本を一度も見たことがない人に対してではないか。そのような文明人はめったにいないだろうから、(b)はややおかしな文になる。(a)の複数バージョンは次の文である。
(c) There are **some books** on the desk. (○)
　ここで、booksにsomeが付いたと認識するよりも、初めからsome booksがワンセットでa bookの複数形とおさえた方が実践的に思える。もちろん、someを使う以上、「少しの、若干の」という意味も含まれることにはなる。ちなみに(c)の文を「机の上に何冊かの本がある」と訳すのはおかしい。日本語では「何冊か、いくつか」などとは言わない。(c)のsomeは訳しようがないが、一般には、someの訳語としては「**一部の**」がいちばん近いだろう。

✍ 「国」「先生」の複数

そこでa countryの複数は何であろうか。ここでcountriesと答えてはいけない。それでは「国というもの」という意味になってしまう。some countriesと答えてほしい。要するに、**複数形とは複数ではなくて総称**、〈**some＋可像名詞の複数形**〉がいわゆる複数なのだ。よって、本問 (1) の「国」の訳は複数にしたいのでsome countries「一部の国々」となる。本問 (2) の「先生」もすべての先生ではなく「一部の先生」だけなのでsome teachersとする。

英訳例

(1-A) Pension problems can cause serious discussion in some countries.

(1-B) In some countries, problems in the pension system would most likely lead to serious debate.

(2-A) Some teachers at this junior high school teach their students how to deal with the problems of life.

(2-B) Some teachers at this junior high tell their kids how they should live their lives.

表現研究

● **大きな議論**

serious debate / serious discussionは「正式な場でのちゃんとした議論」、**arguments**は「言い合い」、**controversy**は「長期に渡る論争」。

● **～しかねない**

可能性のcanか、遠い形のwouldが使える。would most likely *do* ～で「かなりの確率で～するだろう」の意味。

● **人生への対処の仕方**

how to deal with lifeは変。**deal with ～**は「～を扱う」と覚えずに「(問題)を解決する」と覚えるべき。よって、how to deal with the problems of lifeなら可。how they should liveも中途半端。liveは単独で使うことはふつうないので、how they should live their livesとする。

● **教える**

teachは「教授する」、**tell**は「語る」(⇒p.67)。本文では両方とも可。

§71　some ＋不可像名詞

> **課題文**
> 知り合って1週間もたたないうちに彼は私に借金をしようとした。

文法研究

some ≠「いくらかの」

　§70ではsomeの次に可像名詞が来た場合について考えたが、今度はsomeの次に不可像名詞が来る場合を考える。この際に「いくらか」という訳語は忘れてほしい。日本語では「いくらか」とは決して言わない。
　例えば、英語圏の喫茶店に入ったと想定して「水をください」と英語で言ってほしい。
　(a)　Give me water. (△)
　この文は通じるだろうが、ぎこちない。**不可像名詞の場合は何も冠詞を付けないと総称になる**ということを覚えておこう。よって、(a) は「水というものをください」という意味になって、とても文明人の発言とは思えない。「**水**」は英語で **some water** であると最初から暗記した方がよい。ただし、someを使う以上「少量の」という意味が含まれることは注意しておきたい。喫茶店で水をお願いするときは、大量に欲しいわけではないだろうから、some waterでよい。そうすれば「水をください」は次のようになる。
　(b)　Give me **some water**. (○)
　(b)の訳語は「いくらか水をください」ではなく「水をください」である。「水」は英語でsome waterなのだ。
　では、英語で「お金」は何と言うだろうか。moneyではない。moneyだけでは「金銭というもの」という意味である。moneyも不可像名詞であるから、何の冠詞も付かない状態は総称である。「**お金**」は英語で **some money** である。要するに、不可像名詞を使う場合には、単独で使うのではなく、「少量」ならsomeを付けるのだ。よって本問 (1) の「金」はsome moneyとなる。
　「**薬を飲む**」を英語では何と言うだろうか。take medicineではない。これでは「薬というものを飲む」になってしまう。medicineも不可像名詞である。答えは **take some medicine** だ。そろそろおわかりいただけただろうか。
　someについてまとめると次のようになる。

	訳語	例
無冠詞複数形	〜というもの	books「本というもの」☞ 総称
some＋可算名詞複数形	(一部の) 〜	some books ☞「本」の複数
無冠詞の不可算名詞	〜というもの	money「お金というもの」☞ 総称
some＋不可算名詞	(少量の) 〜	some money「(少額の) お金」

英訳例

(A) He had not known me a week before he tried to borrow some money from me.
(B) It had not been a week since I first met him, but he asked me to lend him some money.

表現研究

● 〜しないうちに…
　S had not p.p. 〜 before SV (過去形)… という構文を使う。
● 〜しようとした
　try to *do* 〜は「〜しようとする」なので可だが、try *doing* 〜は「試しに〜する」なので不可 (⇒p.138)。
● 知り合う
　(B) のように書くなら、I first met him「彼と最初に会った」が適切。**first**の位置は原則としてはnotと同じ位置なので、I met him firstとするのは不可。I met him for the first timeも可だが、「はじめて」という日本語がいつでもfor the first timeになるわけではない (⇒p.261)。**for the first time**は「第1回目に」という訳語で覚えるべきである。本問では「第1回目に彼と会って以来1週間もたっていない」という意味で問題ないのでfor the first timeも使える。
　since節内は〈起点〉を表す動詞でなければならない (⇒§9) のでknewは不可。knewは「最初から〜を知っていた」という状態動詞。got to know 〜も「(だんだん) 〜と知り合いになっていった」の意味で〈時間の経過〉を暗示するので不可。

§72 some と any

> **課題文**
> (1) お金を貸していただけませんか。
> (2) 環境問題に関心がある人なら地球の温暖化を懸念しているはずだ。

文法研究

疑問文と some

someは肯定文で使い、anyは疑問文・否定文で使うという文法を聞いたことがあるだろう。ところが、疑問文でもanyではなくてsomeを使うことがある。本問 (1) のような場合だ。

(a) Could you lend me **some money**?（○）

通常の解説は「相手にYesの答えを期待したいときは疑問文でもsomeを使う」ということだが、これは全然説明になっていないと思う。人にものを頼むときに「Yesの答えを期待する」のは当たり前の話であって、「Noの答えを期待しながら頼む」人は一人もいないだろう。この問題を考える際に、次のように考えたらどうか。

(b) Could you lend me **money**?（△）

まず、(b) のように無冠詞のmoneyと書くと「お金というもの」になるので、(b) 全体では「お金というものを貸していただけませんか」となって、文明人の会話としてはおかしい。「お金というもの」を見たことがないのか?

(c) Could you lend me ***any* money**?（×）

(c) もおかしい。**any**の基本的意味は〈何でも〉である。よって、(c) だと「お金であれば何でもよい」ことになってしまう。ならば、子供のおもちゃの「子供銀行の金」や「和同開珎(わどうかいほう)」でもよいのか。何でもよいことはなかろう。（もっとも、和同開珎の方が価値が高くてよいかもしれないが!）

素直にこう考えよう。「**お金**」は英語でmoneyではなく**some money**である (⇒§71)。だから、「お金を貸してください」は英語でCould you lend me some money?となる。これだけのことだ。some moneyという以上「少額の金」ということになるが、人にお金を借りる際は「少額」と言っておいた方が貸してもらう確率が高くなるだろう。「大金を!」などと言うと相手は引いてしまうかもしれない。

🖉 肯定文と any

逆に、肯定文で any を用いることもある。次のような場合だ。

(d) Do you have something to write with? **Anything** *will* do.
「何か書くものない？　何でもいいから」

any の基本的意味は〈何でも〉であるから、否定文で使うと **not 〜 any** で「何であれ〜ない → 少しも〜ない」となるだけだ。**some** は肯定文、**any** は否定文という解説は焦点がずれている。ただし、any を肯定文で使うときは動詞部に **will / can / would / could / may / might** が入ることが多いということは知っておいた方が有利かもしれない。(d) の例文にも will がある。本問 (2) も anyone を主語にして肯定文で書くなら、動詞の前に will がほしい。

```
●━━━━━━ 肯定文の any のポイント ━━━━━━●
● 肯定文の any ☞ will / can / would / could / may / might と使うこ
  とが多い
```

```
━━━━━━━━━━━━ 英 訳 例 ━━━━━━━━━━━━
(1-A) Could you lend me some money?
(1-B) I was wondering if you could lend me some money.

(2-A) Anyone who is interested in environmental problems will be
      worried about global warming.
(2-B) Anyone who has any interest in environmental issues will be
      concerned about global warming.
```

表現研究

● 〜していただけませんか
　Could you *do* **〜?**(⇒§16) / **I was wondering if you could** *do* **〜**(⇒§17)。
● 〜を懸念している
　be worried about 〜 / be concerned about 〜が最適。
● 〜はずだ
　must 〜は〈現状の推量〉なので不適切 (⇒§33)。

§73　所有していない所有格

> 課題文
>
> (1) 私の乗った飛行機は濃霧で予定より1時間遅れで関西国際空港に着いた。
> (2) 私の借りているアパートは、駅からバスで10分のところにあります。

文法研究

「私の乗った飛行機」「私のアパート」の訳は？

「私の乗った飛行機」を the plane I took とか、「私の借りているアパート」を the apartment I'm renting などと訳すのはいささかくどい。それぞれ、my [our] plane / my apartment で十分である。でも、これだと「私の所有する飛行機」「私の私物としてのアパート」という意味にならないかと心配する人もいるかもしれないが、大丈夫。確かに、そういう可能性もあるが、前者の「飛行機」の場合は常識から考えても、私物である可能性は極めて低かろう。「アパート」の場合は賃貸かもしれないし、分譲かもしれないが、そういうことを問題にしない限り、その区別はどちらでもよい。

所有格は所有を表すのか？

確かに、my や our は文法用語で所有格と呼ばれているので、所有することが大半なのだが、時にはこれらの例のように所有していない場合にも使われる。「〈人〉の所有の」という意味以外に「〈人〉が利用している」という意味があることを確認しておこう。**my train** と言えば、ふつう**「私が利用した列車」**という意味だ。

逆に、所有していることを表したいときに、所有格だけでは不十分な場合もある。「自家用車」を英語で何と言うだろうか。日本語ではよく「マイカー」などと言うが、これは和製英語である。同じように「マイホーム」という日本語もよく聞くが、これもあやしい。

(a) 「僕はマイカーを持っている」

　　I have **my car**. (×) → I have **a car**. (○)

(b) 「マイカーを買うゆとりがない」

　　I can't afford **my car**. (×) → I can't afford **a car of my own**. (○)

212

(c)「マイホームを買うことにした」
　　I've decided to buy **my house**.　　（×）
　→ I've decided to buy **my own house**.（○）

　(a) に関しては、特殊な場合を除いて have と所有格はいっしょに使えない。have も「所有」を表し、所有格も「所有」を表すので重複するからだ。(b) に関しては、「自分専用車」ということを強調するのであれば、**of *one*'s own**「自分専用の」という熟語を使って **a car of my own** とする。(c) の「マイホーム」も my house ではなく **own** を付けて **my own house** である。日本語の「マイ〜」は往々にして英語では my 〜ではなく、**my own** 〜になる。

英 訳 例

(1-A) My plane arrived an hour late at Kansai International Airport because of (the) dense fog.

(1-B) Our plane landed at Kansai International Airport one hour behind schedule because of (the) thick fog.

(2-A) My apartment is a ten-minute bus ride from the station.

(2-B) I live in a flat ten minutes away from the station by bus.

(2-C) It takes ten minutes to get to the station from my flat by bus.

表現研究

● **濃霧**
　dense［**thick / heavy**］**fog** が可。deep fog は不可。mist は「軽いもや」

● **1時間遅れで**
　an hour late の hour は単位を表すので a は「1」を表す（⇒§55）。

● **〜に着く**（⇒p.55、90、110）
　飛行機の場合は **land at 〜**「〜に着陸する」も使える。

● **AはBからバスで10分のところにある**
　A is a ten-minute bus ride from B / A is ten minutes' bus ride from B は頻度の高い表現。前者は冠詞の a が必要（ride は可像名詞）。ten-minute は ride を修飾する形容詞。後者は複数形の所有格なので、アポストロフィの位置は ten minutes' となる。こちらは所有格があるので a は不要。

第5章

文 体

英語学の世界に、〈旧情報〉〈新情報〉といった〈情報構造〉の概念が導入されるようになってから久しいが、この理論は英文法教育の発達においては大きな成果があったものと考えられる。従来の英文法は、形の分析に追われるばかりで、言語本来の〈情報を伝える〉という肝心な側面を見失っていたように思う。ところが、この〈情報構造〉の導入により、英文法が一段と身近なものへと進化した。

〈倒置構文〉の解説をひとつ取っても、従来は〈C＋V＋S〉だとか〈場所を表す語句＋v＋S〉などといった形をそのまま暗記するように教えていたが、〈情報構造〉の理論を取り入れることにより、なぜそういった語順になるのかということまで説明できるようになった。そのためには文脈が必要で、倒置している文を単独で分析していても無意味な話で、その前の文や内容がどうなっているのかをしっかりと見極めた上でなければ、倒置は説明できない。そのため、英文法書でも、従来のように倒置している部分だけを載せるのではなく、その前後の文まで示すようになってきた。これは大いなる進歩である。

ましてや英訳の場合、この知識は文体を考える上で不可欠である。語順にもある程度意味があるのだということを認識していなければ、自然な文は書けまい。この章では、〈旧情報〉（相手が知っていそうなこと）や〈新情報〉（相手が知らなそうなこと）という観点から英文法を見直し、英訳の際に使う可能性のあることだけに限定して、少しでも自然な英文が書けるようになるためのヒントを探っていきたいと思う。

▶第5章 文 体

● 文法運用力チェック ●

☐ 1. どういうときに倒置構文を用いるのか？ ☞ §74

☐ 2. A book is on the desk. という文はなぜよくないか？ ☞ §75

☐ 3. turn off the tap と turn the tap off の語順では何が違うのか？ ☞ §78

☐ 4. pick up you と言わないのはなぜか？ ☞ §78

☐ 5. give＋人＋物と give＋物＋to＋人の違いは何か？ ☞ §79

☐ 6. 受動態はどういうときに用いるのか？ ☞ §81

☐ 7. 受動態の文で機械的に by 以下を付けてはいないだろうか？ ☞ §81

☐ 8. 無生物主語構文を乱用していないか？ ☞ §82

☐ 9. 抽象名詞を直訳していないか？ ☞ §83

☐10. 仮主語の構文で、it is の次を名詞にしていないか？ ☞ §84

☐11. 仮主語を受ける真主語を to 不定詞にするか that 節にするか、しっかりと判断しているか？ ☞ §84

☐12. 連鎖関係代名詞を英訳で使ったことがあるか？ ☞ §85

☐13. have to が「～しなければならない」という意味ではないときがあることを知っているか？ ☞ §86

☐14. 〈見せかけの have to〉を作文で使えるか？ ☞ §86

☐15. 二重否定を多用していないだろうか？ ☞ §88

215

§74　倒置構文

> **課題文**
> 　名刺は日本では特に仕事の上で重要な役割を果たします。名刺には、氏名、住所の他に、職業、会社名、肩書などが記されています。

文法研究

✎ 倒置するわけ

　〈倒置〉という文法用語を聞いたことがあるだろう。通常の文は〈主語＋動詞〉の順番だが、時々〈動詞〉の方が先で〈主語〉が後ろになることがある。これを〈倒置〉と呼ぶ。さて、この倒置する理由について考えたことがあるだろうか。倒置構文を使う書き手も、ただ闇雲に倒置させているわけではあるまい。それなりの理由があるはずである。

(a) *Yodobashi Camera is* in front of Shinjuku Station.
　　「ヨドバシカメラは新宿駅の前にある」
(b) In front of Shinjuku Station *is Yodobashi Camera.*
　　「新宿駅の前にあるのはヨドバシカメラだ」

　(a) と (b) の訳語を比べてほしい。日本語でも多少違いがあることに気がつくだろう。(b) の方が、「新宿駅の前にあるのは、ビックカメラではなく、ヨドバシカメラだ」という意味で「ヨドバシカメラ」という語が印象的に残るのではないか。ちなみにCMは (b) の語順である。CMでまず大事なことは店名を覚えてもらうことだろう。視聴者にインパクトを残したいのなら、いちばん強調したい語は最後に回すのが人間の常ではなかろうか。

✎ 旧情報と新情報

　〈情報構造〉という文法の考え方がある。情報を旧情報と新情報の二種類に分け、文章における情報は旧→新へと流れていく（配置される）とする考え方である。〈旧情報〉とは「**聞き手も知っていると予想されること**」で、〈新情報〉とは「**聞き手は知らないと予想されること**」である。そして、話者としては、相手が知らないと思われる〈新情報〉を際立たせたいわけだ。統計を取った結果、一般には〈旧情報〉は文頭に現れ、〈新情報〉は文末に現れることがわかってきた。これは英語に限らず、日本語でもそうである。やはり、言いたいことは最後に回すのが、人間の心理なのかもしれない。

▶ 第5章 文 体

🖉 「名刺には〜が記されています」の訳は？

　そこで、倒置する理由もここにあると考える。ふつうの文は〈主語＋動詞〉の順番だが、それは主語が旧情報の場合である。時には主語が新情報になるときもある。そのようなときに倒置現象が起きる。(b) の文がその典型的な例であろう。また、旧情報を文頭にしたいがために倒置することもある。本問の第2文の「名刺」は旧情報である。第1文で「名刺」は一度登場しているからだ。「名刺には〜が記されている」という構文を直訳すると、〜 is written on them となるが、them (＝ name cards) は旧情報なので文末にしたくない。旧情報は文頭にするのがふつうなので、On them is (written) 〜の語順になる。〜の部分が新情報なので文末に来る。ただし、「名刺は〜を提供する」と意訳するなら素直に名刺を主語にして、They supply 〜でよい。They は旧情報だからだ。

英訳例

(A) In Japan name cards are important, especially in business. On them are a person's job, his company name and his title, as well as his name and address.

(B) Name cards play an important role in Japan, especially in business. They supply information about the other person's job, company name, and title, as well as his or her name and address.

表現研究

● 名刺

　calling cards《米》/ visiting cards《英》は古い。昔、貴族を訪問する際に召使いに見せるもの。通常なら business cards は可だが、この文では文末に「特に仕事で」(especially in business) があるから重複する。

● 職業

　job / occupation は可。profession は「専門職」だけを指す。

● 会社（名）

　company は「名称としての会社」だから可だが、**office** は「部屋」を意味するので不可 (⇒ p.175)。the names of companies they work for でもよい。「会社で働く」(work for a company) の前置詞が for であることにも注意。

217

§75 there is 構文

> **課題文**
> そのトンネルを抜けた所に、富士山の壮大な景色が見られる場所がある。

文法研究

✍ A book is on the desk. は不自然な文

「机の上に本がある」のような例文で初めて there is 構文を教わったとき、何か疑問に思ったことはないだろうか。

(a) There is a book on the desk.
(b) A book is on the desk.

「机の上に本がある」と言いたいのなら、何も (a) のように there is 構文など使わずに (b) の文ではよいのではないかと思わなかっただろうか。結論から言えば (b) は良い文とは言えない。そのいちばんの原因を考えてみると、やはり (b) は A という冠詞から始まることに不自然さを感じる。a は基本的には相手が知らないと予想されるような〈新情報〉を示す場合が多いので、文頭にすることに抵抗を感じるのだ。やはり文というものは §74 で見たように、旧情報から新情報へと流れるのが自然なのである。

通常の文は〈主語＋動詞〉の順番で書くわけだが、いつでも主語が旧情報とは限らない。時には主語が新情報になることもあるだろう。でも、新情報は文頭にはしたくない。そこで、there is 構文というものが発達したのである。いきなり a から始まる文は突飛な感じがするが、there is をまず言ってから a と言うならば、there is がクッションになって、突飛な感じを避けられる。むしろ、**there is** は〈次に新情報が続く〉ことを予告する働きがあると言った方がよかろう。故に、there is の次は基本的には a の付く名詞が来るのであって、the になるのはまれである。the はどちらかと言えば旧情報のときに用いるからである。

● **There is 構文は新情報を導入する** ●

- There is a＋名詞 ～   〈新情報〉
- There is the＋名詞 ～ 《まれ》

✏️「富士山の壮大な景色が見られる場所がある」の訳

本問は「富士山の壮大な景色が見られる場所」を相手に教えてあげている。ということは、その場所は相手の知らない〈新情報〉となる。「～がある」という日本語から there is 構文は浮かぶと思うが、その後の place の冠詞を a にすることまで意識してほしい。

英訳例

(A) Just after you come out of the tunnel, there is a place where you can see a spectacular view of Mt. Fuji.

(B) When you go through the tunnel, you can see a great view of Mt. Fuji.

表現研究

● そのトンネルを抜ける

come out of the tunnel / go [pass] through the tunnel が可。through の使い方については p.99 を参照。

● ～を抜けた所に

When you go through ～ / **Just after** you go through ～ が適切。After you go through ～ だと、トンネルを抜けてしばらくたってからかもしれない。トンネルを抜けた直後なら、just after のように just を入れるべきである。「～所に」は「～すると」と考えよう。

● 富士山の壮大な景色

「景色」は **view** が適切。この語は主に「高いところから見た光景」か「電車などの車窓から見た景色」を指す。**scenery** は「田舎などの風景全体」を指す語で牧歌的な感じ。「風景全体」であって一部だけではないので、ここでは不適切。**scene** はワンカットだけを指し、主に映画の「シーン、場面」で用いるから不可。**sight** は風景と言うよりも「視界」なのでこれも不可。**landscape** は環境問題などで、地形を問題にするときの「風景」なので不可。view を修飾する「壮大な」に相当する形容詞は、spectacular / panoramic / great / magnificent / wonderful / great などが使える。

§76　there is 〜 *do*ing / p.p.

> **課題文**
> (1) 一人の少年がUFOに関する本を読んでいます。
> (2) ビンの中に牛乳が残っている。

文法研究

✍ there is 〜は「〜がある」という意味か？

本問 (1) の解答は次のようになるが、逆に、この文を見たらどう訳すのが正しいのだろうか。

　　　There is a boy reading a book about UFOs.

「UFOに関する本を読んでいる少年がいる」と訳すのだろうか。厳密にはこれは誤訳であり、「ある少年がUFOに関する本を読んでいる」が正しい。前者の訳はreading以下がa boyを修飾していると解釈したのだろうが、名詞を修飾するということは対比を暗示する (⇒§91) ので、「UFOの本を読んでいる少年」と「読んでいない少年」の対比みたいになってしまうからおかしい。仮に「ある少年がUFOに関する本を読んでいる」を次のように英訳するのも抵抗がある。

　　　A boy is reading a book about UFOs.

それはやはり新情報であるa boyから文を始めたくないからである (⇒§75)。そこで、新情報を予告するthere isを用いるわけだが、**there is ＋ S ＋ *do*ing** 〜という形は、本来は **S is *do*ing** 〜と書くべきところを、Sが新情報であるために文頭にするのを回避したと考えられる。そうなると、この場合はthere isの部分を「〜がある」とか「〜が存在する」などと訳すのもおかしいわけで、**there is**は単に新情報を導くという予告の役割を担っているにすぎない。仮に「少年」が旧情報なら冠詞はtheになる。

(a) The boy is reading a book about UFOs.　　　(○)
(b) There is the boy reading a book about UFOs. (×)

(a) は旧情報のthe boyが文頭になっているので、情報構造の自然な流れに合致する。(b) に関しては前項で見たように、there is構文は新情報を導く働きをすることになっているので、there isの次の名詞の冠詞はaになるのがふつうであり、theになることはめったにないのでよくない。

●「...が〜している」●

- **There is**＋a＋名詞＋*doing* 〜　☞ 名詞は〈新情報〉
- **The**＋名詞＋is *doing* 〜　　　☞ 名詞は〈旧情報〉

🖊 「〜が残っている」の訳

　本問 (2) の「〜が残っている」の訳は決まり文句があり、**there is 〜 left** と訳す。この文の構造のthere is自体も「〜がある」という意味を表すというよりは、次に新情報が来ることを予告していると言える。

(c) There is some milk left in the bottle.

(d) Some milk is left in the bottle.

(c) のsome milkは新情報だが、(d) のSome milkは旧情報である。**there is**は次に新情報が来ることを予告するのである。

英訳例

(1) There is a boy reading a book about UFOs.

(2-A) There is some milk left in the bottle.

(2-B) We have some milk left in the bottle.

表現研究

● **UFOに関する本を読む**

　about UFOsという付加情報があるのでread a bookと書いて問題ない (⇒ §54)。また、この本の内容が詳しい専門書なら、「〜に関する」はonも可。**about**の基本的意味は「周辺」なので、「UFO関係周辺の本」という感じであまり詳しくないが、**on**の基本的意味は「接触」なので、書き手は毎日UFOのことと接触している感じになり、詳しい本というニュアンスになる。

● **牛乳**

　milkだけでは「牛乳というもの」という総称の意味になってしまう (⇒ §71) ので不可。「少しの牛乳」という意味なので**some milk**が正しい。

● **〜が残っている**

　have 〜 leftも決まり文句としてよく使われる。主語は自分たちが預かっているという意味ならweにする。自分たち以外の管轄ならtheyにする。

§77　代名詞を文末にしないように

> **課題文**
> 私たちは、衣食住に関わる物資の多くを海外に頼っていながら、ふだんそのことに気づかないで暮らしている。

文法研究

✍ 代名詞（旧情報）で文を終えるのはよくない

　本問を日本語と同じ語順で訳すと、「ふだんはそのことに気づかないで暮らしている」が文末となるので、次のような訳になってしまう。

　　We usually live without realizing it [that / this].

　この文は文法的には間違いではないが、実際には避けたい。なぜならば、it / that / thisで文が終わっているからである。it / that / thisは代名詞と呼ばれていることはご存知だろうが、**代名詞とは一度前に出てきた語を受ける役割を担っているので、一般には旧情報**ということになる。旧情報はなるべく文頭に置くのが情報構造での自然な流れであった。ということは、旧情報を文末に回すのはこの自然な流れに反するので、一般には避けたいのである。

　このようなときは、realize it / that / thisで終わらずに、realizeの部分を前文に繰り上げてしまうのが得策だ。

　　Most of us don't realize 〜.

　こうすれば、代名詞（旧情報）で終わる文を避けることができる。

SV 〜. We don't realize *it*. (△)　→　We don't realize that SV 〜. (○)

✍ I think so. で終わる文はよくない

　日本語では文章の最後に「私はそう思う」というような言葉で締める場合があるが、英語ではこれをよしとしない。I think so.と訳すと、soという旧情報で終わってしまうからである。I thinkは文章の先頭の方に置くのが適切である。どうしてもこの部分を文末にするのなら、This is what I think.と書くのが適切である。Thisは前を指す旧情報だが、文頭にするなら問題ない。

SV 〜. I think *so*. (△)　＜　I think that SV 〜.　　　　　(○)
　　　　　　　　　　　　　　　　SV 〜. This is what I think. (○)

英訳例

(A) Most of us don't realize how much we rely on imports for almost everything we need in daily life.
(B) Most people never stop to think just how heavily we depend on imports for the basic necessities of life.

> (B) の **stop to think** は「改めて考え直す」という決まり文句。

表現研究

● 衣食住に関わる物資

「衣食住」の直訳は **food, clothing and shelter** であるが、これは「最低限の物資」を意味する表現なので、この場合はふさわしくない。**almost everything we need in daily life**「日常生活で必要とするほとんどすべての物」、**the basic necessities of life / our basic necessities / our daily necessities**「生活必需品」と訳すのが適切である。「物資」の訳を **material** とするのは不適切。「衣」と「住」の材料は material と言えるが、「食」の材料すなわち「食材」は **ingredient** と言うからである。**goods** も不適切。この語は経済用語なので「商品」と訳すよりも「財」と訳す方が適切。和製英語の「グッズ」とは随分イメージが異なる。**substance** は化学的な意味での「物質」なのでこれも不適切。**supplies** は「(非常のときの) 糧食」なので不適切。

● ～しないで暮らす

live without ～ は「(恋人、水、空気などを) なしで生きる」というときに用いるので、ここでは不適切。

ex. I can't **live without** him.
「彼なしには生きていけない」
No living thing could **live without** air and water.
「空気と水なしで生きられる生物はいないだろう」

● ～に気づく

realize は「頭で気づく」という意味なので適切。**notice** は「目で気づく」の意味なので不適切 (⇒p.239)。**be aware / be conscious** は「意識している」の意味なので可。その場合は、... are not aware [conscious] of ～ の形となる。

§78　句動詞の語順

> **課題文**
> (1) 歯を磨いているあいだ水を止めておけば、たくさんの水を節約できるのです。
> (2) あなたを駅までお迎えするタクシーを手配します。

文法研究

🖉 turn off the tap と turn the tap off

「（水など）を止める」という熟語（句動詞）**turn /～/ off** の目的語の位置は、文法的には **turn off the tap** でも **turn the tap off** でもよいことになっている。しかし、この2つは微妙に伝えたいことが異なる。§74で見たように、文末にはふつう新情報が来るので、turn off the tap の語順だと the tap が新情報になり、turn the tap off の語順では off が新情報となる。「止めるのはどの蛇口？」という問いに対して返事をするのなら、「その蛇口」を新情報として際立たせる必要があるので、turn off the tap の語順が望ましい。一方、「止める」ことに重点を置きたいのであれば turn the tap off の語順が好ましい。やはり、文末の語に重点情報が来るのである。本問 (1) では、「蛇口」よりも「止める」ことに重きを置きたいので、turn the tap off の語順が最適である。

🖉 turn it off / pick you up

また、turn /～/ off の目的語が代名詞（例えばit）の場合は、turn off it とは言わず、**turn it off** の語順しか許されない。代名詞とは一度出てきた名詞を受けるわけであるから、一般には旧情報とみなされる。turn off it では旧情報で終わることになってしまう。文末はなるべく新情報で閉めたい、旧情報ではなるべく終わりたくないという思考が人間には働くのだろう。よって、it で文が終わるのを避け、turn it off の語順にするものと思われる。これは本問 (2) の「〈人〉を車で迎えに行く」という熟語（句動詞）の pick /～/ up も同様で、目的語が代名詞（この場合は you）である以上、pick up you の語順は不可で、**pick you up** の語順にしなければならない。「**代名詞は間に挟む**」が合言葉である。

✍️ 〈他動詞＋副詞〉の句動詞

　これと同じ法則になる熟語は一般に、〈**他動詞＋副詞**〉で構成される句動詞であるが、副詞と前置詞の区別がつきにくいものもあるので、一つ一つ覚えてしまう方が早い。主なものを次に列挙しておく。また、この法則になる熟語の目的語を本書では、/〜/の記号で示している。

back /〜/ up	bring /〜/ up	call /〜/ off	call /〜/ up
carry /〜/ on	carry /〜/ out	figure /〜/ out	give /〜/ off
hand /〜/ out	hold /〜/ up	keep /〜/ up	lay /〜/ aside
lay /〜/ off	leave /〜/ out	let /〜/ down	make /〜/ out
make /〜/ up	pick /〜/ out	pick /〜/ up	put /〜/ off
turn /〜/ down	turn /〜/ off	turn /〜/ on	turn /〜/ up

英訳例

(1-A) You can save a lot of water by turning the tap off while you're cleaning your teeth.

(1-B) If you turn the faucet off while you are brushing your teeth, a lot of water can be saved.

(2-A) I'll arrange for a taxi to pick you up at the station.

(2-B) I'll get a cab to pick you up at the station.

表現研究

● (歯) を磨く
　brush / clean が適切。polish / wash は不適切。

● 水を止めておく
　turn the tap [faucet] off が適切。turn the water off も可。

● 駅まであなたをお迎えする
　meet you はただ「あなたに会う」とも解釈できるのでわかりにくい。また、「〜まで」につられて pick you up **to** the station としてはいけない。**to** だと〈プロセスも含む〉ことになり (⇒p.237)、**pick /〜/ up** の基本的意味は「〜を拾う」なので、「駅まであなたを拾う」ではなく「駅であなたを拾う」としなければならないから、pick you up **at** the station が正しい。

§79　第4文型か第3文型か

> **課題文**
> (1) 電車におばあさんが乗って来たとき、僕は席を譲らなかった。
> (2) 電車の中で小学生が老人に席を譲るのを見て感心した。

文法研究

✎ give *sb sth* と give *sth* to *sb*

「先生が私に人形をくれました」という文の英訳は次の2つが考えられる。

(a) My teacher gave me a doll.
(b) My teacher gave a doll to me.

(a)のように2つ目的語をとる文のことを第4文型と呼び、(b)のように目的語が1つだけの文を第3文型と呼んでいるが、この2つもはやり微妙に伝えたい情報が異なる。文末は基本的には新情報を置くことになるので、(a)の語順なら a doll が新情報、(b)なら to me が新情報となる。つまり、「先生は君に何をくれたの？」の答えなら、a doll が新情報となって、これを文末にした(a)が選択される。一方、「先生は人形を誰にあげたの？」に対する返答なら、(b)の to me が新情報となるので(b)の方がふさわしい。

✎「〈人〉に席を譲る」の語順

本問は(1)も(2)もともに「〈人〉に席を譲る」という表現が出てくるが、**give *sb one*'s seat**〈第4文型〉と **give *one*'s seat to *sb***〈第3文型〉の2つが考えられる。前者なら *one*'s seat が新情報で、後者なら to *sb* が新情報となる。(1)では「おばあさんが電車に乗ってきた」を先に訳すなら、「おばあさんに席を譲らなかった」の「おばあさん」は代名詞 her にするので、旧情報となる。give my seat to her にすると her（旧情報）で文が終わることになってしまう。

そこで、(1)は give her my seat の語順が自然である。(2)の場合、「感心した」のは「席を譲った」ことよりも「老人に譲った」ことだ。ならば、「老人に」の方を際立たせたい。そこで、give his seat to an old man の語順の方がよい。to an old man を文末にすることで、新情報として焦点が当てられることになる。

▶ 第5章　文　体

英訳例

(1-A) When an old woman got on the train, I didn't give her my seat.
(1-B) Although I saw an old lady get on the train, I didn't offer her my seat.
(2-A) I was really impressed when I saw an elementary school pupil give up his [her] seat to an old lady on the train.
(2-B) It impressed me to see a school boy [girl] give up his [her] seat to an old man on the train.

表現研究

● おばあさん

an old woman [lady] が適切。a grandmother は「(親族の) おばあさん」なので不適切。

● (電車) に乗る

get into [in] 〜は車など、乗る際に体を曲げる場合に用いる。電車やバスなど立ったまま乗れる乗り物なら get on 〜 を用いる。**get on** 〜は「〜に乗り込む」で乗る瞬間に重点が来るから適切だが、**take** 〜は「〜を利用する」の意味なので不適切。

● 電車の中で

in the train はやや古い。**on the train** が現代英語。a train「ある電車」だとどんな電車に乗ったのか相手が気になる (⇒§54)。

● 小学生

a school boy [girl] / an elementary school child [pupil] が適切。小学生に students は不適切。

● 感心する

be impressed は「(知的に) 感銘を受ける」の意味。**be moved** は「(涙が出るほど) 感動する」から強すぎる。(2-B) It impressed me to see 〜の It は to see 〜以下を指す仮主語。「〜を見ることは私を印象付けた」の意味。**I was glad to see** 〜も可。

● 席を譲る

give up *one*'s seat は「自分の席を諦める」という意味なので往生際が悪い感じがする。make room for *sb* は「席をつめる」だけなので席を譲るわけではない。

§80　節の語順

> **課題文**
> （1）ロバートは図書館で授業の下調べをしていたとき、誰かが彼の陰口をたたいているのを小耳にはさんだ。
> （2）ジョンは分別ある人物だと定評があったので、我々は宴会で彼が上司にけんかを売ったのを見てびっくりした。

文法研究

🖊 when節は文頭か文末か？

　本問（1）のような、「～したとき、…した」という日本語からWhen SV ～, SV …と訳すのは基本だが、この際にwhen節を文頭にするのか文末にするのか悩んだことはないだろうか。あるいは、どちらでもよいのだろうか。文法的には両方可能だが、when節を文頭にするのと文末にするのとでは、重点情報の位置が異なる。すなわち、旧情報は文頭で、新情報（重点情報）は文末に来るという原則に従えば、**When節が文頭のときはこれが旧情報で主節が新情報となり、逆にwhen節が文末のときはこれが新情報で主節が旧情報となる**。後者の場合はwhen節に焦点が置かれるので、日本語もwhen節に焦点が来るように「…したのは～したときだ」と訳す方が正しい。

● when節の位置で重点情報が変わる ●

- **When SV ～, SV …**　「～したとき、…した」　☞ 重点は主節
  　　旧情報　　　新情報

- **SV … when SV ～**　「…したのは～したときだ」　☞ 重点はwhen節
  　旧情報　　　新情報

　本問（1）も「誰かが彼の陰口をたたいているのを小耳にはさんだ」の方に力点を置きたいのなら、When節から書き始めて、この部分を文末にするのがよい。逆に「誰かが彼の陰口をたたいているのを小耳にはさんだのは、ロバートは図書館で授業の下調べをしていたときだった」という日本語に近くしたい、つまり「ロバートは図書館で授業の下調べをしていたとき」の方に重点を置くのなら、それを文末にするのが好ましい。

(A) When he was preparing for a lesson in the library, **Robert happened to hear someone saying something bad about him**.
☞ 主節が新情報
(B) Robert overheard someone saying bad things about him **when he was getting his lessons ready in the library**.
☞ when 節が新情報

✍ becauseの注意点

　本問 (2) の要点だけを取れば「～なので…だ」という因果関係を述べていることがわかる。この日本語を換言すれば「…だ。なぜならば～だからだ」となるが、「なぜならば」という日本語を聞いて真っ先に思い浮かべる単語はおそらくbecauseであろう。確かに、becauseは英作文でしょっちゅう使う語である。ところが、この単語の使い方を間違えている学習者をよく見かける。その間違えとは次のような間違えだ。

　We were very surprised to see him start an argument with his boss at the party. **Because** John had a reputation as a sensible man. (×)

　このような間違えが起きる最大の原因を探ってみると、英語学習の初期の頃に初めてbecauseという単語を教わったときに次のような教わり方をした人が多いためと考えられる。それはWhy ～？で聞かれたらBecause…で答えるというものである。

　ex. "Why were you late?" "**Because** our train was late."
　　　「なぜ遅刻したのですか」「電車が遅れていたからです」

　この文の答えの方はBecauseから文が始まって、SVは1つだけで終わっている。ところが、becauseという接続詞を使う以上、SVは2つ必要なのだ。客観的に表現すれば次の通りである。

　(a) SV ～. Because SV …　　　(×)
　(b) SV ～ (,) because SV …　　(○)
　(c) SV ～. This is because SV …　(○)
　(d) Because SV …, SV ～　　　(△)

　(a) は文法的に非文である。(b) は正しい。すなわち、becauseの前後にSVが1つずつあり、SVは計2つ必要なのだ。そういう意味では (d) も文法的にはSVが2つあるから正しいが、このパターンはなるべく避けたい。なぜなら、becauseはふつう新情報を言及するときに用いる語だからである。新情報はふつう文末に置くわけだから、必然的にbecause節は文末の方が適切となる。

どうしても（d）のようにBecause節を文頭にしたいときは、新情報から始まる不自然さを緩和する意味で、justから始める場合が多い。

(e) Just because SV 〜, SV ... （○）

いずれにしても、becauseを使う以上、SVは2つなければならない。では、先ほどのWhy 〜?で聞かれてBecause...で答える文はどうなるのか。この場合、一見SVが1つしかないように思えるが、実はBecauseの前にもう1つSV〜が隠れている。先ほどの例文で説明するなら、「なぜ遅刻したのですか」の答えとして「電車が遅れていたから」の次に「遅刻した」の省略がある。「遅刻した」の部分は相手の発言に出てきている内容なので、いちいち言わなくても了解済みとみなされるから言わないだけである。

"Why were you late?" "(I was late) because our train was late."

ということは、やはり究極的にはbecauseを使う際にはSVが2つ必要で、なるべくならbecause節を文末にするのが望ましい。

(a)はBecauseの次にSVが1つしかないからダメだが、(a)のように最初のSVでいったん文を切ってから「なぜならば」と言いたいときは、(c)のように**This is because SV ...**とする。

✍ sinceとbecause

「なぜならば」を表す接続詞には**since**もある。こちらは主に旧情報を伝えるときに用いられる。sinceの直訳を「**ご存知のように〜だから**」と覚えておくとよい。ということは、Why 〜?と聞かれてSince SV ...と答えるのはおかしいとわかるだろう。相手は理由を知らないのだから「ご存知のように」というのは辻褄が合わない。そして、since節は相手も知っていそうな旧情報だからこそ、ふつう**文頭に現れる**。これがbecauseとの違いである。また、因果関係のうち、結果の方を新情報として浮き彫りにしたければ、「だから」という接続詞（so）でつなぐ方法もある（次の3番目のパターン）。

● **理由を表す接続詞 と 情報の新旧** ●

- **SV 〜, because SV ...**　　「〜は...だからだ」
  　旧情報　　　新情報

- **Since SV ..., SV 〜**　　「（知っての通り）...なのだから〜だ」
  　旧情報　　　新情報

- **SV ..., so SV 〜**　　「...だ。だから〜だ」
  　旧情報　　　新情報

英訳例

(1-A) When he was preparing for a lesson in the library, Robert happened to hear someone saying something bad about him.

(1-B) Robert overheard someone saying bad things about him when he was getting his lessons ready in the library.

(2-A) Since John had a reputation as a sensible man, we were very surprised to see him start an argument with his boss at the party.

(2-B) It came as a shock when John picked a quarrel with his boss at the party, because they said he knew better.

表現研究

● 授業の下調べをする

　prepare his lesson は不可。**prepare** を他動詞で使うときはふつう「〜を調理する」の意味。「〜の準備をする」意味なら **prepare for 〜** である（⇒p.37）。**get his lesson ready** も可。「授業」には **lesson / class** が適切。

● 〜の陰口をたたく

　speak ill of 〜 は今ではほとんど用いられていない古い表現なので不適切。「〜の悪口を言う」は **say something bad about 〜** か **say bad things about 〜** が適切。

● 〈人〉が〜しているのを小耳にはさむ

　happen to hear *sb* *do*ing**〜 / overhear** *sb* *do*ing **〜**「〈人〉が〜しているのを一時的に［一瞬だけ］耳にする」が適切。**hear [overhear]** *sb* *do* **〜**は「最初から最後まで〜するのを耳にする」の意味なので不適切。**hear that** *sb* *did* **〜**は「噂で〜と聞く」の意味で、直接聞いたことにはならないので不可。

● 分別のある

　be sensible / know better が適切。**wise**「賢明な」は年齢と経験に比例するものなので、ふつうは年配者に対して用いる。

● 定評がある

　have a reputation が適切。**They say (that) 〜**「〜だそうだ」も可。

● 宴会

　banquet は多人数が集まってスピーチなどがある「（正式な）祝宴」を指す。

通常の「宴会」は **party** が適切。

● ～にけんかを売る

start an argument with ～ / start [pick] a quarrel with ～ / start [pick] a fight with ～（いずれも「～と口論を始める」の意味）が可。

● ～を見てびっくりした

We were very surprised to see ～ も可だが、**It came as a surprise [shock] when SV ～**「～したときは意外だった」という決まり文句も使える。

●コラム❸

[接続詞 と 接続副詞]

接続詞と接続副詞の違いを知っているだろうか。「しかし」「だが」という〈逆接〉を表す単語には主に but と however があるが、**but が接続詞で however は接続副詞**である。両者は文法的に違いがある。**接続詞の次にカンマを打つことは（挿入でもない限り）ないが、接続副詞の次には必ずカンマが必要**である。また、p.27 の〈コラム❶〉でも書いたように、等位接続詞の場合は文の先頭に置いて、大文字にして But などとすることは回避されるが、接続副詞は前の文で必ず切って、新たに大文字からスタートするか、主語と動詞の間に挿入的に入れるかのどちらかである。また**等位接続詞の前の文はカンマで区切るのが大鉄則**である。以下のように公式で示した方がわかりやすいだろう。

SV～, but SV... （〇）☞ 等位接続詞の前はカンマで区切り、but は小文字
SV～. But SV... （△）☞ アカデミックな書き方では敬遠される
SV～, however SV... （×）☞ 接続副詞の前は文を切らなければならない
SV～. However, SV... （〇）☞ 接続副詞の直後にはカンマを打つ
SV～. S, however, V... （〇）☞ 主語と動詞の間に接続副詞を挟んでもよい

この法則は、so〈接続詞〉と therefore〈接続副詞〉にも適応される。

SV～, so SV... （〇）☞ so の前はカンマで区切り、so は小文字
SV～. So SV... （△）☞ アカデミックな書き方では敬遠される
SV～. So, SV... （×）☞ so は接続詞なので原則は直後にカンマを打たない
SV～. Therefore, SV... （〇）☞ Therefore の直後にはカンマを打つ
SV～. S, therefore, V... （〇）☞ 主語と動詞の間に therefore を挟んでもよい

▶第5章 文体

§81 受動態

> **課題文**
> (1) その自動車事故で5名が死亡し、20名以上が重軽傷を負った。
> (2) 近年、私の住んでいる地域では、ほとんど雪が降らなくなった。この変化は地球温暖化が原因だと言われている。

文法研究

🖋 〈受動態〉を使うのは行為者が不明のとき

〈受動態〉を用いる際に、ただ機械的にby以下をつけるのは間違いである。

(a) Mike built the house two years ago. (○)
(b) The house was built by Mike two years ago. (△)

よほどの理由がない限り(b)は不自然な英文である。というのは、〈受動態〉の文でby以下が付くのはまれだからである。そもそも〈受動態〉は〈**行為者が不明 or 言いにくい**〉のときに用いるのであって、行為者がわかっているなら〈能動態〉で書く方がはるかに自然である。〈行為者が不明〉のときとは、本問(1)のような事故の死傷者について言及する場合である。事故によっては加害者が誰とははっきり言えないか、あるいは未成年だから報道できない場合がある。

(c) Five people **were killed** in the accident. ☞ 行為者が不明 *or* 言えない

🖋 by以下が付くのは新情報のとき

では、〈受動態〉でby以下が付くのはどういう場合か。by以下が付くと、その部分が文末になるので、新情報（重点情報）となる。すなわち、新情報として際立たせたいときにby以下を付加するのである。本問(2)では、第1文で「雪が降らなくなった」と言っており、第2文の「この変化」とはまさに「雪が降らなくなった」ことを指す。ということは、「この変化」(This change)は旧情報となり文頭にするのが自然である。その関係で受動態を用いることになり、「地球温暖化」が文末になるが、この文では「地球温暖化」は重点情報と言えるので文末でよい。

(d) This change has been caused **by global warming**.
☞ Thisは旧情報、global warmingは新情報

✍ 〈受動態〉でby以下が付く場合

これ以外にも〈受動態〉でby以下が付く場合がある。

(e) The window **was broken** *by the burglars who broke into the house.*
　「その窓は家に押し入ってきた賊たちによって破壊された」

(f) America **was discovered** *by Amerigo Vespucci.* (not by Columbus)
　「アメリカを発見したのはアメリゴ゠ベスプッチだよ」

(g) If you hate others, you'll **be hated** *by them* in turn.
　「他人を憎めば、今度は自分が憎まれる」

　一つは (e) のように、**by以下の名詞に関係詞等の修飾語が付く**場合である。この場合も the burglars が新情報と言える。新情報とは〈相手が知らないと予想されること〉なので、ひと言ふた言では相手は理解できないかもしれない。相手に理解させようと、付加情報を付け加えたりするので自ずと説明が長くなる。これが修飾語にあたる部分だ。

　あるいは、(f) のように**by以下に対比を暗示する**場合である。アメリカを発見したのはふつうコロンブスだと思われがちだが、正確にはアメリゴ゠ベスプッチだということを述べている。この場合はアメリゴ゠ベスプッチを文末にすることによって、「対コロンブス」を暗示することになる。byの基本的意味は〈対比〉であったことを思い出してほしい (⇒ §52)。

　最後に、(g) のようなケースもある。この場合、by them の them は特に新情報というわけではない。では、何のために受動態にしたのかと言えば、英語**では従節と主節の主語をなるべくそろえたい**という心理が働く人もいるらしい。(g) の場合、if節の主語を you にするなら主節の主語も you に統一したいのである。その関係上、必然的に受動態となるというわけだ。ただし、これらの用法は頻度が高いわけではないので、自信がなければ無理やり使う必要はない。**行為者がわかっているのなら能動態で書くのがあくまでも本筋である**。

● **受動態の文を使う場合** ●

(1) 基本的には行為者が不明 *or* 言いにくい場合
(2) by以下が付く場合
　① 主語が旧情報で**by**以下が新情報
　② **by**以下の名詞に修飾語句が付く場合
　③ **by**以下に対比を暗示する場合
　④ 主節と従節の主語をそろえたいため

英訳例

(1-A) Five people were killed and more than twenty were seriously or slightly injured in the car accident.

(1-B) The car accident killed five people and seriously or slightly injured more than twenty.

(2-A) In recent years, we haven't had much snow in my part of the country. This change is said to be caused by global warming.

(2-B) It hardly ever snows these days in the area where I live. They say that this change has been caused by global warming.

表現研究

● 死亡する

事故死の場合は **be killed** を用いることが多いが、**die** も可。

● 20名以上

〈**more than**＋数字〉と書いた場合、厳密には「(次の数字)以上」の意味になる。例えば more than two は「3つ以上」となる。だが、数字が2桁以上の場合は、あまりこだわらなくてもよい。

● 怪我をする

be injured は肉体的に傷つく場合のみ。**be hurt** は肉体的に傷つく場合と精神的に傷つく場合と両方使える。**be wounded** は戦争や凶器で傷つく場合なので不可。

● 地域

area が一般的な語。**region** は a desert region「砂漠地帯」のような地理用語として使う場合が多い。**district** は a school district「学区」のように「行政上区画された地区」。

● ほとんど雪が降らなくなった

it **hardly** snows は「積雪量が減った」、it **hardly ever** snows は「降雪日数が減った」の意味。it does**n't usually** snow も可。

● 〜が原因だ

be caused by 〜以外に **be due to** 〜や **have resulted from** 〜も可。

§82　無生物主語構文

> **課題文**
> (1) 医学の進歩のおかげで、長生きすることができるようになった。
> (2) 雨のせいで、奥多摩にハイキングに行くことができなかった。

文法研究

✎ 無生物主語構文は堅い文章体

　受験英語を勉強したことのある人なら、無生物主語構文（物主構文）というのをご存知だろう。文字通り、無生物（人間でないもの）を主語に立てる構文である。有名なものとして次のようなものがある。

　　S enable *sb* to *do* ～ / S make it possible for *sb* to *do* ～
　　「Sが〈人〉に～することを可能にさせる」
　　S prevent [keep / stop] *sb* from *do*ing ～
　　「Sが〈人〉が～するのを妨げる」

　これらは、日本語にはない英語独特の構文として強調して教えられることが多いが、いずれも文章体であるという指摘がなされることは少ないようだ。**無生物主語構文は**、どちらかと言うと**論文調の堅い文章体**であるということを忘れてはならない。逆に言えば、口語体ではほとんど使われることはない。

　(a) *The advances in medicine* **have enabled** us **to** live longer. 《文》
　(b) *The progress in medical science* **has made it possible for** us **to** live longer. 《文》
　(c) *The rain* **prevented** me **from going** hiking in Okutama. 《文》

　本問の (1) (2) の日本語は、内容からしてもそれほど堅い内容には思えない。この程度の文であれば、口語体で書く方が適当である。**口語体では、日本語と同じように、ふつうは人間を主語にする**。

　(d) Thanks to the advances in medical science, *we* **can** now live longer. 《口》
　(e) *I* **couldn't** go hiking in Okutama because it was raining. 《口》

　大学の論文などでは、むしろ無生物主語構文が好まれることがある。格調の高い雰囲気を醸し出すからだろう。日本の学生が英語圏の大学に留学した場合、最初は会話もままならず、英語ができないと思われがちだが、レポートを書かされると、受験英語で鍛えた無生物主語構文などを使うので、むしろ教授から褒められ、地元学生から尊敬されるという逸話もある。

▶第5章　文体

英訳例

(1-A) Thanks to the advances in medical science, we can now live longer.
(1-B) The advances in medicine have enabled us to live longer.
(1-C) The progress in medical science has made it possible for us to live longer.

(2-A) I couldn't go hiking in Okutama because it was rainning.
(2-B) The rain prevented me from going on a hike in Okutama.

表現研究

● 医学

medicine にも「医学」の意味はあるが、「薬」と紛らわしいので、**medical science** の方が適切。

● ～の進歩

「進歩」は **advances**（ふつう複数形）か **progress**（不可算名詞）が適切。development の第一義は「開発」で、1つの分野の中のさらに細かい分野の開発について用いる語なので不適切。また、これらの単語に付く前置詞は of より in の方が頻度が高い。

● 長生きすることができるようになった

～ **could** live longer / ～ **enabled** us to live longer / ～ **made** it possible for us to live longer のように過去形は不可。過去形は今の状態を含まないことになってしまう。今も長生きする状態は続いているので、〈今を含む〉現在完了形が正しい（⇒§7）。

● 雨

rain は不可算名詞なので、無冠詞で使うと「一般に雨というもの」〈総称〉という意味になってしまう（⇒§71）。「その時降っていた雨」という〈特定〉の「雨」にするのなら、**the rain** が正しい。

● 奥多摩にハイキングに行く

go hiking **to** Okutama は不可。**to** は〈プロセスも含む〉（⇒p.225）ので、発言している場所から奥多摩までの行程をハイキングすることになってしまう。奥多摩内を散策するなら go hiking **in** Okutama となる。

§83　抽象名詞

課題文
(1) 学校を卒業してようやく勉強の重要性に気がついた。
(2) 心理学者の指摘によると、翌朝すがすがしく感じるか否かの決め手は、睡眠の量というよりむしろ質なのだそうである。

文法研究

🖋 抽象名詞は堅い文章体

「重要性」という日本語から **importance** を、「量」「質」という日本語から、**quantity / quality** という英語を連想する人は多いだろう。このような実体のない概念だけを表す名詞を抽象名詞と呼ぶ。日本語でもそうだが、英語でも**抽象名詞は堅い文章体**である。論文調の英文ならこのままでもよいが、口語体として用いるには不適切である。前項から文章体や口語体について述べているが、文章体とは書き言葉でしか使えない文体のことであるが、**口語体は話し言葉でも書き言葉でも両方に使える**。口語体は文章体を兼ねるが、文章体は口語体を兼ねないということだ。よって、大学で英語の論文を書くのでもない限り、なるべく口語体の文を書く癖をつけておいた方が汎用度も高いし応用が利く。

🖋 how のすすめ

そこで、抽象名詞を英訳でどうやって口語体にするかだが、基本的には**抽象名詞で表現されている名詞の動詞形や形容詞形を考えてみてほしい**。例えば、「読書の喜び」という日本語を見たら「読書を楽しむ」とか「読書は楽しい」という日本語に置き換えて英訳するのである。the pleasure of reading ではなく enjoy reading や reading is interesting という発想にする。そして、文脈上これらの英文がそのまま使えたらそれでよい。文と文をつなぐ際に多少加工が必要であれば、**how でつなげないかを考えてみてほしい**。例えば、「読書の喜びを知る」なら、realize how interesting reading is「読書がいかに楽しいかを実感する」のようにする。本問も how を使えばあっという間に口語体に変換できる。

・「勉強の重要性」　⇨　how important it is to study
・「睡眠の量」　　　⇨　how long [many hours] you sleep
・「睡眠の質」　　　⇨　how well [deeply / soundly] you sleep

という具合だ。これを筆者は〈**how のすすめ**〉と呼んでいる。

▶ 第5章 文　体

英訳例

(1-A) It was not until I left school that I realized how important it is to study.

(1-B) I didn't understand the importance of studying until I left school.

(2-A) Psychologists say that whether you feel refreshed in the morning depends more on how well you sleep, not how long.

(2-B) Psychologists say that whether you feel refreshed or not in the morning depends not so much on how many hours you've slept, but rather on how well you've slept.

(2-C) Psychologists point out that it is the quality of sleep, not the mere quantity, that is the deciding factor in whether or not you feel refreshed after waking up in the morning.

表現研究

● 学校を卒業する
　graduate from school も可だが、**leave school** の方が口語体。

● 勉強
　study を名詞で用いると「調査」「研究」「書斎」などの意味と紛らわしいので、**studying** と動名詞にする方が上策。

● 〜に気がつく
　notice は「目で気づく」という意味なので不可（⇒ p.223）。**realize** なら目的語は how 節、**understand** なら目的語は名詞が望ましい。

● 翌朝
　the next morning は「発話した日の翌日の朝」という意味なので一般論には使えない。**in the morning** が正しい。

● すがすがしく感じる
　feel refreshed / feel good が適切。feel comfortable は「違和感を覚えない」という日本語に近いのでやや意味がずれる。

● 〜の決め手は...
　〜 depend on ...「〜は...次第だ」/ **... determine 〜**「...が〜を決定する」と意訳する。また、「決定する」でも、decide は主語が通常、人間でないといけないので不適切。(2-C) の the deciding factor は「決定要因」という堅い表現。

§84　仮主語（形式主語）

> **課題文**
> (1) 欧米諸国では、人に紹介されたときには握手するのが習慣です。
> (2) こんな不景気な時代には、毎日の生活で倹約を心がけることが肝要だ。

文法研究

✎ itを仮主語として使いたい場合

英語では、主語を長くするのは一般的に敬遠されるので、主語が長くなりそうなときは〈仮主語（形式主語）のit〉というのを用いる。そして、it isとひとまず言ってから、to不定詞やthat節などで〈真主語〉を示す。このことはある程度英語を学習した人なら了解済みだと思うが、英訳の際の問題点として、書いている本人は〈仮主語のit〉のつもりでも、それを読んでいるネイティヴスピーカーは〈仮主語〉とは解釈しないために誤訳となってしまうケースが多々ある。その原因を長年考えていたが、ようやく気づいたことがある。it isの次を名詞にすると、往々にしてネイティヴスピーカーはこのitを仮主語とは見なさず、前を受けるitだと思ってしまうらしい。

本問 (1) でも、it is a custom to shake ～と書くと、英米人はitの解釈に少し戸惑うが、it is customary to shake ～と書いてあげれば一瞬でitが仮主語だと反応する。そこで、これは英訳する際の大事な決まり事として明記するべきだと考える。**itを仮主語で使いたいのなら、it is**の次は名詞にせず、形容詞にしなければならない。もちろん、これにはit is no wonder that SV ～（wonderは名詞）などの例外はある（これらは決まり文句なので誤解の余地が少ない）。

✎ 真主語をto不定詞にするかthat節にするか

次に問題となるのが、itを受ける真主語をto不定詞にするかthat節にするかである。一般には、〈仮定的なこと〉〈これからやること〉なら**to不定詞**にし、〈確定的なこと〉〈現実的なこと〉〈前提とされていること〉なら**that**節する。本問 (1) は「人に紹介されれば」という仮定を受けるのでto不定詞がふさわしい。一方、(2) では「倹約を心がけること」は現実的な見解であり、すでにそのような生活をしている人たちが現実に存在すると考えられることなので、that節で書くのがふさわしい。to不定詞を用いるのは次のような場合。

ex. **It** is possible ***to*** *get to the park by subway.* 「地下鉄で公園に行ける」
この文は、これから公園に向かう人に言う感じなのでto不定詞がふさわしい。
さらに、It is important that ...「...は重要である」を用いた場合、that節内の動詞の形は3つ考えられる。

(c) **It is important that** he ***should get*** a job.　☞ that節内にshould
(d) **It is important that** he ***get*** a job.　　☞ that節内の動詞は常に原形
(e) **It is important that** he ***gets*** a job.　☞ that節内の動詞は性数一致

英訳例

(1-A) In Europe and America, it is customary to shake hands when (you are) introduced (to a person).
(1-B) People in the west usually shake hands when they're first introduced.
(2-A) In these hard times, it is important that we should try to cut down expenses in our daily lives.
(2-B) These days the economy is not so good, so we should live within our means.

表現研究

● 握手する
握手するためには最低2本手が必要なので **shake hands** と複数形にする。

● ～するのが習慣です
habitualは「個人の癖」について用いるので不適切。「習慣」とは半永久的に続くことなので〈半永久形〉(現在形)と **usually** を用いて(1-B)のように書くのも簡潔でよい。

● こんな不景気な時代には
Now that we are in such a recession, SV ～ / In these days of economic difficulty, SV ～ も可。

● 倹約を心がける
cut / ～ / **down** は「～を削減する」、**live within *one*'s means** は「収入の範囲内で生活する」の意味。be careful about how you spend your money / be economy-minded / try to be more economical / try not to waste money も可。

§85　連鎖関係代名詞

> **課題文**
> (1) 彼の弟だと思っていた人は赤の他人だった。
> (2) その委員会は最良と思われる案を決定した。

文法研究

✎ 関係代名詞の直後のS＋thinkは挿入的

次の空所にはどんな関係代名詞が入るだろうか。

(a) The person (　　) I thought was his brother turned out to be a complete stranger.

I thoughtの目的語の代わりをするから目的格のwhomだと考えた人は間違いで、wasの主語の代わりをするから**who**が正解である。とは言え、一見難解である。関係代名詞節を整理してみよう。The person who I thought was his brotherまで（この文全体の主語）は、もとは次の文であった。

(b) I thought (that) the person was his brother.

(b)の文のthink that SV〜の接続詞thatは通常でも省略可能だが、関係代名詞の直後で用いられる場合は必ず省略しなければならない。さらにthe personが先行詞として前に移動したため、thoughtという動詞とwasという動詞が隣り合い(a)の文ができる。動詞が連続で並ぶことは通常はあり得ないことだが、関係代名詞節においては時々起きる現象である。その際、関係代名詞の直後のSVを挿入的にとらえるとわかりやすい（次の｛　｝内）。

(a)´ The person [who {I thought} was his brother] turned out to be 〜

この構文において、関係代名詞の直後のSVの動詞は**think**や**believe**などの思考動詞である場合が多い。客観的に表現すると次のようになる。

$$\text{先行詞} + [\text{関係代名詞（主格）} + \{\text{S} + \text{think}\} + \text{V}\sim]$$

この構文のような関係代名詞を**連鎖関係代名詞**と呼ぶ。本問(2)も連鎖関係代名詞が使える。

(c) The committee has decided on **what** *they think* is the best suggestion.

(c)のwhatの直後のthey thinkを挿入的に考え、what is the best suggestionと単純化してとらえる。ここで、「挿入的」と言っているのはあくまでも便宜的な説明であって、上の(a)で説明したように、成り立ちを考えれば実際

には挿入ではないが、学習者は挿入ととらえた方がわかりやすいのではないか。こちらも客観的に表現すると次のようになる。

$$\sim [\text{ what} + \{\text{ S} + \text{think}\} + \text{V} ...]$$

✍ 関係代名詞節中の動詞を think＋V の形に

以上からわかるように、連鎖関係代名詞の特徴は**think**や**believe**などの思考動詞の直後に動詞が連続で並ぶことにある。作文のときは心を鬼にして関係代名詞節内に動詞を2つ並べることが肝要。もう一つ注意することは、thinkやbelieveの次の動詞の時制と形である。thinkやbelieve自体が過去形、つまりthoughtやbelievedであれば、時制の一致で次の動詞の時制も過去形となる。

ex. The person who **I** *believed* *was* honest told a lie.
「正直だと信じていた人が嘘をついた」

thinkやbelieveが現在形であれば、think［believe］の次の動詞は、先行詞が単数ならis、複数ならareとなる。

ex. You won't meet *a teacher* who **you think** *is* fair.
「君が公平だと思うような先生と会うことはあるまい」

There are some cases where *things* that **everyone thinks** *are* right are not right.
「誰もが正しいと思うことが正しくないこともある」

関係代名詞がwhatのときは、whatはふつう単数一致をするのでisとなる。

ex. Do *what* **you believe** *is* right.
「自分が正しいと信じることをやれ」

以上をまとめると、連鎖関係代名詞を英作文で使うパターンは次のようになる。think / thoughtはそれぞれbelieve / believedになることもある。

```
●━━━━━━━ ●連鎖関係代名詞のパターン● ━━━━━━━●
● 先行詞（単数）＋関代主格＋S＋think＋is ...  ┐「Sが...だと
● 先行詞（複数）＋関代主格＋S＋think＋are ... ┘ 思う～」

● 先行詞（単数）＋関代主格＋S＋thought＋was ...  ┐「Sが...だと
● 先行詞（複数）＋関代主格＋S＋thought＋were ... ┘ 思った～」

● what＋S＋think＋is ...    ┐「Sが...だと
● what＋S＋thought＋was ... ┘ 思うこと」
```

ちなみに、連鎖関係代名詞は主格であっても省略されることがある。

(a)′ The person I thought was his brother turned out to be a complete stranger.

主格の関係代名詞は省略できないのが原則だが、連鎖の場合はネイティヴスピーカーも目的格と勘違いするらしく省略されることがある。しかし、これはあくまで破格の用法なので作文では避けたい。

英訳例

(1-A) The man who I thought was his brother turned out to be a complete stranger.

(1-B) The person I thought to be his brother proved to be an utter stranger.

(2-A) The committee has decided on what they think is the best suggestion.

(2-B) The committee decided what seemed to be the best plan.

---

❷ (1)の turn out to be 〜や prove to be 〜は「結果として〜だった」の意味。
(1-B)の関係詞節内 (The person I thought to be his brother) のもとの文は、
I thought the person to be his brother.「私はその人を彼の弟だと思った」
think 〜 to be ...「〜を...であるとみなす」の形から、the person (thoughtの目的語) が先行詞として前に移動して、The person (whom) I thought to be his brother「私が彼の弟だと思った人」となった。ちなみに、目的格の関係代名詞 (この場合は whom) はふつう省略される。これは (1-A) の連鎖関係代名詞を使った形よりは堅い表現となる。(2-A) は今もその決定が関係していると考えて現在完了形。(2-B) は今はもう関係ないと考えて過去形。

表現研究

● 赤の他人

a complete stranger / a total stranger / an utter stranger は可。この場合、「赤の」に red は不可。

● 〜を決定した

decide の目的語は to 不定詞か that 節か what 節。**decide on 〜**は「〜に決める」。**choose 〜/ select 〜/ adopt 〜**も可。

● 案

plan / suggestion / proposal / idea が可。

§86　見せかけの have to

> **課題文**
> 教育委員会は現場の教師たちの声に耳を傾けるべきだ。

文法研究

見せかけの have to とは？

次の文はどういう意味であろうか。

(a) I don't want to listen to what you ***have to*** say.

「君が言わなければならないことを聞きたくない」という訳は日本語としても変だろう。what 節内の have to は「〜しなければならない」という熟語ではない。what 節内のもとの文構造は次のようになる。

(b) You have something to say.

(b) の文の something が先行詞となって前に移動し、関係代名詞 what に変わっただけである。ということは、この to say は something を修飾する形容詞用法の to 不定詞であるから、「言うことがある」→「言い分[言い訳]がある」という意味となり、いわゆる have to ではないことがわかる。したがって、(a) の正しい訳は「君の言い訳など聞きたくない」となる。このように、一見熟語の have to に見えるが、実はそうでないものを、筆者は〈見せかけの have to〉と呼んでいる。

〈見せかけの have to〉と〈本当の have to〉の見分け方

〈見せかけの have to〉と〈本当の have to〉の見分け方は 3 つほどある。

1 つは、**関係代名詞節中の have to は〈見せかけの have to〉である可能性が高い**ということ。

2 つ目は、〈本当の have to〉なら「仕方なく」という語句を付けて、「**仕方なく〜しなければならない**」という日本語で訳してみて、しっくりくるかどうかである。いわゆる熟語の have to は「仕方なく〜しなければならない」というときに用いるからだ。

(b) John died, and Bill was the only son that she ***had to*** love.

(b) の文の had to love を「仕方なく愛さなければならない」と訳すのは常識に反する。人を愛するのに仕方がないということはふつうないだろう。よって〈見せかけの have to〉と判定でき、「ジョンが死んで、彼女が可愛がる息子は

245

ビルだけになった」と訳す。

　3つ目として、これが作文では大事なのだが、〈見せかけの have to〉はだいたいパターンが決まっている。have to の次の動詞が **say / teach / offer** である場合が多い。

(c) Without listening to anything Hideyoshi ***had to*** say in extenuation of his conduct, Nobunaga ordered his seclusion in his own castle at Nagahama.
「自分の取った行動を弁解する秀吉の**発言**には一切耳を貸さず、信長は秀吉に居城長浜城での謹慎を言い渡したのである」
☞ in extenuation of ～「～の情状を酌量して」　seclusion「閑居、隠遁」

(d) Nobody can be termed a complete person who has no knowledge of what science ***has to*** teach.
「科学が**教えてくれる事柄**に関して知識のない人間は誰一人として完全な人間とは呼ぶことができない」
☞ who の先行詞は Nobody。be termed ～「～と呼ばれる、称される」

✒ what ～ has to say

　とは言え、〈見せかけの have to〉を英作文で使うのは **what ～ have to say** という決まり文句が圧倒的に多い。直訳は「～が言うために持っていること」ということから「～の言葉 / 発言 / 発言内容 / 内容 / 話 / 声 / 言い分」などと意訳できる。逆にこれらの日本語を英訳する際に、**what ～ have to say** を使えないかひらめくように、是非ともこの句を暗記しておきたい。

ex. Be careful about **what advertisements have to say**.
「広告の**言葉**には注意しよう」

What that lecturer has to say is worth listening to.
「あの講演者の**発言**には耳を傾ける価値がある」

Don't trust **what textbooks have to say**.
「教科書の**内容**を鵜呑みにしてはいけない」

I'm not interested in **what you have to say**.
「あなたの**お話**には私は興味がありません」

It is important to listen to **what the other side has to say**.
「先方の**言い分**を聞いてみるのも重要だ」

▶第5章　文　体

●〈見せかけの have to〉を使うパターン●
- 「〜の言葉 / 発言 / 発言内容 / 内容 / 話 / 声 / 言い分」の英訳
  ☛ what 〜 have to say

「現場の教師たちの声」の訳

本問の「現場の教師たちの声」にもこの決まり文句が使える。what teachers in the classroom have to say とすればよい。とは言え、この表現を使う自信がなければ、単に what teachers in the classroom say や「現場の教師たちの意見」と考えて the opinions of teachers in the classroom としてもよい。

英訳例

(A) The Board of Education should listen to what teachers in the classroom have to say.
(B) The education committee should pay attention to the opinions of teachers in the classroom.

表現研究

● 教育委員会

通常は the Board of Education / the education committee と訳されている。

● 現場の教師たち

「現場の」は in the classroom「教室の」が適切。1つの町には学校というものが存在し、学校には教室があるのがふつうなので〈環境の the〉を用いる (⇒§60)。

● 〜に耳を傾ける

pay attention to 〜は「〜に注意を払う」ではなく「〜に注目する、〜を傾聴する」という訳語で覚えるべきである。pay attention to 〜をパラフレーズするなら、watch / listen to 〜 carefully となる。例えば、「フーリガンに注意して！」と言いたいとき、次の訳はおかしい。

　Pay attention to hooligans. (×)

これだと、「フーリガンたちの話をよく聞いて！」になってしまう。「〜に注意する」は **be careful of [about] 〜**だ。

　Be careful of [about] hooligans. (○)

§87 notの射程

> **課題文**
> (1) ジョージは賄賂を受け取らなかったと思う。
> (2) 数学や物理のできる子が、将来大科学者になるとは限りません。

文法研究

✎ I don't think that SV ～

「～ではないと思う」の英語は要注意である。直訳するとI think (that) S not V ～となり、これは文法的に不可というわけではないが、使用頻度は極めて低い。ふつうは、I don't think (that) SV ～と書く。ところが、このdon'tのnotはthinkを否定するのではなく、**that節を否定する**のである。よって、正しい訳語は「～だとは思わない」ではなく「～ではないと思う」である。通常notは動詞を否定するのであるが、これは例外的にthat節を否定する。notが否定する範囲のことを「**notの射程**」と言う。notの射程が動詞ではなくthat節になる動詞は決まっていて、thinkをはじめ、believe / suppose / imagine / expectなどの思考動詞である。日本語では「～だとは思わない」も「～ではないと思う」もあまり変わらないが、英語ではI don't think (that) SV ～の語順がふつうである。よって、本問 (1) の解答も次の (b) より (a) が自然である。

(a) I don't think (that) George accepted the bribe. (○)
(b) I think (that) George didn't accept the bribe. (△)

✎ not ～ because ... のnotが否定するもの

not ～ because...という構文の解釈は2つ考えられることをご存知だろうか。「...だから～ない」という場合と「...だからと言って～ない」という場合である。前者の場合のnotの射程は～だけだが、後者の場合は～ because ...全体である。とは言え、2つの解釈が成り立つような英文を書くことは勧められない。「...だからと言って～ない」という意味にしたければ、becauseの直前にjustを置いて、**not ～ just because...**とすべきである。

(c) Sue did**n't** marry him **because** he was rich.
　　「スーは彼が金持ちだったから結婚しなかった」
(d) Sue did**n't** marry him **just because** he was rich.
　　「スーは彼が金持ちだったからという理由で結婚したわけではない」

(c) と (d) の訳語でもわかると思うが、(c) は結婚していないが、(d) は結婚したことになる。とは言え、否定文なのに「結婚している」という肯定の意味になるのは不思議な話ではないか。実は、こういう用法は日本語にもある。

「ロザン宇治原はだてに京大を出ていない」

この日本語において「宇治原」氏は京大を出ていないのだろうか。いや、彼は京大を出ている。「ない」の射程は「だてに」(=むだに) の部分だということで説明がつく。

英訳例

(1-A) I don't think (that) George accepted the bribe.

(1-B) I doubted that George took the bribe.

(2-A) Someone won't become a great scientist just because he or she is good at math and physics.

(2-B) Just because a child does well in mathematics and physics doesn't (necessarily) mean that he or she will be a great scientist.

💡 (2-B) は **Just because SV 〜 doesn't mean that SV ...**「単に〜だからと言って...するとは限らない」という決まり文句である。本来は **Just because SV 〜, it doesn't mean that SV ...** だが、口語体では it がよく省略される。

表現研究

● (賄賂を) 受け取る

bribe には **accept / take** が使える。get や receive は不可。

● 〜しなかったと思う

doubt that SV 〜 は don't think that SV 〜 とほぼ同じ。**suspect that SV 〜** は think that SV 〜 に近いので不可。doubt that SV 〜 は「〜ではないと思う」、suspect that SV 〜 は「〜ではないかと思う」の意味なのでしっかり区別したい。

● 数学ができる

be good at math / do well in math が適切。「数学」は mathematics / math / maths が可 (⇒p.52)。

● 将来

will を用いるなら必然的に「将来」のことになるので特に訳出しなくてもよいが、in the future や when he or she grows up としてもよい。

§88 二重否定

> **課題文**
> 私は約束を破るといつも罪の意識を感じます。

文法研究

二重否定 ≠ 肯定

受験時代に never 〜 without ...「〜すれば必ず...」のような〈二重否定〉の構文を教わるせいか、英訳でも〈二重否定〉を多用する人がいるが、これはあまり感心できない。一つには、〈二重否定〉は一見、肯定なのか否定なのかわかりにくいからであるが、実は日本語の二重否定と英語の二重否定とでは基本的に効果が違うという要因が大きい。論理的には、二重否定と肯定はイコールになるが、印象はだいぶ違う。

(a) 彼のことは好きでないわけではない。〈二重否定〉
(b) 彼のことが好きだ。　　　　　　　　〈肯定〉

(a) と (b) の日本語はどちらが強いだろうか。(b) の〈肯定〉であろう。日本語の場合、(a) のように二重否定を用いるのは、断定を避ける効果がある。ところが英語の場合は逆で、二重否定の方が肯定よりも意味が強くなる。

(c) I feel guilty every time I break my promises.　〈肯定〉
(d) I **never** break my promises **without** feeling guilty. 〈二重否定〉

(c) よりも (d) の方が意味が強まる。よって、二重否定を用いるのは、よほど内容を強調したいときだけにしよう。

英訳例

(A) I feel guilty every time I break my promises.
(B) I never break my promises without feeling guilty.

表現研究

● 約束を破る

break *one*'s promise〈単数形〉だと1回限りのこと。一般論なら **break *one*'s promises** のように promise を複数形にする (⇒ §65)。

●コラム 4

[滑稽な大学入試問題]

大学入試の和文英訳の問題には、ときどき滑稽な日本文が登場する。息抜きにいくつかご紹介しよう。(いずれも下線は筆者の加えたもの)

1. 「私は新年から日記をつけようと思ったことが子供のときから何度かあった。けれども、つづいたためしがない。その私でも<u>30日以上続いた日記を書いた</u>ことがある。小学生の時分、夏休みの宿題に書かされたからである。しかし、その日記を書いたのは、実は、あすから二学期が始まる日であった」
   ☞ 結局、30日以上続いた日記を書いたことはないんだろ！

2. 「<u>無人島で生活する</u>ことがどんな感じがするか想像できますか」
   ☞ 住んだ時点で無人島ではなくなるのでは？

3. 「<u>名古屋に着いたら</u>、この手紙を忘れずにポストに入れてください」
   ☞ どこで発言しているのかはわからないが、ポストに出すのなら郵便料金は全国ほぼ一律だから、最寄のポストで出してもよいのでは？わざわざ名古屋まで持って行って出さなければならない理由でもあるのか？

4. 「浜名湖へ行く途中にある<u>トンネルを抜ける前に</u>、豊橋を見事に一望できる場所がある」
   ☞ 「トンネルを抜ける前」を指示されても構えようがない。「トンネルを抜けた後」なら、トンネルを通っている最中に構えられるのだが！

5. 「ここから駅に行きたければ、まず最初の角を右に曲がってください。すると銀行が目の前にあります。その銀行からまっすぐ30メートルぐらい行くと、駅が右手に見えます」
   ☞ この指示の通り地図を描いていただきたい。はたして「銀行」と「駅」はどこにあるのだろう？

第6章

対　比

　この章で扱うことは、既存の文法書や英語学習書ではほとんど記載されていないことばかりだと思う。文法関連の本で「対比」というタイトルが付いているものなどまず見かけないだろう。しかしながら、筆者はこの「対比」という概念を、英語学習の上で極めて大切なものと考えている。英語という言語の構造は、そもそも対比するためのものと言っても過言ではないと思える節があるからである。

　大学教授が、論文を書く際には日本語よりも英語の方が適切であると言っているのをよく聞く。日本語は非論理的な面が多いが、英語は論理的な言語だというのがその理由の一つであろう。英語が論理的な言語だと言うことの一つには、英語の論文では対比概念を示しながら論を進める場合が多いということがあげられる。英語圏では初等教育から、2つの対立するグループに分けて、互いに議論する練習をさせる。物事を相対立する立場から考えるという訓練を幼いうちからしているわけである。

　大学受験における現代文の問題の解き方の一つとして、対立概念を整理しながら読んでいくという方法がある。これで問題が解きやすくなることが多いというわけだが、そのからくりを言えば、もともと日本語の論説文も、西洋の二項対立の文を模倣して書いている場合が多いからである。

　A対B。これが西洋人たちの思考の根底にある。思考は言語そのものを反映しているとも言われる。* そうなれば、英語という言語の構造の中にすでに二律背反の概念が吹き込まれていることになる。どのようなところにこうした対立の概念が示されるのかをこの章でじっくりと学んでいただきたい。

---

* サピア=ウォーフの仮説〈Sapir-Whorf hypothesis〉

● 文法運用力チェック ●

❏ 1. 関係詞の制限用法と非制限用法の違いは、ただ訳し上げたり訳し下げたりするだけの違いか？ ☞ §89

❏ 2. 固有名詞が先行詞になる場合、関係詞の前にカンマが必要だということを意識しているか？ また、それはなぜか？ ☞ §89

❏ 3. 副詞句を文末に置くと問題が発生することがあることを知っているか？ ☞ §90

❏ 4.「白い雪」を英語で直訳できるか？ ☞ §91

❏ 5.「天災」はnatural disastersでよいのか？ ☞ §91

❏ 6. 形容詞の限定用法と叙述用法では何が違うのか？ ☞ §91

❏ 7. 形容詞の語順はどのようにして決まるのか？ ☞ §92

❏ 8. it is ～ that …は強調構文と呼ばれているが、この構文は本当に強調するときに用いるのか？ ☞ §93

❏ 9.「我々」をweと訳していないか？ ☞ §94

❏10.「一般に人」のyouとweを区別できるか？ ☞ §94

❏11. itに前文を指す用法があると思っていないか？ ☞ §95

❏12. itとthisの区別ができるか？ ☞ §95

§89　関係詞の制限用法と非制限用法

> **課題文**
> (1) 言語、習慣、文化、伝統が異なっている欧米人と本当の意思疎通をすることはなまやさしいことではない。
> (2) この間、1000年の都、京都へ行ってきた。

文法研究

制限用法と非制限用法

次の文の違いは何だろう。

(a) Mr. Parker has two daughters **who** work for a bank.
「パーカー氏には銀行勤めをしている娘さんが二人います」

(b) Mr. Parker has two daughters, **who** work for a bank.
「パーカー氏には娘さんが二人いて、二人とも銀行に勤めています」

(a)のように、関係詞の前にカンマがない用法を〈限定用法〉または〈制限用法〉と言い、(b)のように関係詞の前にカンマがある用法を〈継続用法〉または〈非制限用法〉と言う。そして、和訳する際に〈限定用法〉の場合は訳し上げ、〈非制限用法〉は訳し下げるのが原則である。ところが、これだけではこの2つの用法の違いが理解できたとは言えない。訳語だけでは両者の違いがいま一つはっきりしないからである。しかも、日本語では(b)を訳し上げてもさほどの差はないので、英訳の際には多くの日本人はこのことをあまり気にしなくなってしまう。ところが、英語では〈制限用法〉と〈非制限用法〉とでは一線を画す。そこで、〈制限用法〉の直訳は「～する方の（先行詞）」と考えるのがわかりやすいと思う。これにしたがって(a)を直訳すると、「パーカー氏には銀行勤めをしている方の娘さんが二人いる」となる。ということは、「銀行勤めをしていない方の娘」も存在することになる。すなわち、〈**制限用法**〉**は対比を暗示する**のである。一方、〈非制限用法〉にはそのような暗示はない。〈**非制限用法**〉**は先行詞の名詞を補足説明している**にすぎない。

そこで、本問(1)の「言語、習慣、～が異なっている欧米人」の訳だが、次の(c)のように先行詞「欧米人」にカンマを付けずにつなげると、「言語、習慣、～が異なっている方の欧米人」となってしまい、「言語、習慣、～が異なっていない方の欧米人」との対比を暗示してしまう。この文ではそのような対比は感じられないので、(d)のように関係詞の前にカンマを付けるのが正しい。

(c) ... Westerners **who** have different languages, customs, 〜 （×）
(d) ... Westerners**, who** have different languages, customs, 〜 （○）

📖 先行詞が固有名詞の場合

本問 (2) の訳を考えてみよう。

(e) The other day, I visited Kyoto **which** was the capital of Japan for about 1000 years. （×）
(f) The other day, I visited Kyoto**, which** was the capital of Japan for about 1000 years. （○）

(e) のように、カンマなしで書くと「およそ1000年間首都だった方の京都」という意味になってしまい、「首都ではなかった方の京都」が存在することになる。それはおかしいので、(f) のようにカンマを付けるのが正しい。このように、**先行詞が固有名詞のときは、関係詞の前のカンマは絶対に必要**となる。**固有名詞とは世の中に1つしか存在しないものであり、対比概念はないからだ。**

英 訳 例

(1-A) It is not easy to really communicate with Europeans and Americans, who have different languages, customs, cultures and traditions.

(1-B) It isn't easy to communicate completely with Westerners because their languages, customs, cultures and traditions are different from Japanese.

(2-A) The other day, I went to Kyoto, which was the capital of Japan for about one thousand years.

(2-B) I visited Kyoto recently. It was the capital of Japan for about 1000 years.

表現研究

● 〜が異なっている

(1-A) のように who have different languages, customs, 〜なら languages 等は複数形だが、who are different in language, custom, 〜とするなら language 等は単数形 (不可算名詞扱い)。

§90 文末の副詞句

> **課題文**
> (1) その列車はいつも人でいっぱいだ。
> (2) 昔は同じ町内に怖い大人が必ずいて、子供が人として恥ずかしいことをすると、いつも本気になって説教してくれたものである。

文法研究

✎ 「人でいっぱい」の訳は？

(1)の「人でいっぱい」を直訳すると次の (a) (b) のようになる。

(a) The train is filled **with people**. / The train is full **of people**. (×)
(b) The train is crowded **with people**. (△)
(c) The train is crowded. (○)

確かに、be filled with 〜 や be full of 〜 は「〜でいっぱいである」の意味だが、be filled with people の組み合わせは違和感を覚える。一つは be filled with 〜 や be full of 〜 の目的語は人間ではなく物でなければおかしいということだ。ならば、be crowded with 〜 を使えばいいのではないかと考えるわけだが、crowded はそもそも「人でいっぱいだ」の意味であるから、わざわざ with people を付ける必要はない。敢えて (b) のように with people を付けると、「猿ではなく人間でいっぱいだった」のような意味になりかねない。それは、**文末の副詞句は通常、対比を暗示する**からである。仮に、with people を付けるとしたら、「故郷へ帰る人々でいっぱいだった」のように、修飾語を伴う場合だ。

(d) The train was crowded **with people** *who are going back to their hometown.* (○)

✎ 「人として恥ずかしいことをする」の訳

同様に、本問 (2) の「人として恥ずかしいことをする」を直訳すると、「人として」の部分が〈文末の副詞句〉となるので、対比を暗示することになってしまう。「猿としてではなく、人として恥ずかしいことをする」といったような滑稽な意味になってしまうのだ。

(e) do something wrong **as a human being** (×) ☞ not as a monkey

よって、英語では「人として」の部分は訳さない方がよい。

(f) do something wrong (○)

ここでの教訓は、日本語と英語は常に1対1で対応するわけではなく、日本語に書いてあることをすべて英語にすればよいものではないということである。

英訳例

(1-A) The train is always crowded.

(1-B) There are always too many passengers on the train.

(2-A) There always used to be at least one scary adult in the neighborhood. Whenever kids did bad things, that adult would give them a good scolding.

(2-B) In the past, there was always at least one grown-up in every neighborhood who the kids would be scared of. If the kids did something wrong, these adults would give them a good telling-off.

表現研究

● 昔は〜がいた（⇒ §38）

　there used to be 〜 / **there was 〜 in the past** / **there was once 〜** が可。

● 怖い大人

　scary「怖い」/ **strict**「厳しい」が可。**be sacred of 〜** で「〜がこわい」（⇒ p.82）。(2-B) は「子供たちがこわがる大人」としている。

● 同じ町内に

　in the same neighborhood は不可。the same を使うなら「何と同じか」を示す必要がある。

● 恥ずかしいことをする

　do something wrong / **do bad things** / **behave badly** が可。do something shameful は「世間に顔向けできないようなことをする」となって大げさ。

● 説教する

　scold は **scold sb for sth**「〈事〉で〈人〉をしかる」の語法で使うのがふつうなので、対象が人だけのときは **give sb a good scolding**［**telling-off**《英》］の方が適切。**scold sb severely**「〈人〉を厳しくしかる」なら可。

● 〜してくれたものである

　主観的、回顧的に〈過去の習慣〉を表す **would** が使える（⇒ §38）。used to 〜 も可だが、第1文でこれを使った場合は、重複回避のため would にする方が適切。

§91 限定用法の形容詞

> **課題文**
> (1) 12月になると町はすっかり白く化粧したのである。
> (2) 天災と言われているものの中には実は人災が多々ある。

文法研究

✍ 「白い雪」はwhite snowか？

「白い雪」という日本語は何の違和感もなく聞こえるかもしれないが、英語でwhite snowというのはおかしな響きがする。それは、「雪」はすべて白いのであって、「黒い雪」(black snow)などないからである。**形容詞が名詞を直接修飾する用法を限定用法と呼ぶ。限定用法の形容詞は対比を暗示する**というのが英語の特徴である。一方、名詞を修飾せずに文法的に補語の役割をしている形容詞を叙述用法と呼ぶ。叙述用法は単に主語や目的語の説明をするだけで、対比概念までは暗示しない。

 (a) This is a **beautiful** flower. 〈限定用法〉
   「これは美しい花だ」☞「醜い花ではない」
 (b) This flower is **beautiful**. 〈叙述用法〉
   「この花は美しい」

日本語では「これは美しい花だ」も「この花は美しい」も意味はあまり変わらないと思うが、英語では (a) の限定用法の場合は「美しい花vs醜い花」という対比を暗示する。したがって、**対比概念がないものに関しては、限定用法は存在しない**ことになる。white snowと書けばblack snowとの対比ということになるが、常識的にblack snowは存在しない。よって、対比概念がないのでwhite snowもおかしいことになる。本問 (1) の「白」の訳にwhite snowとするのは適切ではない。

 (c) The town was completely covered with **white snow**. (×)
 (d) The town was completely covered with **snow**. (○)

✍ 「天災」はnatural disasterか？

一方、本問 (2) の「天災」の訳はnatural disasterでよいだろうか。disasterだけでも「天災」という意味になり得る。よって、通常なら、naturalは付けなくてもよいが、この文では「天災」と「人災」を対比している。このように、対

比概念があるときこそ、natural disasterのように限定用法を用いるのが適切である。

実は、〈**限定用法の形容詞は対比を暗示する**〉と§89で扱った〈関係詞の限定用法は対比を暗示する〉は同じ話である。要は前から修飾するか後ろから修飾するかだけの違いであって、限定用法と呼ばれるものは基本的には対比概念があるときに使うのである。

英訳例

(1-A) In December the town was completely covered with snow.
(1-B) By December, the whole town was like a winter wonderland.
(2-A) A lot of things we call natural disasters are actually man-made.
(2-B) We think of many disasters as natural, but, in fact, many of them are caused by people.

表現研究

● 町はすっかり白く化粧した

the whole town was covered with a blanket of snowでもよい。a blanket of snowは「一面の雪」の意味。winter wonderland（冬の不思議の国）は歌の題名にもなっている有名な決まり文句。the town was blanketed in whiteというしゃれた言い方もある（blanketは「〜を覆う」の意味の動詞）。

● 〜と言われているもの

what is called 〜はやや不適切。what 〜はthe thing that 〜「〜する唯一のもの」に近く、単数概念で使う方が多いからだ（⇒p.265）。

● 人災

man-made disastersは可だが、artificial disasters / human disastersは不可。なお、disasterは可算名詞の場合と不可算名詞の場合があるが、**natural disasters**や**man-made disasters**のように使うときは可算名詞にするのがふつうで、この場合は一般論なので複数形がふさわしい（⇒§65）。naturalやman-madeという形容詞が付いて連想しやすくなったからである（⇒§50）。

§92　形容詞の語順

> **課題文**
> 　外国に行ってはじめて日本の伝統文化の良さに気づくことがよくあると言われる。

文法研究

✍ 「日本の伝統文化」の訳

　「日本の伝統文化」を日本語と同じ順番でJapanese traditional cultureと訳してはいけない。traditional Japanese cultureが正しい。つまり、traditionalが先でJapaneseが後だ。それは、英語では形容詞の順番はある程度決まっているからだ。次はよく文法書に載っている形容詞の順番を示した表である。

決定詞	数量	主観	大小・形状	新旧	色彩	国籍・材料	名詞
those	two	pretty	tall	young	tanned	American	girls
the	three		round	old	red	brick	houses
his		nice	large	new	brown		tables

✍ 〈主観 → 客観〉の順番

　しかしながら、こんな表は覚えられるものでもないし、実際に形容詞が3つ以上並ぶことなどめったにない。ただし、形容詞が2つ連なることはよくある。その順番に関しては、**主観的なものが前で、客観的なものが後ろ**と大雑把におさえておけば十分だろう。

　「日本の伝統文化」の場合、「日本の」と「伝統的な」はどちらが主観的だろうか。主観的とは人によって意見が分かれやすいということであり、客観的なものは万人の意見が共通しそうな場合である。あるものを見て「伝統的」と思うかどうかという判断は人によって判定が変りやすい。しかし、それが「日本の」ものかどうかは比較的わかりやすいのではないか。「相撲」は伝統的だろうか。たぶん伝統的だろう。「新幹線」は伝統的か。この答えは意見が分かれそうである。でも、「相撲」も「新幹線」も日本のものであることは万人が認めることであろう。そういう意味で、traditionalの方が主観的だから先で、Japaneseは客観的だから後ろと言える。

✍ 〈国籍名〉は最後

ただし、Japaneseのような国籍を表す形容詞はしょっちゅう使うものなので、形容詞が2つ以上並んだ場合は〈**国籍名はいちばん最後**〉になると覚えていてもよい。前ページの表は全部は無理でも、〈国籍名〉の位置1つぐらいは覚えられるだろう。「アメリカの中年紳士」と言いたければ、「中年の」が先で「アメリカの」が後ろとなる。つまり、a middle-aged American gentlemanだ。Americanのような国籍名が最後と覚えてもよいし、年齢は見かけでは判断しかねる (つまり主観的要素が強い) が、アメリカ人かどうかは主観で判断するものではなく固定的 (つまり客観的) なものなので、主観的なmiddle-agedが前で、客観的なAmericanが後ろになると判断してもよい。

英訳例

(A) They say that it is not until we go abroad that we really learn to appreciate traditional Japanese culture.

(B) People say that only after they go overseas do they realize how interesting traditional Japanese culture is.

表現研究

● 〜してはじめて...

It is not until SV 〜 that SV ... (☞A) / It is only after SV 〜 that SV ... / S + not + V ... until [till] SV 〜 / Not until SV 〜 do + S + 原形動詞 / Only after SV 〜 do + S + 原形動詞 (☞B) はすべて可 (倒置のあるものに注意)。When SV 〜 for the first time, SV ...は不可。for the first timeは「第1回目に」の意味 (⇒p.209)。つまり2回目以降があることを暗示する。

● 日本の伝統文化の良さに気づく

appreciateは「〜の価値がわかる」が原義なのでappreciate traditional Japanese cultureでよいが、**realize**は「〜を実感する」の意味で目的語はthat節かhow節にするのがふつうである。「良さ」にgoodnessは不可。

● 〜と言われる

It is said that SV 〜のthat節には諺的表現が入るのがふつうなので不適切。They say that SV 〜は汎用度が高い。

§93　It is 〜 that ... の対比構文

> **課題文**
> (1) 彼に名声をもたらしたのは彼の能力ではなく彼の富である。
> (2) 切り込みを入れずに紙を折るだけで様々なものを作るようになったのは室町時代のことである。In the Edo period, a textbook was published which showed 49 different ways of folding a crane. ［文脈つき］

文法研究

〈It is 〜 that ...〉は"強調"なのか？

〈It is 〜 that ...の強調構文〉というものを教わったはずだ。強調したいものをIt isとthatの間に挟んで表現する構文である。英語学では、この構文は〈分裂文〉と呼ばれている。しかし、筆者はこのどちらの呼び方にも賛同しかねる。厳密にはこの構文は強調しているとは言えないからだ。この構文を用いるいちばんの意義は、〈対比〉することにある。正確には〈**It is not A but B that ...**〉の形を取り、「...なのはAではなくてBだ」を表す。つまり、AとBを対比したいのだ。ならば、いっそのこと〈**It is 〜 that ...の対比構文**〉と呼んではどうか。名は体を表した方がよい。

本問(1)は明らかに「能力」と「富」を対比している。したがって、この構文が使える。(2)も第2文に In the Edo period「江戸時代には」とあるから、「江戸時代」と「室町時代」を対比しているとも言えるだろう。よって、こちらにも It is 〜 that ...の構文が使える。とは言え、対比を表す構文は他にもある。〈**What ... is not A but B**〉などもその1つだ。情報構造の観点から言えば、原則的には新情報は文末に来るので、AとBの部分に焦点を当てたいのなら、〈**What ... is not A but B**〉の構文が適切と言える。

> *ex.* **What** offends me **is *not*** *what he says* ***but*** *the way he talks.*
> 「私の気に障るのは、あの人の話の内容ではなく、喋り方だ」

〈It is 〜 that ...〉の構文の〜は、どちらかと言うと旧情報である場合が多い。直前の文で〜のことについて触れている場合がほとんどだ。

(a) The facts speak only when the historian calls on them: **it is *he* who** decides to which facts to give the right of speaking.
「事実は歴史家が求めるときのみ語るのである。どの事実に語る権利を与えるかを決めるのは歴史家である」

☞ call on ... to do ~「...に~するよう求める」(to speakが省略されている)
(a)の第2文のheは第1文のthe historianを指すので旧情報である。
　また、〈It is ~ that ...〉の~が1つだけで、対比の語など書かれていない場合もあるが、それは文脈上わかるから省略されているか、「他の何物でもなく~」と言いたいときである。(a)の文も「どの事実に語る権利を与えるかを決めるのは、**自然の成り行きや神ではなく、歴史家である**」ということだ。そういう意味ではやはり対比概念があると言える。

英訳例

(1-A) It is not his ability but his wealth that has made him famous.

(1-B) What has made him famous is his wealth, not his ability.

(2-A) It was during the Muromachi period that people began to make various things simply by folding paper, rather than cutting it.

(2-B) In the Muromachi period, people began making various types of craftwork only by folding a piece of paper instead of cutting it.

　❓ (2-B)はit is ~ that ...の構文を用いていないが、この場合は第2文に「江戸時代」とあるから必然的に対比の意味だとわかる。

表現研究

● 名声をもたらす
　bring him fameは堅い。make him famousの方が口語体。
● 切り込みを入れずに紙を折る
　fold paper without cutting paperはややおかしい。**~ without ...**を使う際は、**本来は~と...は同時進行できること**。read English without using a dictionary「辞書を使わずに英語を読む」など。辞書を使いながら英語を読むことも可能だから。**~ rather than ... / ~ instead of ...**は~と...が二者択一のときに用いる。「紙を折る」ときは「切る」ことはできない。「折る」か「切る」かのどちらかを選ばなければならない。
● ~するようになった
　「~し始めた」と考え、**begin to do** ~を用いる。「~するようになる」には**come to do** ~もあるが、この場合doは主に感情や認識を表す動詞(like / love / understand / realizeなど)なので、ここでは不適切。

263

§94 「一般に人」

> **課題文**
> (1) 我々は病気になってはじめて健康の有難みを知る。
> (2) 人間は言葉が使えるという点で動物とは違う。
> (3) 現代は情報化時代である。
> (4) 日本では水道水が飲めるのは当たり前だと考えられている。

文法研究

「我々」≠ we

　日本は単一民族国家だと思っている人が多いせいか、「我々日本人は」という言い方をよくする。これを直訳でWe Japaneseと言うと英米人に嫌がられる場合が多い。We Japaneseには排他的な響きがするのだろう。これはweという単語自体の問題でもある。日本語の「我々」と英語のweはいささか趣が異なる。英語でweと言うときは、**theyという言葉の対比概念として使っていることを認識しなくてはならない**。つまり、ここにはまた二項対立の考え方が反映されている。本問 (1) に「我々」が出てくるが、これをweと訳すと、「我々は病気になってはじめて健康の有難みを知る」が「あいつら (they) は病気になっても健康の有難みがわからない」といった意味になってしまう。

　It is not until **we** get ill that **we** realize how important good health is. (△)
〈我々 vs 我々以外〉という図式を感じさせたくなければyouを用いるべきである。これを俗に〈一般に「人」を表すyou〉と言う。ただし、一般に「人」を表すyouも万能ではない。特に、**You should / must / will 〜**という文で使うときは、**特定の「あなた」の意味になることが多い**。

weが使えるのは対比概念が存在するとき

　weが使えるのは対比概念があるときだ。主に、「**人間**」(↔ 動物)、「**現代人**」(↔ 昔の人)、「**我々日本人**」(↔ 日本人以外の外国人) の3つである。よって、本問 (2) の「人間」の訳にweを使うことはできる。動物との対比だからである。(3) は「現代」を主語にするよりも「現代人は情報化時代に暮らしている」とすれば書きやすく、「現代人」の訳語としてweが使える。(4) の隠れた主語は「我々日本人」という意味になるのでweと訳すこともできる。もちろん、Japanese peopleと訳してもよい。We Japaneseは避けよう。

英訳例

(1-A) It is not until you get ill (yourself) that you realize how important it is to be in good health.

(1-B) Only when you get sick (yourself) do you realize how wonderful good health is.

(2-A) We are different from animals in that we can use language.

(2-B) Human beings are different from beasts since they can speak language.

(3-A) We live in what is called the Information Age.

(3-B) We live in what is known as the Information Age.

(4-A) In Japan we take it for granted that tap water is safe to drink.

(4-B) Japanese people don't usually doubt the safety of the tap water.

表現研究

● ～してはじめて… (⇒p.261)

● 健康の有難み

　the blessing of good health は宗教的な表現。how を使うと楽 (⇒§83)。

● 人間

　man / mankind は男女平等の立場から不適切。humans は可だが複数にする。

● 言語を使う

　この場合の **language** は「言語というもの」〈総称〉だから不可算名詞扱い。

● 現代は情報化時代である

　The time we are living in is the Information Age. はくどい。Ours is the Information Age は可だが文章体。

● ～は当たり前だと考えられている

　We think it is natural that SV ～は不適切。natural は「神がお与えくださった」の意味。水道は人間が作ったものである。**doubt** ～は「～の存在・是非を疑う」。

● 水道水

　(4-A) の tap water は一般論なので無冠詞。(4-B) は「日本の水道水」という意味で the を付けている。

§95 it と this と that

> **課題文**
> (1) 木製品は年月に磨かれて、味わいも美しさも増していく。そこが一番の魅力です。
> (2) 「昨夜、母親とやり合ってしまったよ」
>   「めずらしいじゃないか、どうしてだい？」
> (3) すてきな自転車をほんとうにありがとう。私が一番ほしかったプレゼントです。

文法研究

✍ itは前文の内容を指す？

　初期の英語学習では、it＝「それ」、this＝「これ」、that＝「あれ」と覚えるが、実際にはそれぞれの代名詞がこれらの日本語に単純に対応するわけではない。特にitに関しての勘違いが多い。日本語で「それ」と言った場合は、具体的な事物1つを指す場合と、内容全体を指す場合とがあるが、英語の**itは原則は前文の1語を指す。itが前文の内容全体を指すということは原則としてない**。もちろん、ネイティヴスピーカーが書く文章でそのようなitの使い方をしていることが少なからずあることは筆者も承知しているが、それを日本人がまねすることは極めて難しい。使える場合と使えない場合の境界線が不透明だからである。例えば、本問 (1)(2) の第2文をitで始めることはできない。

(a) As time goes by, wooden products become more and more mellow and beautiful. **It** is what I like best about wood. (×)

(b) "I had an argument with my mother last night."
　"**It** is unusual for you. Why?"　　　　　　　　　(×)

なぜなら、(a) も (b) も主語は前の文の内容を指すからである。**前文の内容を指す場合は、自分の発言ならthisを、相手の発言を受けるならthatを使う**のが原則である。よって、本問 (1)(2) はそれぞれ次のようになる。

(a)′ As time goes by, wooden products become more and more mellow and beautiful. **This** is what I like best about wood. (○)

(b)′ "I had an argument with my mother last night."
　"**That** is unusual for you. Why?"　　　　　　　(○)

(a)'は前文の自分の発言を指しているのでthis、(b)'は相手の発言を指しているのでthatとなる。

一方、本問 (3) の第2文は前文に出てきた「自転車」という1語を受けるのでitが使える。

(c) Thank you for the great bike. **It**'s just what I wanted. (◯)

itはあくまでも、前文の内容ではなく、**前文の1語だけを指す**ということをお忘れなく。これが正しい文を書くための鉄則である。

🖋 thisとthatは対比概念

この話は、**thisとthatは対比概念であるが、it自体は特に対比を暗示する**ものではないということと関係がある。例えば次の2つの文を比べてほしい。

(d) I've already given Chris **it**.　(×)
(e) I've already given Chris **that**. (◯)

(d) が不可である理由は、§78で学習したように、itはふつう旧情報になるから文末にはしないという理屈によるものだ。よって、(d) は次のように訂正しなければならない。

(d)' I've already given **it** to Chris. (◯)

ところが、(e) の文は許されるのである。意味の上からすれば (d) も (e) も変わらないのではと思われるかもしれないが、やはりitとthatは違う。thatはthisの反対語である。英米人がthatと言うときには何がしかのthisという反対概念を念頭に置いている。(e) の文は「(これではなく) あれをすでにクリスにあげた」と言いたいのである。このように対比概念は新情報に属するものと考えられるので、文末に置く理由がある。

🖋 itには対比概念はない

thisやthatが前文の内容を受けられるのも、それぞれ対立概念を念頭においているからと考えられる。本問 (1) の場合は「そこが一番の魅力です」という以上、「年月に磨かれて、味わいも美しさも増していく」以外にも「木製品」の魅力を想定していることになる。そうした他の要因 (that) ではなく、「年月に磨かれて、味わいも美しさも増していく」こと (this) が「いちばんの魅力だ」と言いたいのである。本問 (2) の「相手の発言」を指すthatは自分の発言 (this) との対比である。ところが、本問 (3) の指すitは「プレゼントされた自転車」と対比的な概念はない。itには対比概念はないが、thisとthatには対比概念があるのである。

英訳例

(1-A) As time goes by, wooden products become more and more mellow and beautiful. This is what I like best about wood.

(1-B) As they are used over a long period of time, wooden products become more and more mellow and beautiful. This is the most wonderful thing about wood.

(2-A) "I had a quarrel with my mother last night."
"You did? That's not like you. What happened?"

(2-B) "I had an argument with my mother yesterday evening."
"That's unusual for you. Why?"

(3-A) Thank you for the great bike. It's just what I wanted.

(3-B) It's very kind of you to give me a fantastic bicycle. It's exactly what I wanted.

表現研究

● 年月に磨かれて
「時がたつにつれて」と意訳して、**as time goes by / as time passes** とするか、「木が年をとるにつれて」と訳して **as they age / as they grow older** とする（theyはwooden productsを指す）か、「時間とともに」という決まり文句を使って、**over time / with time** としてもよい。

● 味わいが増す
become mellow「円熟する」が適切。become better flavor [taste] は不可。これらは味覚的な「味」。

● そこが一番の魅力です
That is what is so attractive about them. も可。This is the most attractive point. は不可。point は「(話の)要点」。

● ～とやり合う
have a quarrel with ～ / have an argument with ～ / quarrel with ～ / argue with ～ が可。

● めずらしい
unusual が口語体で適切。rare は文章体なので不適切。

●コラム 5

[muchの勘違い]

　日本人なら誰もが知っている英語に、**Thank you very much.** がある。この表現が有名なだけに、日本人はmuchの使い方を勘違いしていると思われる。Thank you. だけでは「ありがとう」だが、very muchを付けると「大変ありがとう」となるから、very muchさえ付けておけば何でも強調できると思ってしまうのだ。

　例えば、「**この花はとても美しい**」の英訳は？　もちろん次の通りである。

　(a)　This flower is very beautiful.　　（○）

　ところが、次のように間違う人が少なからずいるのは驚きだ。

　(b)　This flower is beautiful *very much*.　（×）

　この間違いを避けるためには、〈形容詞を強調するときは**very much**ではなく、形容詞の直前に**very**を置く〉と説明すれば事足りるだろうか。

　では、2問目。「僕はケーキを食べ過ぎた」は英語で？

　(c)　I ate cake *too much*.　（△）

　こう考えた人が多いのではないか。正しくは次の通り。

　(d)　I ate ***too much*** cake.　（○）

　ついでに、3問目。「**僕はかなりやせた**」は英語で？　「やせる」はlose weightという表現を使おう。

　(e)　I've lost weight *very much*.　（×）

　(f)　I've lost ***a lot of*** weight.　　（○）

　(c)より(d)の方がよい理由は、〈**much**は原則的には形容詞〉だから。(d)のmuchはcakeを修飾する形容詞だが、(c)や(e)のmuchは動詞を修飾する副詞であり、Thank you very much. と同じ用法である。ところが、この副詞の**much**はすべての動詞を修飾できるわけではない。

　最後にもう1問。「私はたくさんお金を持っている」の英訳は？

　(g)　I have *much* money.　（×）

　(h)　I have ***a lot of*** money.　（○）

　(g)がダメな理由は、〈**much**は原則として肯定文では使えない〉から。例外として、**so / as / too / how / very**と使うときは肯定文でも可である。

　このように、muchは意外と難しい単語なのである。

第7章

比　較

　英訳する際に、〈比較に関する構文〉はかなりよく使う。大学入試などの英訳問題でも、〈比較構文〉は全体の3分の1か4分の1を占めると言っても過言ではあるまい。もちろん、原級・比較級・最上級という言葉は英語学習の初期のうちからなじんでおり、読むだけならこれらは難なく解釈できよう。ところが、英訳となると、〈比較〉の構文は途端に難題になるようだ。

　例えば、He is as tall as his father. ぐらいの英文なら書ける人が多いだろうが、He has as many books as I do. になると早くも間違う人が続出する。さらに、次のような文になるともうお手上げと言う人がほとんどだ。

　　Children are not as likely to play outside as they used to.
　　「子供たちは昔ほど外で遊びそうもない」
　　In no other country in the world is the average person as dependent on cars as (he is) in the U.S.
　　「アメリカほど一般国民が自動車に依存している国民は世界中どこにもない」

　また、〈the ＋比較級〜, the ＋比較級…〉の構文ぐらいは書けると思っていても、思わぬ落とし穴に引っかかる場合もある。

　とは言え、日本人の苦手とする〈比較〉に関する構文はだいたい決まっている。fewerやlessが絡む場合、asとasの間が1語ではない場合、as … as in 〜となる場合などである。そして、今まで正しいと思っていた文が実は誤文だったということもある。例えば、次の文はどこが間違いかわかるだろうか。

　　Bill doesn't make as many mistakes as you. 　　（×）
　　He is the tallest. 　　　　　　　　　　　　　　（×）
　　The more you answer questions, the more you become interested in mathematics. 　　　　　　　　　　　　　　　　　　　　　　（×）

　この章では、そうした英訳でひっかかりやすい〈比較構文〉について触れながら、英語の〈比較構文〉の奥行きの深さまでを味わいたいと思う。

● 文法運用力チェック ●

❏ 1.「少ない」から fewer がひらめくか？ ☞ §96

❏ 2. 原級の as 〜 as の間に名詞を入れてもよいと思っていないか ☞ §96

❏ 3. 比較構文は対象となる語の意味と品詞をそろえなければならないことを知っているか？ ☞ §97

❏ 4. 比較級の強調語はすべて much でよいと思っていないか？ ☞ §98

❏ 5. 最上級には全体集合を明示しなければならないことを意識しているか？ ☞ §99

❏ 6. 最上級には必ず the が付くと思っていないか ☞ §99

❏ 7.「〜ほど…なものはない」を機械的に Nothing is ＋比較級＋ than 〜 と書いていないか？ ☞ §100

❏ 8. 原級の as 以下や比較級の than 以下が省略される場合があることを知っているか？ ☞ §101

❏ 9.「χ年ぶり」という表現を英語で書けるか？ ☞ §102

❏10.「増える」という表現を英語で書けるか？ ☞ §103

❏11.「減る」という表現を英語で書けるか？ ☞ §104

❏12. the ＋比較級〜, the ＋比較級… の構文を作文で正確に使えるか？ ☞ §105

§96 比較構文の基本の盲点

> **課題文**
> (1) ビルは君よりも誤りが少ない。
> (2) 喫煙者が肺癌にかかる率は禁煙者の2倍である。

文法研究

✎ 「少ない」から fewer がひらめくか？

本問 (1) の「少ない」という日本語から fewer という単語が浮かぶ人は少ない。日本語には few に相当する語がないことが最大の原因であろう。**few** や **little** は数学で習う $\lim_{x \to 0}$ の発想である。つまり「0に収束する→0に近づく」という意味である。I have little money. は「ゼロに近い金を持っている」が本来の訳で、日本語にはそのような言い方はなじまないから「ほとんど金をもっていない」と意訳しなければならない。でも、本来は「**ゼロに収束する金を持っている**」のまま理解するのが英語脳というものであろう。few と little の使い分けは、これらが修飾する語が**可像名詞なら few** で、**不可像名詞なら little** である。そして、few の比較級が **fewer**、little の比較級が **less** である。本問 (1) の「誤り」(mistake) は可像名詞であるから fewer が選択される。

　(a) Bill makes **fewer** mistakes than you do. (○)

✎ 「少ない」から「～ほど…ない」という発想に変える

また、「少ない」という日本語は「～ほど…ない」という日本語に置き換えて訳すこともできる。「～ほど…ない」という表現は **not as … as ～** である。ところが、筆者の添削体験では、この表現を not＋比較級＋than ～と書いてしまう人が多いような気がする。not＋比較級＋than ～ではなく、not as … as ～である。

　(b) Bill does**n't** make **more** mistakes **than** you do. (×)

✎ as と as の間に挟める語は形容詞か副詞だけ

さらに、「～ほど…ない」は not as … as ～だとわかっている人でも、次のように、as と as の間に名詞を挟んで間違う人も多い。

　(c) Bill doesn't make **as** *mistakes* **as** you do. (×)

　as と **as** の間に挟める語は形容詞か副詞だけだ。この基本事項は意外と意識

されていないようなので、しっかりと確認しておきたい。よって、(c) のように、mistakes（名詞）を as ～ as で挟むことはできない。しかし、この場合はどうしても mistakes という語を入れなければならない。そこで、as ～ as の間に名詞を入れたいときには、many か much の助けが必要になるということを覚えておこう。その名詞が**可算名詞**なら **many** で、**不可算名詞**なら **much** だ。**as many ＋可算名詞＋ as ～ / as much ＋不可算名詞＋ as ～** を公式で覚えておきたい。よって、本問 (1) を not as ... as ～で表現すると、次のようになる。

(d) Bill doesn't make **as *many* mistakes as** you do. （○）

● **as ～ as の間に挟める語** ●

- **as** と **as** の間に挟める語は形容詞か副詞だけ
  ☞ **as ＋形容詞＋ as ～ / as ＋副詞＋ as ～**
- 名詞を挟みたいときは **many** か **much** を添える
  ☞ **as many ＋可算名詞＋ as ～ / as much ＋不可算名詞＋ as ～**

比較構文の as や than は原則は接続詞

(a) や (d) の文でもう一つ注意したいことがある。それは as や than の後ろを you do と書いているかということだ。you だけしか書いていない答案をよく見かける。これもよくない。

(e) Bill makes fewer mistakes **than** *you*.　　　（△）

(f) Bill doesn't make as many mistakes **as** *you*.　（△）

それは、as や than は原則は接続詞であるという認識不足によるものと思われる。接続詞である以上、その次は SV が続かなくてはならない。動詞まで書いてはじめて正しい文と言える。ただし、次のような文を見たことがあるはずだ。

(g) Bill makes fewer mistakes **than** *Tom* (*does*).　　（○）

(h) Bill doesn't make as many mistakes **as** *Tom* (*does*).（○）

(g) と (h) では as / than 以下が Tom という名詞になった。このようなときは動詞（本当は助動詞）である does は省略されることがある。そこで、次のように定義をし直そう。**as や than は基本的には接続詞であるから、直後は SV 構造になるのが通常だが、as / than 以下の主語が代名詞以外のときは動詞（*or* 助動詞）は省略されることがある。**

✎ as ... as 〜の間は1語とは限らない

「asとasの間に挟めるのは形容詞か副詞だけ」ということがわかっていても、本問 (2) のような文だと書けない人が多いようだ。それはasとasの間の形容詞の部分が1語だけしか入らないと思い込んでいることに起因している。確かに、英語学習の初期段階ではそのような例文しか教わらないからである。

(i)　Bill is **as** *old* **as** Tom.

(i) のように、asとasの間にoldという形容詞1語しかない場合もあるが、形容詞の語法によっては2語以上になる場合がある。例えば、likelyという形容詞はふつう **be likely to** *do* **...**「…しそうだ、…する可能性が高い」の形で用いるので、likelyの次にto *do* …が続くことになる。これをas ... as 〜で挟むと、**be as likely to** *do* **... as 〜**となって、これが本問 (2) の答えとなる。

(j)　Smokers are twice **as** *likely to get lung cancer* **as** non-smokers. (○)

ちなみに「〜の2倍…だ」という表現は **twice as ... as 〜**である。3倍以上からは一般に **χ times as ... as 〜**となる。こちらの倍数表現はある程度勉強している人はすぐ書けるのだが、(j) のようにas ... asの間に長い語句が連なるパターンは苦手な人が多いようだ。ここで克服していただきたい。

✎ as ... asで挟まれた形容詞・副詞は本来の意味を失うことがある

ついでながら、もう一つ比較構文の盲点について指摘しておく。(i) の英文の訳だが、「ビルはトムと同い年だ」であって、決して「ビルはトムと同じくらい年寄りだ」ではない。ところが、Bill is old.は「ビルは年寄りだ」という意味である。as old as 〜の形になると、oldに「年寄りの」という意味はなくなって、中立的に「〜と同じ年だ」という意味になる。**as ... asで挟まれた形容詞・副詞は本来の意味を失い、中立的な意味になることがある**ということも注目しておきたい。さらに、文脈によっては、as ... asで挟まれた形容詞・副詞を本来の意味とは逆の意味で解釈すべきときもある。次の文を考えてみよう。

(k)　Jessica is **as** *intelligent* **as** a monkey.

直訳すると、「ジェシカは猿と同じくらい頭が良い」となるが、猿は一般に頭が良いと言えるのだろうか。明らかに人間よりは劣った生物である。この文のintelligentも as ... asで挟まれたことにより、中立的な意味になり、「ジェシカは猿と**同程度の知性**である」となる。「猿と同程度の知性」とは「猿と同じくらい**知性が低い**」ということだ。この場合のintelligentは、本来の「知的な」という意味とは全く逆の「頭が悪い」という意味になってしまうのである。このことは、「**as / than以下は明らかなことを述べる**」という原則と関係がある。

▶第7章　比　較

📖 as / than 以下は明らかなことを述べる

「**as / than 以下は明らかなことを述べる**」というのが英語の比較構文の特徴である。(k) の文の as 以下は a monkey「猿」であるが、「猿」は人間より知性が劣るというのが周知の事実、明らかなこととなる。そこから逆算して intelligent の意味を解釈するのである。次の文はどうか。

(l)　My boss loved me **as** much **as** *Churchill loved Hitler.*

文字通り訳せば「チャーチルがヒトラーを好きだったのと同じくらい上司は私のことが好きだった」となるが、チャーチルはヒトラーのことが好きだったのか？　両者は第二次世界大戦の敵の大将どうしの関係であり、犬猿の仲であったことは有名な歴史の事実である。よって (l) は「チャーチルがヒトラーを大嫌いだったように、私も上司に嫌われていた」という解釈するのが正しい。このように、比較の構文は意外に奥深いことがおわかりいただけよう。

英 訳 例

(1-A)　Bill makes fewer mistakes than you do.

(1-B)　Bill doesn't make as many mistakes as you do.

(2-A)　Smokers are twice as likely to get lung cancer as non-smokers.

(2-B)　People who smoke run twice the risk of getting lung cancer compared with those who don't smoke.

表現研究

● …の2倍の～

(2-B) は twice the ～ of … で「…の2倍の～」という表現を用いたもの。

ex. This box is **twice the size of** that.

≒ This box is **twice as large as** that.

「この箱はあの箱の2倍の大きさだ」

ところが、次のように書くと、of ～ of … の連続が変に聞こえるために、〈英訳例〉のように2つ目の of を **compared with** ～「～と比較して」に変えた。

　People who smoke run twice the risk ***of*** getting lung cancer ***of*** those who don't smoke.　(△)

なお、**run the risk of** *doing* ～で「～する危険［恐れ］がある」という熟語。

275

§97　比較対象の統一

> **課題文**
> (1) 東京の人口は私の故郷の8倍だ。
> (2) 東京は私の故郷よりも物価が高い。

文法研究

✎ 比較対象は意味の上で同レベルのものでなければならない

英語の比較構文の原則に「**比較対象は意味の上でも文法的にも同レベルのものでなければならない**」というものがある。例えば、本問 (1) を次のように書いてはいけない。

(a) The *population* of Tokyo is eight times as large as our *hometown*. (×)

この文の主語は population「人口」だが、as 以下の主語は hometown「故郷」である。「人口」と「故郷」ではレベルの違う単語なので、比較対象にはなり得ない。「人口」はあくまでも「人口」と比べなければならない。本問 (1) の日本語でもわかるように、日本語では「人口」という言葉を二度言わなくても通じるが、英語の場合は「東京の人口は私の故郷の**人口**の8倍だ」というように、「人口」を二回言わなければならない。それは、「**比較対象は意味の上で同レベルのものでなければならない**」からだ。ただし、英語は同じ語を二度以上使うのは回避されるので、二度目は代名詞にする。比較や対照を表す構文中で使う代名詞は、**単数なら that、複数なら those** である。よって、本問 (1) の解答は次のようになる。

(b) The **population** of Tokyo is eight times *as large as* **that** of our hometown. (○)

(b) の that は the population を受けるので、これで「人口」と「人口」が比較されることになる。ちなみに、「人口が多い」の「多い」は large を用いる。

本問 (1) は次のようにも書ける。

(c) **Tokyo** is eight times *as populous as* **our hometown**.

(c) の populous という単語は堅い表現なので、(b) と比べると頻度はかなり落ちるが、今度は「東京」と「私の故郷」が比べられている。「東京」も「私の故郷」もともに街 (or 町) であるので、比較対象は同レベルのものになっている。

比較対象は文法的にも同レベルのものでなければならない

本問 (2) は何と何を比較しているのだろうか。もちろん、「東京」と「私の故郷」であるが、今度は構文の問題が関わってくる。「物価が高い」の部分を expensive で表現するのであれば、素直に「東京」を主語にして「私の故郷」と比べればよい。

(d) **Tokyo** is more expensive than **our hometown**. (○)

(d) の文を、意味の上から分析すれば、「東京」と「私の故郷」の比較となって、同レベルのものの比較となる。(d) の文を品詞の観点から分析すると、Tokyo も our hometown も名詞なので、(d) は名詞と名詞を比較している構文だとわかる。本問 (2) を次のようにも書ける。

(e) **In Tokyo** prices are higher than (they are) **in our hometown**. (○)

(e) の文において、our hometown の前の in という前置詞は絶対に必要である。それは、この文の比較対象は in Tokyo と in our hometown、つまり副詞句と副詞句の比較だからである。このように、**比較対象は文法的にも形をそろえなければならない**。§96 で触れたように、as や than は基本的には接続詞だから、後ろはSVが続く。(e) の文も than の次の they are を省略せずに書けば、自然と in our hometown の in が必要なことに気づくであろう。ちなみに、(e) の文のように、as / than 以下が代名詞の主語＋be動詞＋副詞句［節］であれば、代名詞の主語＋be動詞の部分（＝they are）は省略できる。

英訳例

(1-A) The population of Tokyo is eight times as large as that of our hometown.

(1-B) Tokyo is eight times as populous as our hometown.

(2-A) Tokyo is more expensive than our hometown.

(2-B) In Tokyo prices are higher than (they are) in our hometown.

表現研究

● 故郷

our country は「私の国」という意味になってしまうので不可。

§98　比較級の強調語

> **課題文**
> (1) 日本の住宅の広さはアメリカの水準に遠く及ばない。
> (2) ビルは私よりずっと間違えが多い。

文法研究

🖋 比較級の強調語 much と even の違い

　比較級を強調したいときは much や even などを用いるということを教わっただろうか。これは確かであるが、much と even とでは意味が異なることをご存知だろうか。また、比較級の強調語はいつでも much が使えるとは限らないことも注意されたい。

　本問 (1) を比較級で書いて強調したい場合は、何を用いるのであろうか。比較級の強調語は一般に、much / far / a lot / a great deal / even / still の 6 つがある。とは言え、(1) に even や still を使うのは常識に反する。

(a) Japanese houses are **even** smaller than those in the U.S. (×)

まずは次の基本文で確認しよう。

(b) Robert is **much** *taller* than Simon.
(c) Robert is **even** *taller* than Simon.

　(b) は「ロバートはサイモンよりずっと背が高い」という意味だが、**much / far / a lot / a great deal** を使った場合は、両者の間の差が相当にひらくことを意味する。例えばロバートの身長が 180cm とすれば、サイモンは 150cm くらいかもしれない。一方、(c) の **even** や **still** を用いた場合は、**than 以下のものもかなりの程度であること**を示す。(c) の文において、サイモンも世間的な評価からすればかなり背が高いのである（例えば 180cm）。だが、ロバートに至っては、さらにひと回り背が高いという意味である（例えば 190cm）。

● **比較級の強調語の違い** ●

- 〜 **much / far / a lot / a great deal** ＋ 比較級 ＋ than ...
  - ☞ 〜と...は大差
- 〜 **even / still** ＋ 比較級 ＋ than ...
  - ☞ ...もかなりのものだが〜はもっとすごい

そこで、(a)のようにevenを用いてしまうと、「アメリカの住宅もかなり狭いが、日本の住宅はさらに狭い」という意味になってしまう。常識的にアメリカの住宅は狭くはないだろう。この場合は、日本の住宅とアメリカの住宅とでは広さは桁違いであることを言いたいわけなので、much / far / a lot / a great dealを用いるのが適当である。

(d) Japanese houses are **much** smaller than those in the U.S. (○)

比較級の強調語はいつでもmuchではない！

本問(2)の比較級の強調語は何を用いたらよいか。その際、何でもmuchにすればよいと思っている人はいないだろうか。次の場合はmuchは使えない。

(e) Bill makes **much** *more mistakes* than I do. (×)

(e)がダメな理由は、moreの次の名詞mistakesが可算名詞だからである。moreの次に可算名詞が来る場合の強調語はmanyでなければならない。

(f) Bill makes **many** *more mistakes* than I do. (○)

ちなみに、moreの次が不可算名詞の場合の強調語はmuchである。

(g) Bill has **much** *more money* than I do.
　　「ビルは私よりずっとお金がある」

● **moreの次が名詞の場合は要注意** ●

- ～ **many** more ＋ 可算名詞 ＋ than …
- ～ **much** more ＋ 不可算名詞 ＋ than …

英訳例

(1-A) Japanese houses are much smaller than those in the U.S.
(1-B) By American standards, the average size of Japanese houses is still very small.
(2-A) Bill makes many more mistakes than I do.
(2-B) I make far fewer mistakes than Bill does.

---

❷ (1-A)の文末のthe U.S.はthe United Statesと書いてもよい。また、the U.S.のように、省略符で文が終わる場合は、最後の点は1つである。この点は省略符とピリオドを兼ねる。

§99　最上級

> **課題文**
> (1) シェークスピアが史上で最も偉大な劇作家だということを否定する人はほとんどいない。
> (2) カー・マニアは愛車に乗っているときがいちばん幸せだ。

文法研究

最上級構文には全体集合を明示する必要がある

最上級を教わったばかりの頃はよく次のような基本構文を提示されたと思う。

(a) Sam is **the tallest** student *in* **the class**.
　「サムはクラスでいちばん背が高い」
(b) Sam is **the tallest** *of* **all the students**.
　「サムはすべての学生の中でいちばん背が高い」

そして、最上級の次の前置詞inとofの区別を教わったはずだ。**in**の次には(a)の文のclass「クラス」のような〈全体集合〉を表す語が来るが、**of**になる場合は主語とofの次の語が〈同一範疇〉の語になるときである。Samとclassはレベルが違う語だが、Samとstudentsは同レベルの語である。すなわち、Samもstudentsの一人だからである。さて、ここで問題にしたいのは、**最上級を使う以上は、このin以下やof以下の部分が不可欠の要素である**ということだ。つまり、**最上級には全体集合を明示する語句が必要**だということである。このことは、既存の参考書や授業であまり強調されていないように思う。このことを意識していないせいか、次のような英文を平気で書く人がいる。

(c) Sam is **the tallest**. (×)

日本語でも「サムはいちばん背が高い」だけでは意味が不明ではないか。「いちばん」と言っても、どこで「いちばん背が高い」のか。「どこで？」にあたる部分を言う必要がある。それが全体集合である。よって(c)の文は意味をなさない。

ところが、この全体集合とは、(a)や(b)の文のような場所や組織的なものばかりとは限らない。本問(1)の「史上で」のように、時間的な場合もある。

(d) Shakespeare was **the greatest** playwright *in history*.
(e) Shakespeare was **the greatest** playwright *ever*.

280

(f) Shakespeare was **the greatest** playwright *that the world has ever seen*.

(g) Shakespeare was **the greatest** playwright *that the world has ever produced*.

(d) の in history は文字通り「歴史上で」の意味だが、(e) の ever も「これまで」が直訳なので、結局「史上で」と同じ意味になる。ちなみに、**ever は通常は疑問文で使う語であり、肯定文で使うことは不可とされているが、(e) (f) (g) の文のように最上級と用いるときは例外として、肯定文中でも使える。**(f) (g) の that the world has ever seen [produced] は「世界がこれまでに目撃した [生み出した] 中で」という決まり文句である。**最上級の次の全体集合は、このように関係代名詞節で示されることもある。**

最上級とthe

「最上級にはtheが付く」ということを指摘されたことがあるだろうか。これはおおむね正しい。しかし、厳密に言うと、**最上級にtheが付いているのではなく、最上級の次の名詞（省略されている場合もあるが）にtheが付いている**のだ。それは当たり前の話で、冠詞のtheはそもそも名詞に付くものだからである。ちなみに、最上級になる部分はふつう形容詞である。しかも、**theは〈唯一〉を表す**のであった (⇒§58)。「いちばん〜」という以上は、全体集合さえ示されれば、「いちばん〜」なものは〈唯一〉に決まることになる。よって、theになるというからくりだ。

ところが、英文法の勉強が進んでくると、次のような記述に出くわすことになる。**「他の物と比較するときには最上級にtheが付き、同一（人）物の中で比べるときには最上級にtheが付かない」**という説明である。例えば、次の2文を比べていただきたい。

(h) This lake is **the deepest** in Japan.
　　「この湖は日本でいちばん深い」☞ 他の湖との比較

(i)　This lake is **deepest** at this point.
　　「この湖はこの地点がいちばん深い」☞ 同一の湖内での比較

(h) の文は「この湖」と「他の湖」の比較になるのでdeepestにtheが付くが、(i) は「この湖」の中だけでの比較なので、〈同一物内の比較〉となって、こちらのdeepestにはtheが付かないという説明だ。

筆者はこのややこしい説明には昔から疑問を感じている。それは、先ほども述べたように、theは本来は名詞に付くものであるから、そもそも「最上級

にtheが付く」とか「付かない」という言い方は違うのではないか、ということと、(h)と(i)の文の違いの説明はもっと簡潔に説明できるのではないかということである。すなわち、「theは本来名詞に付く」という説明に立てば、(h)の文のtheはdeepestの次に省略されている名詞のlakeに付いているのである。主語にlakeと書いてあるから、同じ語の繰り返しを避ける英語では2回目のlakeは省略されるのがふつうである。

(h)′ This lake is **the deepest** (*lake*) in Japan.

もちろん、日本でいちばん深い湖は〈唯一〉に決まるから **the** になる。(ちなみに、それは秋田県の田沢湖である)　一方、(i)の文のdeepestの次にはlakeの省略は考えられない。つまり、後ろに名詞がないからtheもいらないのだ。ただそれだけのことではないか。

(i)′ This lake is **deepest** (*lake*?) at this point.

日本語でも「この湖はこの地点がいちばん深い**湖**だ」とは言わない。

そこで、本問(2)だが、「愛車に乗っているときがいちばん幸せだ」の訳は次のどちらが正しいだろうか。

(j) Car enthusiasts are **happiest** when they drive their own cars.　　(○)

(k) Car enthusiasts are **the happiest** when they drive their own cars. (×)

この場合は(j)のようにtheがない方が正しい。enthusiastsは「熱狂的愛好家」の意味だが、theを付けない最大の理由は、この文ではhappiestの次にenthusiastsの省略を想定できないからだ。日本語でも「カー・マニアは愛車に乗っているときがいちばん幸せな**カー・マニア**だ」はくどい。

✎ 副詞の最上級

せっかく話がまとまったところだが、実はまだ問題がある。それは副詞の最上級の場合である。次の文を検証しよう。

(l)　Peter runs (**the**) **fastest** of all.
　　「ピーターがみんなの中でいちばん足が速い」

この場合はtheはあってもなくてもよいが、特にアメリカ英語では副詞の最上級もtheを付ける場合が多い。これもやはりfastestの次にpersonの省略を連想するからであろう。

(l)′ Peter runs (**the**) **fastest** (**person**) of all.

(l)′の文のようにpersonを補った場合は、文法的にはrunsの補語の働きをする。「最も早い人間の状態で走る」という意味である。このように、副詞の最上級にもtheが付くことがあることまで想定するなら、やはり「最上級には

theが付く」という言い方は正しいのかもしれない。

英訳例

(1-A) Most people agree that Shakespeare was the greatest playwright in history.

(1-B) There is hardly anyone who denies that Shakespeare was the greatest dramatist that the world has ever seen.

(2-A) People who are crazy about cars are happiest when they are in their cars.

(2-B) Car enthusiasts are happiest when they drive their own cars.

表現研究

● 劇作家

playwright / **dramatist**が適切。**playwright**の綴りに注意。

● 〜ということを否定する人はほとんどいない

「ほとんどの人は〜を賛成する」(**Most people agree that SV 〜**)とすると簡単に処理できる。Hardly anyone denies that SV 〜 / There are almost no people who deny that SV 〜 / There are few people who deny that SV 〜 も可。

● カー・マニア

be crazy about 〜は「〜に夢中である、熱中している」の意味。**a 〜 enthusiast**で「〜狂、大の〜ファン」の意味。**people who love driving** / **car buffs**も可。

● 愛車に乗っている

be on *one*'**s car**は不可。立ったまま乗れる乗り物 (train, busなど) はonを用いるが、乗る際に体を曲げなければならないような乗り物 (car, taxiなど) は**in**を使う。ちなみに「車に乗り込む」なら**get into** a carである。drive *one*'s carsも可だが、「愛車」の「愛」を強調したければownを付けて**drive** *one*'**s own car**にした方がそれらしい (⇒§73)。

§100 「〜ほど...なものはない」

> **課題文**
> (1) 友情ほど貴重なものはないと信ずる人もいれば、お金がすべてだと思う人もいる。
> (2) 間違って知らない人に挨拶してしまった時ほどきまりの悪い思いをすることはありません。

文法研究

最上級 ⇄ 原級・比較級

英語学習の基本段階では、最上級から原級or比較級へ、原級or比較級から最上級へという書き換えを練習する。「時ほど貴重なものはない」という文で練習したことはないだろうか。

(a) Time is **the most** precious thing of all.
(b) **Nothing** is **as** precious **as** time.
(c) **Nothing** is **more** precious **than** time.
(d) Time is **as** precious **as anything else**.
(e) Time is **more** precious **than anything else**.

(a)が最上級の文であるが、§99で説明したように、〈最上級には全体集合を明示する必要がある〉のでof allは不可欠な要素である。(b)のNothing is as … as 〜や(c)のNothing is 比較級 than 〜、(d)の〜 is as … as anything else、(e)の〜 is 比較級 than anything elseでも最上級とほぼ同じ意味を表すことができる。よって、本問(1)の「友情ほど貴重なものはない」もこの5パターンで表すことができる。

(f) Friendship is **the most** precious thing in life.
(g) **Nothing** is **as** precious **as** friendship.
(h) **Nothing** is **more** precious **than** friendship.
(i) Friendship is **as** precious **as anything else**.
(j) Friendship is **more** precious **than anything else**.

(f)は最上級なので、全体集合を表すin lifeが必要である。この構文を応用したのが、「富士山は日本でいちばん高い山だ」という例文で知られる次の5つのパターンである。

(k) Mt. Fuji is **the highest** mountain in Japan.
(l) **No other** mountain in Japan is **as** high **as** Mt. Fuji.
(m) **No other** mountain in Japan is **higher than** Mt. Fuji.
(n) Mt. Fuji is **as** high **as any** (**other**) mountain in Japan.
(o) Mt. Fuji is **higher than any other** mountain in Japan.

(l) 〜 (o) の構文を用いる際、**other**の次の名詞は単数形にすることに注意しよう。otherの次はother citiesなどのように複数形（またはother peopleのように複数扱いの名詞）にするのがふつうだが、比較構文においては単数形にする。それは、英語の比較は〈**1対1対応**〉が基本だからである。(l) 〜 (m) の例文で考えると、「富士山」と「日本の他の山」を一気に比較するのではなく、例えば「富士山と月山を比べて富士山の勝ち！　富士山と阿蘇山を比べて富士山の勝ち！」という具合に、いわばトーナメント戦方式で1つ1つ勝負していく感じである。よって、otherの次を単数形にする。

📝「〜ほど...なものはない」≠ Nothing is 比較級 than 〜

ところで、最上級という言葉の意味を改めて考え直してほしい。最上級とは「いちばん〜だ」ということである。先ほどの (b) 〜 (e) や (g) 〜 (j) の原級や比較級で最上級と同じ意味を表す場合、特に全体集合を明示していなければ、自動的に「**人生でいちばん〜**」とか「**世の中でいちばん〜**」といった意味になってしまう。例えば、本問 (2) を機械的に原級や比較級の公式で書いてみよう。

(p) **Nothing** is **as** embarrassing **as** saying hello to a stranger.
(q) **Nothing** is **more** embarrassing **than** to say hello to a stranger.

(p) や (q) は「この世の中でいちばん恥ずかしいのは知らない人に挨拶をしてしまったときだ」という意味になってしまう。実際問題、そこまでは言い過ぎではないだろうか。世の中に恥ずかしいことは他にもたくさんあるはずだ。こういう場合は、機械的に最上級等の表現を用いるのではなく、別の表現で強調するのが正しい英訳である。本問 (2) は次のようにしたらどうか。

(r) I feel **really** embarrassed when I say hello to a stranger by mistake.

(r) の直訳は「間違って知らない人に挨拶してしまったときはとても恥ずかしい」であり、**really**という語でembarrassingを強調しただけであるが、これが適切な訳と言える。日本語の「**〜ほど...なものはない**」は必ずしも英語でも **Nothing is 比較級 than 〜** などの表現とは一致しないことも覚えておこう。

英訳例

(1-A) Some people believe nothing is as precious as friendship; others think money is everything.

(1-B) Some people believe friends are the most important thing in life and others think money is everything.

(2-A) It is really embarrassing to say hello to someone you have mistaken for someone else.

(2-B) I feel really embarrassed when I say hello to a stranger by mistake.

表現研究

● **友情**

friendship が直訳だが、**friends**「友人」と意訳してもよい。

● **貴重な**

precious / **valuable** / **important** は可。

● **間違って～する**

直訳すれば、～ by mistake だが、(2-A) のように、「他の人と勘違いしてしまった人に挨拶する」と意訳してもよい。mistake ～ for ... で「～を...と間違える、勘違いする」の意味。

● **知らない人**

a stranger / **someone you don't know** は可。**a strange person** は「変人」という意味なので不可。

● **～に挨拶する**

say hello to ～ / **greet ～** が可 (⇒p.161)。

● **きまりの悪い思いをする**

Sth is **embarrassing** / *Sb* feels **embarrassed** は「穴があったら入りたい、ばつが悪い」という感じの「恥ずかしい」なので可。*Sth* is **shameful** / *Sb* is **ashamed** は「世間に顔向けできない、御天道様に申し訳ない」という意味での「恥ずかしい」なので、この文では意味が強すぎる。-ing (現在分詞) と -ed (過去分詞) の使い分けについても注意しよう (⇒§47)。

§101　最上級相当表現

> **課題文**
> (1) 東京ほど地価が高い場所は世界中どこにもない。
> (2) これほどばかげたことはなかろう。
> (3) こんなに美しい夕日を今まで見たことがない。

文法研究

than以下が副詞句になる場合

本問 (1) は§100で練習した「富士山ほど高い山は日本には他にはない」という日本語に近いが、文法的には決定的な違いがある。

(a) ***No other*** *mountain* in Japan is **higher than** *Mt. Fuji*.

(b) ***Nowhere*** in the world are land prices **higher than** *in Tokyo*.

(a) と (b) の文を見比べて、何が違うかわかるだろうか。(a) の文のthanの次はMt. Fujiだけだが、(b) の文のthanの次はin Tokyoとなっている。そして、作文ではこのin Tokyoのinを書き忘れる人が多い。なぜ、inを書き忘れてしまうかといえば、このinを通常は日本語では訳さないからである。「東京におけるほど」と無理やり訳せないこともないが、自然な日本語は「東京ほど」となる。では、なぜ英語ではinが必要なのだろうか。これについてはすでに§97で学習した「**比較対象は文法的にも同一レベルのものでなければならない**」という原則が関係する。

それでは本問 (1) の比較対象は何と何か。「東京」と「世界中の他の都市」である。ところが、英語のnowhereの品詞は副詞である。比較対象の一方が副詞なら、比べる相手の「東京」の品詞も副詞にしなくてはならない。そこでinを付けてin Tokyoの形にする。そうすれば副詞句となり、比較対象の品詞がそろい、文法的に同一レベルになったことになる。あるいは、than以下のSVを省略せずに書いた方がわかりやすいかもしれない。

(b)′ ***Nowhere*** in the world are land prices **higher than** (they are) *in Tokyo*.

もともと (b)′ のthan以下の文は次の (c) の文のようであったわけだから、in Tokyoになることは明白だろう。

(c) They (= Land prices) are high *in Tokyo*.

(b)の文を作る上で、もう一つ注意しなければならないのは、nowhereというような否定語を文頭に置くと、疑問文と同じ語順で倒置が起きるということである。これは次のようにパターン化して覚えた方が能率がよい。

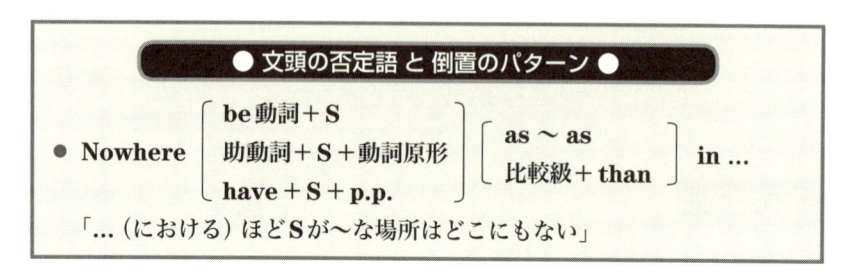

```
●――――― 文頭の否定語 と 倒置のパターン ―――――●

          ┌ be動詞＋S          ┐ ┌            ┐
● Nowhere │ 助動詞＋S＋動詞原形 │ │ as ～ as   │ in …
          └ have＋S＋p.p.      ┘ │ 比較級＋than │
                                 └            ┘
  「…（における）ほどSが～な場所はどこにもない」
```

✎ as / than以下の省略

続いて本問(2)を考えてみよう。これまた「～ほど…なものはない」のパターンである。§100で確認したように、「～が世の中でいちばん…」と言い切ってよいならNothing is 比較級 than ～などの表現が使える。

(d) **Nothing** could be **more** absurd (**than** this).

(d)の文のthan thisは省略できることをご存知だろうか。英語の比較構文ではしばしば、このようにasやthan以下が省略されることがある。なぜ省略できるかと言えば、省略しても十分にわかるからであるが、これは「**as / than以下は明白なことを述べる**」という原則に基づいている（⇒§96）。as / than以下は明白なことを述べるわけだから、場合によっては明白すぎて書かないという事態が発生するのだ。ところが、この「明白」というのが微妙で、英米人にとっては明白でも、日本人にとってはそれほど明白には思えない場合がある。例えば、英語では、〈**目の前で行われていること**〉や〈**今の状態**〉などははじめから明白なものの範疇(はんちゅう)に入ってしまうのである。本問(2)の「これほど」の「これ」というのは、筆者の目の前で行われている事物であろう。よって、than thisは省略できる。次の文の意味を考えてほしい。

(f) I *have* **never** *been* **happier**.

(f)を「私は一度も幸せであったことがない」と訳したら誤訳で、「私は今最高に幸せだ」が正しい。なぜなら、happierの次にthan I am nowが省略されているからである。この省略を見破るためには、やはり〈**今のこと**〉と比べる場合は、英語ではas / than以下を省略することがあることを知っておかないとなかなか解釈できないであろう。ただし、as / than以下が省略される場合には一定のパターンが見受けられる。次にまとめてみた。

288

✍ as / than以下が省略されるパターン

① 前の文のas / than以下と同じ場合　☞ 前文と同じ文構造
　ex. **Nothing** is **more** precious **than** time, but **nothing** is **more** irritating (than **time**).
　　「時間ほど貴重なものはないが、時間ほど人をいらつかせるものもない」

② **this**との比較　☞ この場合はcould「〜できよう」と使う場合が多い
　　Nothing could be as ... (**as this**)
　　Nothing could be 比較級 (**than this**)
　ex. **Nothing** *could* be **farther** from the truth (than **this**).
　　「これほど真実からかけ離れていることはなかろう」

③ 「今」との比較　☞ この場合は主節がhave never + p.p.であることが多い
　　S + have never + p.p. + as ... (**as now**)
　　S + have never + p.p. + 比較級＋ (**than now**)
　ex. *Never* before *have* so many people *been* **so well off** (as they are **now**).「今ほど多くの人々がこんなにも裕福であった時代はなかった」
　　☞ この例文のように、否定文の場合は最初のasがsoになる場合もあるが、現代英語では否定文でもasを用いるほうがふつうである。

④ 「現実」と「仮想」の比較　☞ この場合は仮定法と使うことが多い
　ex. "How was your summer vacation?"
　　"It *couldn't have been* **better** (than it **was**)."
　　「夏休みはどうだった」「最高だったよ」
　　☞「実際の夏休みほど良い夏休みは仮想の世界でもあり得なかっただろう」が直訳

✍ 「これほど〜な...を―したことがない」の構文

最後に本問 (3) だが、これもパターンで次の5通りで書ける。
　(g) This is **the most beautiful** sunset I've ever seen.
　(h) This is **the first time** I've ever seen **such** a beautiful sunset.
　(i) I have **never** seen **such** a beautiful sunset (**as this**).
　(j) I have **never** seen **as** beautiful a sunset (**as this**).
　(k) I have **never** seen a **more** beautiful sunset (**than this**).

このうち、(g) の最上級での書き方が頻度がいちばん高い。(g) と (h) のeverはなくてもよいが、あった方が現在完了形の意味が〈経験〉であることを明示できる (⇒§6)。また、everは通常は肯定文で使ってはいけないが、(g)

のような最上級や (h) のように the first などの序数と使う場合は肯定文でも許される (⇒§99)。(i) 〜 (k) の文の as や than 以下が省略できるのは〈今のこと〉と比べているからだ。(j) の **as＋形容詞＋a＋名詞**の語順にも注意。

✍ 「あれほど〜な...を―したことがなかった」の構文

この構文の応用として、例えば「あの時ほど美しい夕日をそれまで見たことがなかった」の英訳なら、先ほどの this が that に、is が was に、have＋p.p.〈現在完了形〉の部分が had＋p.p.〈過去完了形〉に変わることに注意しよう。

(l) That was **the most beautiful** sunset I'd ever seen.
(m) That was **the first time** I'd ever seen **such** a beautiful sunset.
(n) I had **never** seen **such** a beautiful sunset (**as** that).
(o) I had **never** seen **as** beautiful a sunset (**as** that).
(p) I had **never** seen a **more** beautiful sunset (**than** that).

英訳例

(1-A) Nowhere in the world are land prices higher than in Tokyo.
(1-B) In no other city in the world is the land price as high as in Tokyo.

(2-A) Nothing could be as absurd.
(2-B) Nothing could be more ridiculous.

(3-A) This is the most beautiful sunset I've ever seen.
(3-B) I have never seen a more beautiful sunset.

表現研究

● 地価
一般論なので land prices のように複数形にする。堅く学問的に表現するなら the land price も可 (⇒§67)。

● ばかげた
absurd / ridiculous「不合理な」が適切。

● 夕日
sunset「夕焼け」の他、**the evening sun / the setting sun** は可。

§102 「χ年ぶり」

課題文
(1) 日本海側では10年ぶりの大雪だ。
(2) 先週の日曜日に10年ぶりに東京ディズニーランドへ行った。

文法研究

「χ年ぶり」の4つのパターン

「χ年ぶり」という表現は英訳ではよく使う表現なので、完全にマスターしておきたい。「χ年ぶり」という表現は主に次の4つがある。

●「χ年ぶり」を表す4パターン●

① It [This] is the＋最上級＋名詞＋S＋have＋p.p.＋for [in]（the past）χ years.
② It [This] is the first time in (the past) χ years that＋S＋have＋p.p.＋such ～.
③ S＋haven't＋p.p.＋as ～ for (the past) χ years.
④ S＋意識的な動詞＋for the first time in χ years.

このうちの①～③は§101の(3)「こんなに美しい夕日を今まで見たことがない」という構文の応用である。「こんなに美しい夕日を見たのは10年ぶりだ」と言いたければ、§101の文に for [in] (the past) ten years を付け加えるだけだ。

(a) This is **the most** beautiful sunset I've seen ***for (the past) ten years***.
(b) This is **the first time *in (the past) ten years*** that I've seen **such** a beautiful sunset.
(c) I haven't seen **as** beautiful a sunset ***for (the past) ten years***.

要するに、「10年ぶりに美しい夕日を見る」とは、(a)「10年間で見た夕日の中でいちばん美しい」とか、(b)「こんな美しい夕日を見たのは過去10年間で初めてだ」とか、(c)「ここ10年間はこんなに美しい夕日を見たことがなかった」などと表現するのである。よって、本問(1)もこの3つのパターンを使って書くことができる。

(d) This is **the heaviest** snowfall (they have had) *in* (*the past*) *ten years*.
(e) This is **the first time** *in* (*the past*) *ten years* they have had such a heavy snowfall.
(f) They haven't had **as** much snow *for* (*the past*) *ten years*.

🔊「お久しぶりです」

(c) や (f) のパターンの基本は「お久しぶりです」という口語表現である。「お久しぶりです」にも次の3つの表現がある。

(g) I haven't seen you for ages.
(h) It's been a long time since I saw you last.
(i) Long time, no see.

このうちの (g) が (c) や (f) の基本形と言えるもので、「久しぶりに会う」とは「長年会っていなかった」という発想に裏返して表現することがわかる。なお、(i) はやや俗語的な表現。

🔊 for the first time in x years

「x 年ぶり」のパターンの4つ目の **for the first time in x years** を用いることができるのは、**意識的な動詞**と使う場合のみである。先ほどの「こんなに美しい夕日を見たのは10年ぶりだ」や本問 (1) の「10年ぶりの大雪だ」は意識的なことではないからこの表現は使えないが、本問 (2) の「10年ぶりに東京ディズニーランドへ行った」は意識的な行為なので **for the first time in x years** を用いて書くことができる。

(j) I went to Tokyo Disneyland **for the first time in ten years**.

もう1つ、練習問題として「サッカーをしたのは20年ぶりだ」の英訳を考えてみよう。

(k) I played soccer **for the first time in twenty years**.
(l) I **haven't played** soccer **for the past twenty years**.

サッカーは〈意識的にやること〉だから、**for the first time in ten years** を使って (k) のように書くことができる。「20年間サッカーをしていなかった」という発想に変えて (l) で表現してもよい。なお、「10年ぶり」と言えば、after ten years' absence [separation / interval] といった表現を暗記している人もいるだろうが、いずれも古めかしく堅い言い方である。これを用いるのなら、for the first time in x years を覚えることをおすすめする。口語体でも

使えるし、頻度が高いからである。

英訳例

(1-A) This is the heaviest snowfall (they have had) in (the past) ten years on the Japan Sea side of the country.

(1-B) They haven't had as much snow (as this) for (the past) ten years in the areas facing the Japan Sea.

(2-A) Last Sunday, I went to Tokyo Disneyland for the first time in ten years.

(2-B) I visited Tokyo Disneyland last Sunday. That was the first time in the past ten years.

表現研究

● 日本海側では

on the Japan Sea side of the country が最適。on the Japan Sea coast / in the area facing the Japan Sea も可。

● 大雪

「大雪」とは「激しい雪」のことなので heavy snow とする。「降雪量」の意味で使う場合には heavy snowfall とする。ただし、snow は不可算名詞だが、snowfall は可算名詞として使うので、such ～とする場合、snow なら such heavy snow で、snowfall なら such a heavy snowfall となる。また、as ～とする場合は、snow だと、as heavy snow とは言わず as much snow にしなければならない (1-B)。snowfall なら、as heavy a snowfall の語順となる。

ex. They haven't had **such heavy snow** for (the past) ten years.
They haven't had **such a heavy snowfall** for (the past) ten years.
They haven't had **as much snow** for (the past) ten years.
They haven't had **as heavy a snowfall** for (the past) ten years.

§103 「増える」

> **課題文**
> (1) 近年は休暇のたびごとに海外旅行に出かける若者が多くなってきた。
> (2) 物価上昇でやりくりが大変だとこぼす主婦が近頃増えている。

文法研究

「増える」の英訳は？

「増える」はまたしても英訳でしょっちゅう使う表現である。この表し方は主に2つある。

```
●「増える」のパターン●

① More and more people ┌ do 〜     〈現在形 ☞ 状態動詞〉
                        └ are doing 〜 〈現在進行形 ☞ 動作動詞〉
   There are more and more people who do 〜

② The number of people who 〜 is increasing 《文》☞ 統計値があるとき
```

このうち、①の more and more を使う方が口語体である。これを主語に立て、動詞は**状態動詞なら現在形**に、**動作動詞ならなるべく現在進行形**にする。②の increase を使う場合はいくつか注意が必要である。まず people を主語にして increase と言ってはいけない。**increase の基本的意味は〈ふくらむ〉**であるから、people increase と書くと人間がふくらんでしまう。ふくらむのは数であるから、number を主語にしなければならない。また、number は単数であるから動詞は単数一致するので are ではなく is になる。よって、**the number of people who 〜 is increasing** となるわけだが、この表現は**文語体**であるということと、直訳は「〜する人の数が増えている」となるので、当たり前だが、その数を把握していないと使えない。つまり、**統計値があるものにしか使えない**ということだ。本問 (1) の「海外旅行へ出かける若者の数」には統計値があると考えられる。税関を通る際に人数をチェックできるからだ。

しかし、(2) の「やりくりが大変だとこぼしている主婦」の人数までわかるだろうか。このようなはっきりと統計値のないものには、the number of people who 〜 is increasing の構文は不向きだ。いずれにせよ、more and moreを使う方が口語体でも文語体でも使えるので便利である。

英訳例

(1-A) These days more and more young people are traveling abroad whenever they can get time off.

(1-B) In recent years, the number of young people who use every vacation to go abroad has been increasing.

(2-A) These days more and more housewives are complaining that prices are so high that they can hardly make ends meet.

(2-B) These days, with prices (being) as high as they are, more and more homemakers are complaining that they are having a hard time getting by.

表現研究

● 近年は

these days / nowadaysは現在形か現在進行形と用いるが、動作動詞の場合は現在進行形にする方がよい。**in recent years / recently**を用いるなら現在完了形にせねばならないが、動作動詞の現在完了は結果を強調し、現在完了進行形は「増えている」ということそのものを強調することになる（⇒§8）。

● 海外旅行に出かける

travel [go] abroad [overseas] / go on a trip abroad [overseas]が適切。abroadもoverseasも副詞なのでtoを付けないように！（⇒p.20）

● 休暇をとる

have a vacation「(長期)休暇である」/ **get time off**「休みをもらう」/ **take time off**「休みを取る」が可。

● 物価上昇で

prices are rising / prices are going upの他、**with prices (being) as high as they are**「物価が現在のように高くては」と副詞句の形で書く手もある。**with prices the way they are**「物価が現状のようでは」も可。

● やりくりする

make ends meet「赤字を出さずにやっていく」が最適。make both ends meetとbothを付けるのは古い。**get by**「なんとかやっていく」も可。

§104 「減る」

> **課題文**
> (1) お正月におもちを食べる家庭は減ってきた。
> (2) コメは昔からの日本人の主食かもしれないが、日本人はますますコメを食べなくなっている。

文法研究

「減る」の英訳は？

「増える」を勉強したら、必然的に「減る」も勉強することになる。ところが、「減る」の方は「増える」よりもバリエーションが多くなるのでよく整理しよう。

●「減る」のパターン●

① There are fewer (and fewer) ＋可像名詞（複数形）
② There is less (and less) ＋不可像名詞
③ The number of people who ～ is { decreasing《文》 ☞ 統計値があるとき
　　　　　　　　　　　　　　　　 falling
　　　　　　　　　　　　　　　　 declining }
④ S＋not＋V＋as many＋可像名詞（複数形）＋as＋S＋used to
⑤ S＋not＋V＋as much＋不可像名詞＋as＋S＋used to

まず、①②は **more and more** の反対であるが、「減る」方は可像名詞なら **fewer (and fewer)** で、不可像名詞なら **less (and less)** と2つに分かれる。この2つを混同しないようにしよう。次に、**increase** の反対語は **decrease** であるから、これは increase の場合と同じ語法になるが、decrease は堅い語であり、fall や decline の方がやわらかい。いずれにせよ、③の表現は number が主語なので、やはり具体的な数・統計値があるときにしか使えない。本問(1)の「お正月におもちを食べる家庭」の数も、(2) の「コメを食べる日本人」の数も統計が取りにくいのではないか。そうなると、③のパターンは使いづらい。

「減る」の表現には、④と⑤が新たに加わった。「減る」を「**昔ほど～しなくなった**」と訳す方法である。これは§100で学習した「～ほど...ない」の構文（not as ... as ～）が基本形で、as 以下に used to という助動詞を用いて、昔と今の比較にする。used to の次の動詞が一般動詞であれば to で文を切るが、be 動詞

の場合はused to beで止める (⇒ §38)。

ex. I do**n't** drink **as much** *alcohol* **as I used to**.
「私は昔ほどお酒を飲まなくなった」
These days there are**n't as many** *showers* **as there used to be**.
「最近、昔よりも夕立が少なくなった」

英訳例

(1-A) There are fewer families who eat 'omochi,' the Japanese rice cake over New Year.
(1-B) During the New Year holidays Japanese people don't eat as much Japanese rice cake as they used to.
(2-A) Rice may be the traditional staple food in Japan, but Japanese are eating less and less of it.
(2-B) Japanese people may have always lived on rice mainly, but they seem to eat less of it these days.

---

❷ (2-A) の less and less of it と (2-B) の less of it の it はともに rice を指す。rice と書くなら less rice でよいが、英語では同じ語の繰り返しを避けるので代名詞にするわけだが、it の場合は of を付けて less of it としなければならない。

表現研究

● お正月
 on New Year's (Day) は「元旦に」という意味で1月1日だけ。**over New Year / during the New Year holidays** は「正月休みの間」。
● おもち
 rice cake が定番の訳だが、これだけでは日本の事情に詳しくない外国人にはイメージがつかめないだろう。
● 家庭
 household「世帯」/ **family**「家族」が可。単に Japanese people としても可。
● 昔から (⇒ §6)
● コメは日本人の主食
 「主食」は **the staple (food)** と言う。Japanese people live on rice と書くと「日本人は米だけを食べている」と解釈する人もいるので mainly「主に」を加える。

§105　the＋比較級〜, the＋比較級 …

> **課題文**
> 　情報量が増えるにつれて、何を採り何を捨てるかという判断が、きわめて重要なものになってくる。

文法研究

✍ the＋比較級〜, the＋比較級 … の基本

　比較構文で最後の頻出構文は **the＋比較級 〜, the＋比較級 …** であるが、この構文は和訳するときは「〜すればするほど、それだけ…」と訳せばよいので楽だが、英訳に用いるとなると間違う人が多い。そこで、この構文について基礎から考え直してみよう。まず、次の基礎英文は英訳でも書けるだろうか。

(a) **The higher** you go up, **the cooler** the air becomes.
　　「高い所へ登れば登るほど空気は冷えてくる」

　The＋比較級＋SV 〜, the＋比較級＋SV … という語順になることさえ暗記していれば、(a)のような英文はすぐに書けるはずである。(a)の文のhighもcoolも比較級はともにhigher / coolerと -er 活用するので話は簡単である。

✍ more が絡む場合

　この構文の英訳に躓（つまず）くのは、more 活用する形容詞や副詞の場合と、more に名詞が絡んでくる場合である。今度は「たくさんの問題を解けば解くほど数学に興味がわく」の英訳に挑戦してみよう。すると、次のように書く人が少なからずいる。

(b) The more you answer questions, the more you become interested in mathematics. (×)

　(b)の文のどこがダメなのかわかるだろうか。こう書く人は、ただ単純に the more 〜, the more …と覚えているらしい。問題はmoreの次の部分である。正解は次のようになる。

(c) **The more *questions*** you answer, **the more *interested*** you become in mathematics. (○)

　(c)の文のquestionsとinterestedの位置に注目してもらいたい。(b)の文の間違えは、これらの語の位置にある。では、なぜ(c)の位置のようになるのか。

✎ moreの2つの役割

　moreという比較級は主に2つの役割がある。1つは**manyやmuchの比較級**である。そもそも、manyやmuchは単独で使うことはなく、manyの次には可算名詞、muchの次には不可算名詞が続く。つまり、両者とも限定用法の形容詞なのだ。例えば、many books / much milkという具合である。このmanyとmuchが比較級になると、それぞれmore books / more milkとなる。この際、more booksで1つの単位、more milkで1つの単位と考えるので、moreとbooksやmilkを切り離してはいけない。だから、(b) の文のようにmoreとquestionsの位置が離されることはない。もともとmany questionsであったわけだから、比較級になってもmore questionsの語順は変わらない。

　もう1つのmoreの役割とは、**-er活用しない形容詞・副詞の比較級をつくる**ことである。例えば、richの比較級はricherだが、beautifulの比較級はmore beautifulである。この際、more beautifulはricherと同じく2つで1つの単語と考える。なので、これもmoreとbeautifulの位置を切り離してはいけない。(b) のinterestedという形容詞の比較級はmore interestedである。よって、more interestedは分断できないので、(b) ではなく (c) の文のような語順になるのだ。

● 比較構文にmoreが絡む場合の注意点 ●

● **moreとそれ続く語を切り離してはいけない**
① many Ⓒs / much Ⓤの比較級
　☞ more Ⓒs / more Ⓤ ： 例 more books / more money
② -er, -est活用しない形容詞、副詞の比較級
　☞ 例 more beautiful
　※ 例の場合、moreとbooks、moreとmoney、moreとbeautifulを切り離せない

✎ 「情報量が増えるにつれて、〜が重要なものになってくる」の訳

　よって、本問も **the ＋比較級〜, the ＋比較級 ...** の構文を使って書くのなら、moreに絡む語の位置に注意しなければならない。前半の「情報量が増える」をふつうに書けば、You get more information.である。この場合のmoreはmuchの比較級だ。informationは不可算名詞である。したがって、〈the ＋比較級〉の構文にはめ込む際にも、moreとinformationは切り離さず、the more information you get の語順になる。後半の「〜が重要になってくる」もふつうに書けば、it is more important to do 〜である。important の比較級は more important になるので、これも両者を分断せずに、the more important it is to do 〜となる。以上2つを組み合わせると、次の文ができあがる。

(d) **The more** *information* **you get**, **the more** *important* it is to *do* 〜（○）

くれぐれも次のようにしないよう注意されたい。

(e) The more you get *information*, the more it is *important* to *do* 〜（×）

✎ as「〜するにつれて」の構文で書く場合

本問は、the ＋比較級〜, the ＋比較級 ... の構文以外に「〜につれて」を表す as を使って書くことも可能である。そこで、ついでながら、こちらの書き方の注意も記しておく。

そもそも、as という接続詞にはたくさんの意味がある。「〜するように」「〜するにつれて」「〜するとき」「〜するので」などである。ということは、**書いている本人は「〜するにつれて」のつもりでも、読んでいる方は違う意味で解釈してしまう**ということが起こりかねない。そこで、as を英訳で使う際には、いくつかのことに注意しよう。

まず、as はふつうは「〜するように」の意味で使うことが圧倒的に多いことを知っておきたい。なので、それ以外の意味で用いるときは要注意である。「〜するとき」と言いたければ、as ではなく when を用いるようにしよう。「〜するので」なら、since にしよう。この2つは別の接続詞で置き換えられるので、そうした方が無難である。

問題は「〜するにつれて」の場合だが、これは他の接続詞で表すことはできない。とは言え、as を使えば「〜するように」の意味と紛らわしくなる。そこで、as を「〜するにつれて」と相手に読ませるための工夫が必要である。それは、**as 節と主節のどちらかに（両方でもよい）、〈変化を表す動詞〉か〈比較級〉を添える**ことである。そうすれば as を「〜するにつれて」と解釈してもらえる。

```
●「〜するにつれて」のas のパターン ●

● As ＋ S ＋ [ 変化を表す動詞 / V ＋比較級 ]  〜, S ＋ [ 変化を表す動詞 / V ＋比較級 ] ...
```

〈変化を表す動詞〉とは、**change** / **increase** / **grow** / **decrease** / **fall** / **decline**などである。(a) の文をasを使って書くと次のようになる。

(f) **As** you go up *higher*, the air becomes *cooler*.

(f) ではas節にhigher、主節にcoolerという比較級があるのでasを難なく「〜するにつれて」と解釈できる。本問も次のように、as節にgrowという〈変化を表す動詞〉があれば、asを「〜するにつれて」と解釈してもらえる。

(g) **As** the amount of information ***grows***, 〜 becomes extremely important.

英訳例

(A) The more information you get, the more important it is to decide which is the most useful for you.
(B) The more information you have, the more important it is to filter it.
(C) As the amount of information grows, the decision of what to select becomes extremely important.
(D) As we get more information, discarding information is a more important skill than amassing it.

表現研究

● 何を採り何を捨てるか

select 〜「〜を取捨選択する」、**filter** 〜「〜をふるいにかける」、**process** 〜「(情報)を処理する」を使えば、「採る」と「捨てる」の両方を含むことになる。別々に表現するなら、「(情報)を採る」には **accept** / **use** / **amass** / **choose** が使える。**gather** は「とりあえず何でも大量に集める」ので不適切。「(情報)を捨てる」には **discard** / **ignore** が適切。**reject** は意味が強くなるが許容範囲。get rid of / dispose of / throw awayは「一度受け入れたものを捨てる」ことになるのでここでは不可。英訳例 (A) は「どれが自分にとってもっとも有益か」(decide which is the most useful for you) と意訳した。

● 〜という判断

decide / **decision** が適切。**judge** / **judgment** は大げさ。

表現研究索引

日本語

あ行

挨拶する 161
愛車に乗っている 283
赤い服を着ている 24
赤の他人 244
「赤ん坊」の代名詞 189
握手する 241
味わいが増す 268
扱う 152
あの二人の兄弟 26
雨 237
雨が降る 90
雨になる 200
アルバイトをする 45
案 244
案外やさしい 115
家にいてテレビを見る 136
医学 237
生きがいのある生活を送る 117
行く 96
いじめの問題 183
衣食住に関わる物資 223
1時間遅れで 213
1週間くらいで 74
一日中 41
いつか 93
一生の3分の1を眠って過ごす 105
いっしょに行く 83
田舎 187
犬を飼う 191
今や〜すべき時だ 71
生まれ育つ 180
（海が）荒れる 86
映画に行く 140
英作文がうまくなる 61
英作文を書く 146
AはBからバスで10分のとこ ろにある 213
駅まであなたをお迎えする 225
駅まで見送りに行く 121
Xの2倍の〜 275
選ぶ 157
絵を描く 33, 136
宴会 231
大きな議論 207
多くの場所が禁煙である 49
大雪 293
教える 67
お正月 297
同じ町内に 257
おばあさん 227
思う 52
面白い 115
おもち 297
思っているほど 119

か行

カー・マニア 283
カーテンを閉める 100
海外旅行に出かける 20, 295
外国語 142
会社（名）217
外出する 41
会場に着く 110
〜が原因だ 235
〜が異なっている 255
〜がこわい 83
貸す 69
風の音を聞く 86
風邪をひいたことがない 173
学校を卒業する 239
学校を休む 205
家庭 297
〜が乏しい 180
〜がなければ 61
カナダでの生活 119
〜が残っている 221
彼だとわかる 58
変わりやすい 185
考えています 20
感心する 227
記者団 149
季節の移り変わり 61
貴重な 286
気づく 103
きまりの悪い思いをする 286
疑問視する 125
休暇をとる 295
牛乳 221
教育委員会 247
教育とは〜することではない 163
協力する 149
切り込みを入れずに紙を折る 263
近年（は）173, 295
車で（行く）96, 167
経済的に〈人〉から独立している 193
携帯電話 152
怪我をする 235
劇作家 283
決定的な出来事 157
けんかする 26
健康 133
健康体である 173
健康の有難み 265
健康への配慮から 48
言語を使う 265
健全な 163
現代は情報化時代である 265
現地に着く 146
現場の教師たち 247
倹約を心がける 241
交通が激しい 167

午後から 200
五十年の半生 157
午前6時 79
この夏は 20
コメは日本人の主食 297
怖い大人 257
今度の日曜日に 79
こんな不景気な時代には 241
今夜は 41

さ行

最近 171
才能 33
サイは投げられた 203
咲く 17
昨年の夏 169
昨夜 121
酒を断つ 142
3月15日 81
サングラス 121
ジーンズは活動的 152
〜しかねない 207
試験に向けて勉強する 37
事実や理論 163
辞書で単語を調べる 146
辞書を使わないで 140
〜したが、二度と戻ってこなかった 189
したがって 105
〜したくない 41
〜していただけませんか 67, 211
〜してくれたものである 257
〜してくれませんか 178
〜してはじめて… 261
〜しないうちに… 209
〜しないで暮らす 223
〜しなかったと思う 249
死亡する 235
周囲には受けがいい 191
15分前に 110
授業の下調べをする 231
首相 149
出発する 55
趣味 117
趣味と実益 64
小学生 227

小学校に 183
〜しようとした 209
〜しようとしなかった 183
将来 249
職業 217
食餌制限する 173
初歩から 115
知らない人 286
知り合う 209
人災 259
人生への対処の仕方 207
新聞 200
森林 103
水道水 265
数学 52
数学ができる 249
(数学の) 問題 52
すがすがしく感じる 239
ストレスの量 49
すべて〜ではない 200
〜する傾向がある 187
〜することが大切だ 140
〜することに決める 36
〜することをおっくうがる 200
〜する習慣をつける 140
〜するのが習慣です 241
〜する場合が多い 167
〜するようになった 263
生活様式 49
清潔な 125
生物 149
世界的規模で 71
席を譲る 227
説教する 257
全焼する 193
速読する 140
そこが一番の魅力です 268
(空が) きれい 185

た行

大学に進学する 36
互いに喧嘩する 26
正しい 200
旅慣れている〈人〉 165
旅の話 90
単調な 61

地域 235
地価 290
近くの郵便局 67
地下鉄を利用する 167
地球温暖化 71
中止される 90
通勤する 171
着く 90
綴りを間違える 146
つとめの帰り道 175
つまらぬこと 26
定評がある 231
出かける 136
(天気予報) では… 200
(電車) に乗る 227
電車の中で 227
電車は混む 178
電話で 154
〜という意見に賛成だ 152
〜という記事を最近読んだ 49
〜ということを否定する人はほとんどいない 283
〜という判断 301
〜と言われているもの 259
〜と言われる 261
どういうわけか 195
東京駅 79
東京に引っ越してから5ヶ月 140
動植物の多様性を理解する 103
道路 113
道路ががらがら 110
道路が工事中 113
遠回りをする 113
都会 187
〜と関係がある 49
途中 110
〜と母に言われていた 100
〜とやり合う 268
トンネルを抜ける 219

な行

治る 74
長生きすることができるようになった 237

70歳になるまでには、20年間は眠っていることになる 105
何を採り何を捨てるか 301
〜ならどんなにいいだろう 64
〜に挨拶する 286
〜に関する本を読む 221
〜に気づく［気がつく］ 223, 239
〜にけんかを売る 232
2時間で／4時間で 96
20名以上 235
〜にすっかり慣れた 45
〜に対して対策を取る 71
日記をつける 119
〜に着く 55
〜に出会う 169
〜に慣れました 140
〜に乗る 146
〜にハイキングに行く 237
日本海側では 293
日本の伝統文化 261
〜に耳を傾ける 247
入学試験に受かる 86
庭 17
にわか雨にあう 175
人間 265
年月に磨かれて 268
濃霧 213
〜の陰口をたたく 231
〜の決め手は… 239
〜の仕方 161
〜の進歩 237
〜の方がずっと好き 136, 187
〜の良さに気づく 261

は行

〜は当たり前だと考えられている 265
歯医者に行く 83
〜は欠かすことのできないものだ 200
ばかげた 290

〜は簡単だった 52
恥ずかしいことをする 257
〜はずだ 211
母、娘 100
(腹)に合う 195
パリに行く 81
春になると 17
(歯)を磨く 225
万能 125
BよりAが好き 187
BよりAを優先する 187
日が射す 100
秘訣 133
久しぶりに旧友に会った 169
必要を満たす 205
〈人〉が〜しているのを小耳にはさむ 231
〈人〉と会う 58
〈人〉に〜してもらう 123
〈人〉の具合が悪かった 140
病院で診てもらう 74
貧富の差 76
(貧富の差が)広がって 76
富士山の壮大な景色 219
舞台で 24
物価上昇で 295
故郷 277
分別のある 231
〜へ行くにはこの道でよろしいでしょうか 203
〜へ出発する 189
ペットを飼う 191
勉強 239
僕のひざの傷 74
ほとんど雪が降らなくなった 235

ま行

まけてくれる 129
間違って〜する 286
町はすっかり白く化粧した 259
〜まで車で乗せていく 178
窓から 99

学ぶ 142
水を止めておく 225
見る 136
難しい単語を用いないようにする 61
名刺 217
名声をもたらす 263
めずらしい 268
もう遅い 113
もう少し早く 74

や行

約束を破る 250
やりくりする 295
UFO 221
友情 286
友人 57
融通の利くタイプの人間 191
夕日 290
翌朝 239
〜よってまちまちだ 161
余裕をもって 146

ら行

来年は 86
両親を失くした 197
両立する 64
礼儀正しい 125
老後は 117

わ行

(賄賂を)受け取る 249
私たちの乗る列車 55
〜を携帯している 197
〜を決定した 244
〜を懸念している 211
〜を抜けた所に 219
〜を廃止する 76
〜を破壊する 103
〜を振り返る 157
〜を見てびっくりした 232
〜を予知する 93
〜を旅行していたとき 169
〜を忘れる 121

▶ 表現研究索引

英 語

A

a bility 33
a blanket of snow 259
abolish 76
about 221
absurd 290
a bullying problem 183
accept 301
accompany 83
according to 200
accustomed 45, 140
a complete [complete/total/
　utter] stranger 244
acquire 140, 142
adapt to 45, 140
adjust to 45
adopt 244
a dry spell 146
advances 237
a foreign language 142
a friend 57
after you retire 117
agree that SV 152
agree to 152
agree with 152, 195
ahead of time [schedule] 146
A is ten-minute bus ride from
　B 143
A is ten minutes' bus ride
　from B 213
a little sooner 74
all day (long) 41
almighty 125
almost everything we need in
　daily life 223
amass 301
an elementary school child
　[pupil] 227
an experienced traveler 165
an old woman [lady] 227
appreciate 261
area 235
argue 26

argue with 268
arguments 207
arrive 90, 110, 146
arrive at 55, 90
a school boy [girl] 227
ashamed 286
as it might seem 119
as time goes by 268
as time passes 268
at elementary school 183
a third 105
at home 136
at the expense of 187
avoid doing 61

B

baby 189
banquet 231
be absent from school 205
be accepted 191
be afraid of 83
be apt to do 187
be aware 223
be born and bred 180
be born and brought up 180
be born and grow up 180
be called off 90
be cancelled 90
be careful of [about] 247
be caused by 235
become aware of 103
become mellow 268
be concerned about 211
be connected with 49
be conscious 223
be crazy about 283
be cured 74
be determined to do 36
be due to 235
be economically independent
　of 193
be fit 173
begin to do 263
be going to do 20

be good at math 249
be good at writing English 61
behave badly 257
be healthy 173
be hurt 235
be impressed 227
be in good health 173
be in good shape 173
be injured 235
be killed 235
be moved 227
be on holiday in 169
be planning to do 20
be poor in 180
be popular 191
be quite used to 45
be rained out [off] 90
be related to 49
be scared of 83, 257
be sensible 231
be short of 180
be so lazy as not to do 200
be spared the trouble of doing
　200
be thinking about [of] 20
be treated 74
be used to traveling 165
be worried about 49, 211
be worried about smoking 49
be wounded 235
big words 61
bloom 17
boring 61
borrow 69
break one's promise(s) 250
bribe 249
bring 197
brush 225
bump into 169
burn down 193
burn out 193
burn up 193
business and pleasure 64

305

business cards 217
by the time SV 105

C
calling cards 217
can get along with others 191
can have a lot of friends 191
cannot do without 200
capacity 33
car buffs 283
carry 197
catch a cold 173
cell phone 152
cellular phone 152
changeable 185
choose 157, 244, 301
class 231
clean 125, 185, 225
close the curtains 100
come 17
come across 169
come around 17
come down on 129
come in 100
come out 17
come out of the tunnel 219
come to do 263
commute 171
company 175, 217
compared with 275
compromise on one's standards 191
concerns 48
consult a dictionary 140, 146
controversy 207
cooperate 149
correct 200
Could you do ~? 178, 211
Could you please do ~? 67
court 17
courteous 125
creatures 149
crowded 178
crucial 157
cut / ~ / down 241

D
damage 103

deal with 207
decide 36, 157, 239, 244, 301
decide on 244
decision 301
decisive 157
dense [thick/heavy] fog 213
depend on 49, 161, 239
destroy 103
determine 36, 239
development 237
die 235
disagree with 195
disaster 259
discard 301
district 235
diverse 103
diversity 103
do away with 76
do bad things 257
doesn't mean that ~ 163
do something about 71
do something shameful 257
do something wrong 257
doubt 265
doubt that SV 125, 249
do well in math 249
dramatic 157
dramatist 283
draw 33, 100, 136
dress 24
drive 96, 167
drive one's own car 283
during my trip to 169
during the New Year holidays 297

E
each other 27
embarrassed 286
embarrassing 286
enjoyable 115
enjoy your old age 117
enthusiast 283
essential 200
event 157
every ~ has its [their] own ... 161

everyone 105
everything 125
expect 52, 93

F
facts and figures 163
fall back on 140
fall into 140
family 297
fascinating 115
fast 140
fear 83
feel comfortable 239
feel good 239
feel refreshed 239
fifteen minutes early [earlier] 110
fight 26
filter 301
find 52
flower 17
for 74, 96
foresee 93
forests 103
foretell 93
forget 121
for [in] years 173
form 140
for some reason or other 195
for the first time 209, 261
friendship 286
from 99
from ABC 115
from the basic level 115
from the beginning 115
fun 115

G
garden 17
gather 301
genius 33
get 146
get about 152
get accustomed to 45, 140
get by 295
get caught in a shower 175
get his lesson ready 231
get into 36, 140, 283

get into [in] 227
get more out of 117
get on 146, 227
get sb to do 123
get there 55, 110, 146
get time off 295
get to 55, 96
get to know 209
get to the destination 146
get to the place 110
get to work 171
get used to 140
gift 33
give a good impression 191
give sb a discount 129
give sb a good scolding [telling-off] 257
give sb a lift [ride] 178
give up drinking 142
give up one's seat 227
global warming 71, 211
go (along) with 83
go hand in hand 64
go hiking in Okutama 237
good 163
good health 133
goodness 261
goods 223
go on a diet 173
go on a trip abroad [overseas] 295
go on to college 36
go out 41, 136
go [pass] through the tunnel 219
go the long way around 113
go to 189
go together 64
go to the cinema 140
go to the dentist('s) 83
go to the doctor 74
go to the hospital 74
go to the movies 140
go [travel] abroad 20
go [travel] overseas 20
go up in flames 193

graduate from school 239
greet 161, 286
greetings 161

H

habitual 241
handle 152
happen to hear sb doing 231
happen to meet 58, 169
hardly 235
have a cold 173
have a hard time doing 61
have (a lot) to do with 49
have any doubt that SV 125
have a pet [dog] 191
have a quarrel [an argument] with 268
have a reputation 231
have a vacation 295
have ～ left 221
have ～ looked at 74
have ～ on [with] 197
have resulted from 235
have sb do 123
heal 74
health 133
healthy 163
hear that sb did 231
hit 29
hobby 64, 117
household 297
How nice it would be if S could do ～! 64
how they should live their lives 207
how to do 161
how you live your life 49
humans 265
hurt 74

I

idea 244
ideal 163
identify 58
I don't know why, but 195
if it were not for 61
ignore 301
ill 140

important 286
in 74, 96
in about a week 74
indispensable 200
in [at] elementary [primary / grade] school 183
in good shape 133
ingredient 223
injury 74
in recent years 173, 295
instead of 263
interesting 115
in the afternoon 200
in the classroom 247
in the dark 29
in the future 93
in the morning 239
in these days of economic difficulty 241
in these hard times 241
in (the) spring 17
in your later life [years] 117
in your old age 117
issue 52
Is this the right way to ～? 203
it came as a surprise [shock] when SV 232
it impressed me to see 227
it is customary to do 241
it is important to do 140
it is not until SV ～ that SV ... 261
it is only after SV ～ that SV ... 261
it is said that SV 261
It's getting late. 113
It's late. 113
it would be great to be able to do 64
I was glad to see 227
I was wondering if you could do ～ 67, 178, 211
I wish I could do 64

J

jam-packed 178

job 217
journey 90
judge 301
judgment 301
just after 219

K
keep 191
keep a diary 119
keep off alcohol 142
keep the sun out 100
know 58, 209
know better 231
knowledge 163

L
lack 180
land at 213
landscape 219
last night 121
last summer 169
lead to 203
learn 142
leave 55, 121
leave for 81, 189
leave school 239
lend 69
lesson 231
life 149
life in 119
like A better than B 187
little things 26
live a worthwhile [meaningful/good/happy] life 117
live within *one*'s means 241
live without 223
living in 119
living things 149
look at 136
look back on 157
look things up in the dictionary 140
look up words in the dictionary 146
lose *one*'s parents 197

M
make a living 63
make ends meet 295

make him famous 263
make room for *sb* 227
make spelling mistakes 146
make [take] a long detour 113
make up *one*'s mind 36
man-made disasters 259
master 142
material 223
mathematics 249
matter 52
medical science 237
medicine 237
meet 58, 169
mist 213
mistake ~ for 286
mobile (phone) 152
monotonous 61
more than 235
most people agree that SV 283
much prefer 136, 187
must 211
my fifty years' life 157
my fifty years of life 157
my friend 57

N
natural 265
natural disasters 259
nearby 67
never to return 189
next Sunday 79
nonsense 26
non-smoking area 49
not depend on *sb* for money 193
not feel like *do*ing 41
not have a lot of ~ 180
nothing 26
notice 103, 223, 239
not until SV ~ do＋S＋原形動詞 261
not usually 235
not want to *do* 41
nowadays 295
now is the time we should *do* 71
now that we are in such a recession 241

O
occupation 217
office 175, 217
often 167
on 36, 221
on a global scale 71
on a worldwide scale 71
one day 93
one's birthplace 180
one's way of *do*ing 161
one-third 105
only after SV ~ do＋S＋原形動詞 261
on New Year's (Day) 297
on *one*'s cell phone 99
on *one*'s [the] way home [back] from work 175
on Sunday 79
on the fifteenth of March 81
on the phone 154
on the stage 24
on the train 227
on the way 110
organism 149
our basic necessities 223
our daily necessities 223
our train 55
overhear *sb* *do*ing 231
over New Year 297
over the phone 154
over time 268

P
packed like sardines 178
paint 33, 136
part of the way 110
party 232
pass the entrance exam 86
pat 29
pay attention to 247
people who love driving 283
pick /~/ up 225
plan 244
playwright 283

▶ 表現研究索引

please 67
point 268
polite 125
precious 286
predict 93
prefer A to B 187
premier 149
prepare 37, 231
prepare for 37, 231
problem 52
process 301
profession 217
progress 237
prophesy 93
proposal 244
put A before [above] B 187

Q

quarrel 26
quarrel with 268
question 52
question the idea that SV 125
quickly 140
quite a few 49

R

rain 90, 237
rapidly 140
rare 268
rather than 263
reach 55, 110, 146
real 200
realize 103, 223, 239, 261
really 178
recently 171, 295
recently I read in the newspaper that SV 49
recognize 58
red 244
refuse to do 183
region 235
reject 301
remember 157
rent 69
resolve 36
rice cake 297
ridiculous 290

right 200
road 55
rough 86
row 26
run into 169
run the risk of doing 275
rural life 187

S

satisfy [meet] the needs 205
say 49, 200
say bad things about 231
say hello (to) 161, 286
say something bad about 231
Sb wasn't feeling very well. 140
scary 257
scene 219
scenery 219
scold 257
scrap 76
seasons 61
see 58, 136, 169
see a doctor 74
see a film 140
see sb off 121
select 157, 244, 301
serious debate [discussion] 207
set off [out] for 55, 189
S had not p.p. ~ before SV 209
shake hands 241
shameful 286
shine in 100
show 67
shut up the sun 100
sight 219
silly things 26
6 a.m. 79
skim 140
small things 26
S + not + V ... until [till] SV ~ 261
some day 93
somehow 195
some milk 221

someone you don't know 286
something you are (really) interested in 117
something you (really) like to do 117
sound 163
speak ill of 231
spell 146
spend 105
squabble 26
start an argument with 232
start [begin] dieting 173
start one's diet 173
start out 55
start [pick] a fight with 232
start [pick] a quarrel with 232
stay healthy 49
stay home and watch TV 136
stop to think 223
story 90
street 113
strict 257
strike 29
study 142, 239
studying 239
substance 223
succeed 86
suggestion 244
sunglasses 121
sunset 290
supplies 223
suspect that SV 249
SV ~, depending on ... 161

T

take 146, 227
take action 71
take another way 113
take a trip to 169
take measures against 71
take time off 295
take [use] the subway 167
tap 29
tap water 265
teach 67, 207
tell 67, 207
tend to do 187

309

than you (might) expect [think] 115
the basic necessities of life 223
the Board of Education 247
the cost of living 119
the deciding factor 239
The die is cast. 203
the education committee 247
the fifty years I have lived 157
the gap between (the) rich and (the) poor 76
the greenhouse effect 71
the habit of *doing* 140
the Information Age 265
the key to 133
(the) newspaper(s) 200
the other day 171
the papers 149
the press 149
the Prime Minister 149
the rain 237
the rays of the sun 100
the right ~ 203
there are many cases where SV 167
therefore, SV 105
there is a close relation 49
the reporters 149
there used to be 257
there was ~ in the past 257
there was once 257
The road was being repaired [fixed]. 113
the secret of 133
these days 295
the single and most decisive 157
the staple (food) 297
the sun 100
The traffic is heavy [bad/terrible]. 167
The traffic was light. 110
the way SV 161
the whole day (through) 41

the wrong ~ 203
they 113
they say that SV 231, 261
thing 157
think it a nuisance to *do* 200
this afternoon 200
this evening 41
this means that SV 105
this summer 20
this Sunday 79
those brothers 26
through the window 99
thus, SV 105
tidy 125
to 225, 237
together 64, 83, 149
tonight 41
traffic 110
travel 90
travel [go] abroad [overseas] 295
travel in [around] 169
treat 152
trifles 26
trip 90
trivial things 26
true 200
try *doing* 209
try not to *do* 61
try to *do* 209
turn the tap [faucet] off 225
turn the water off 225
twice the size of 275

U

understand 239
unexpectedly 115
unimportant things 26
unpolluted 185
unpredictable 185
unusual 268
urban life 187
use 152, 301
used to 257
usually 241

V

valuable 286
vary [differ] from ~ to ... 161
view 136, 219
visiting cards 217

W

watch 136
way 113, 203
wear red 24
we were very surprised to see 232
what ~ have to say 247
what is called 265
what is known as 265
when spring comes (around) 17
when you are old 117
when you get old 117
winter wonderland 259
wise 231
wish 64
with ~ to spare 110, 146
without 61, 263
without using a dictionary 140
with prices (being) as high as they are 295
with time 268
with very limited 180
woods 103
work on 113
work on a part-time basis 45
work part-time 45
work together 149
would 257
would most likely *do* 207
wouldn't *do* 183
wound 74
write 33
write English 146
write good English 61

Y

yard 17
yesterday evening 121
you should *do* 140

■著者

小倉　弘（おぐら・ひろし）
静岡県静岡市清水区生まれ。
慶應義塾大学文学部英米文学科卒業。
代々木ゼミナール英語講師。
著書に『例解 和文英訳教本〈長文編〉』『例解 和文英訳教本〈公式編〉』『例解 和文英訳教本〈自由英作文編〉』『英語で愉しむ信長・秀吉・家康と戦国時代』（以上、プレイス）、『受験英語禁止令』（研究社）、『まるおぼえ英単語2600』（中経出版）などがある。

■英文校閲

Christopher Barnard（クリストファ・バーナード）
帝京大学教授

英文表現力を豊かにする
例解 和文英訳教本《文法矯正編》

2010年7月30日　初版発行　　　2015年8月3日　十三刷発行

著　者　　小倉　弘
発行者　　山内　昭夫
発　行　　有限会社 プレイス
　　　　　〒112-0002　東京都文京区小石川5-24-11-206
　　　　　電話　03 (3814) 6742
　　　　　URL　http://www.place-inc.net/
印刷・製本　シナノ印刷株式会社

カバーデザイン／パント大吉（オフィスパント）
©Hiroshi Ogura / 2010　Printed in Japan
ISBN978-4-903738-23-9
定価はカバーに表示してあります。乱丁本・落丁本はお取替えいたします。